父子宰相家训

第4版

——聪训斋语 澄怀园语

（清）张英 张廷玉 著

江小角 陈玉莲 点注

北京师范大学出版集团
安徽大学出版社

图书在版编目(CIP)数据

父子宰相家训:聪训斋语 澄怀园语/(清)张英,(清)张廷玉著;江小角,陈玉莲点注. —4 版. —合肥:安徽大学出版社,2017.6(2025.4 重印)

ISBN 978-7-5664-1390-1

Ⅰ.①父… Ⅱ.①张… ②张… ③江… ④陈… Ⅲ.①家庭道德-中国-清代 Ⅳ.①B823.1

中国版本图书馆 CIP 数据核字(2017)第 074192 号

本书由安徽大学徽文化传承与创新中心资助。

父子宰相家训(第 4 版)
——聪训斋语 澄怀园语

(清)张 英　张廷玉　著
江小角　陈玉莲　点注

出版发行:	北京师范大学出版集团
	安 徽 大 学 出 版 社
	(安徽省合肥市肥西路 3 号 邮编 230039)
	www.bnupg.com
	www.ahupress.com.cn
印　　刷:	合肥远东印务有限责任公司
经　　销:	全国新华书店
开　　本:	710 mm×1010 mm　1/16
印　　张:	19.5
字　　数:	275 千字
版　　次:	2017 年 6 月第 4 版
印　　次:	2025 年 4 月第 7 次印刷
定　　价:	37.00 元

ISBN 978-7-5664-1390-1

策划编辑:朱丽琴　姜　萍　　　　　装帧设计:李　军
责任编辑:姜　萍　　　　　　　　　美术编辑:李　军
责任印制:陈　如

版权所有　侵权必究

反盗版、侵权举报电话:0551-65106311
外埠邮购电话:0551-65107716
本书如有印装质量问题,请与印制管理部联系调换。
印制管理部电话:0551-65106311

浮泛清溪迴纶虚延陵晚翠见松筠母家
苍珮摧茆阆乡里仪型奉老亲青鸟边
迎西母籍紫雲長護北堂春白蓮峰色
迎門秀巖壁花花歲歲竹 癸丑秋寄祝
吳男太夫人七十壽
愚姪張英枯稿

张英行书立轴（桐城市博物馆 供稿）

早年橐筆最知名 野覷儵然遠世情 策杖湯尋驅犢路 謀耕遶聽讀書聲 一桂香秋雨尊中落 浮渡晴嵐戶外生 遙憶家山隱君子 忘機久與白鷗盟

辛未秋賦小詩為

貞翁老表兄壽

芧張英

治家之道謹肅為要易經家人卦義理極完備其曰家人嗃嗃悔厲吉婦子嘻嘻終吝嗚呼至於煩瑣然雖厲而終吉嬉嬉流於繼軼則始寬而終吝欲於居室自書一額曰惟肅乃雍常以自警志願吾子孫謹守之也易經一書言謹遍最為詳備天道彰盈而益謙地道變盈而流謙鬼神禍盈而福謙人道惡盈而好謙又曰日中則昃月滿則虧天地不能常盈而況於人乎於此際不意石霞每三極舉輒令喻書曰滿招損謙受益古昔賢聖貽謀異詞

聰訓齋話二則書應 ◯ ◯ 之請時雍正丁未初夏

硯齋

尝观帝王之姿每出乎群臣之上盖由天资自植有非人力所能及者故一时著作赫然照耀古今莫不拜手稽首以慕圣天子之聪颖而我皇上尤拔颖超群一代鸿模允堪程式即书法一端亦精湛入妙伟哉龙翰夫岂可多得哉

文渊阁大学士臣张廷玉拜观

张廷玉书法册页（安徽省博物院 供稿）

【目录】

前　言 ·· 一
二版说明 ·· 一
三版说明 ·· 一
四版说明 ·· 一

聪训斋语·卷一

读书可以养心 ·· 三
谈　乐 ·· 六
知足与得闲 ·· 八
评唐宋诗 ·· 八
细味琴音 ·· 九
"眠食"为养生要务 ·· 一二
看　山 ·· 一四
家用僮仆 ·· 一五
致寿之道——慈俭和静 ·· 一七
人生须有所适 ·· 一九
山居宜小楼 ·· 二一
勿好珍异之物 ·· 二一
天地万物，佳者皆圆 ·· 二三
珍视古人诗文 ·· 二四
道德文章经济福命 ·· 二六

衣食宜俭	二八
"门无杂宾"最有味	三〇
节俭行善	三一
移树之法	三二
品　茶	三二
不知命，无以为君子	三四
善处人生适意事	三五
安心之法	三八
律身训子四语	三八
张廷瓒跋	三九

聪训斋语·卷二

人生须厚重沉静	四〇
立身行己之道	四二
论书法	四六
兄弟情谊	四八
品味四书	四九
养生之理	五〇
知命安命少劳扰	五一
山水花木可自娱	五三
慎择友	五三
学字当专一	五五
谋居龙眠山	五六
携子春游	五七
作文与读书	五八
谨肃治家	五九

居家立身合矩度	五九
益人与善人	六〇
论读书	六一
读文与作文	六二
世家子弟处世之道	六五
学业成废之关	七〇
读文作文须静气凝神	七一
谦　让	七二
俭　用	七四
保家莫如择友	七五
安分与知命	七六
与库公议知命	七八

恒产琐言

深念守田之要	八一
有恒产者有恒心	八二
田为宝	八三
房产不如田产	八四
古人重先畴	八五
念物力维艰	八七
田产无忧	八七
切勿弃田经商	八九
取财于人不若取财于天地	八九
居家简要可久之道	九〇
千辛万苦守先业	九一

良田不如良佃 …………………………………… 九三

瘠田贵在经理 …………………………………… 九五

察田庄之道 ……………………………………… 九六

乡城耕读，相为循环 …………………………… 九七

鬻田穷而保田裕 ………………………………… 九九

饭有十二合说

一之稻 …………………………………………… 一〇三

二之炊 …………………………………………… 一〇三

三之肴 …………………………………………… 一〇五

四之蔬 …………………………………………… 一〇五

五之脩 …………………………………………… 一〇六

六之菹 …………………………………………… 一〇七

七之羹 …………………………………………… 一〇七

八之茗 …………………………………………… 一〇八

九之时 …………………………………………… 一一〇

十之器 …………………………………………… 一一〇

十一之地 ………………………………………… 一一一

十二之侣 ………………………………………… 一一一

澄怀园语·自序

澄怀园语·卷一

心之安危 ………………………………………… 一一七

穷通得失，天命既定 …………………………… 一一七

宽处山东盗案	一一八
多言不吉	一二二
座右联语	一二二
天下之道，宽则能容	一二三
庸医与命	一二三
避灾免祸之道	一二四
不必过于算计	一二四
宜以义命自安	一二五
为善以端品行	一二五
公尔忘私，国尔忘家	一二六
公正自矢	一二七
事贵慎密	一二八
忠厚仁慈福无穷	一二八
"盛满"当谨慎	一二九
静之时义大	一二九
心之真乐	一三〇
时时慎疾	一三一
耳目亦随血气盛衰	一三三
文端公谨俭	一三四
谨言慎行求乐境	一三四
公正自守，毁誉不计	一三五
药石之言	一三六
早断妄念积阴德	一三六
处事留有馀地	一三七
天下万事，莫逃乎命	一三七

迁居不择日 …………………………………… 一三七
节制饮食 ……………………………………… 一三八
进退自解 ……………………………………… 一三八
为官第一要"廉" ……………………………… 一三八
事君报恩之道 ………………………………… 一三九
安葬先人 ……………………………………… 一四〇
非道非义，一介不取 ………………………… 一四〇
戒好声伎古玩 ………………………………… 一四〇
约与诚 ………………………………………… 一四一
升迁罢斥之缘故 ……………………………… 一四一
读书须选择 …………………………………… 一四一
古之避讳 ……………………………………… 一四二
大事不可糊涂，小事不可不糊涂 …………… 一四三
清世宗之恭俭仁厚 …………………………… 一四三
陆诗乃化工之笔 ……………………………… 一四四
诗之微言精义 ………………………………… 一四五
西林相国评杜甫《胡马》诗 ………………… 一四五
《虞书》载德化之盛 ………………………… 一四六
先公言《摽梅》诗 …………………………… 一四六
先公解古诗之妙 ……………………………… 一四六
读陶渊明《五柳先生传》 …………………… 一四七
前人好句零落多 ……………………………… 一四七
文端公梦迁居 ………………………………… 一四九
评高丽纸 ……………………………………… 一四九
学诗者应知诗语工妙 ………………………… 一五〇

韩琦和平忠厚 …………………………………… 一五〇
"君陈篇"新解 …………………………………… 一五一
古圣盛德 ………………………………………… 一五二
尊敬父祖以服习教训为先 ……………………… 一五三
记诵同人好诗句 ………………………………… 一五四
君子可欺以其方 ………………………………… 一五五
静之妙 …………………………………………… 一五五
挫折未必非福 …………………………………… 一五五
中庸难为 ………………………………………… 一五五

澄怀园语·卷二

清世宗之仁 ……………………………………… 一五七
居官清廉乃分内之事 …………………………… 一五七
有道之言 ………………………………………… 一五八
《论语》至简 …………………………………… 一五八
治家训子弟之药石 ……………………………… 一五八
"恕"之道 ………………………………………… 一五九
闲话占卜 ………………………………………… 一六〇
位居满尚书之前 ………………………………… 一六〇
文端公安心之法 ………………………………… 一六一
慎解古人诗文 …………………………………… 一六一
欧阳修论诗 ……………………………………… 一六二
忧患皆从富贵中来 ……………………………… 一六二
不虞之誉,求全之毁 …………………………… 一六二
徐祯稷箴言 ……………………………………… 一六三

开卷有益	一六四
公正无私选人才	一六五
训女至言	一六五
先公谕写日记	一六六
雍正皇帝从善如流	一六八
闱中慎独	一六九
忆姚夫人之谨肃	一六九
谈精力	一七〇
天理人情是一体	一七一
读《韩魏公遗事》	一七一
范镇肺腑之言	一七三
欧阳修不改宋公文	一七三
"扑缘"与"缘扑"	一七四
持论不可以过刻	一七五
甚惜古人著作散逸	一七五
评杜甫白居易诗	一七六
余性最嗜茶	一七六
蔡绦评陶渊明	一七八
读元好问《五岁德华小女》诗	一七八
香山何以用杜句	一七八
古诗互见欠检点	一七九
最巧者岁月	一七九
玉延即山药	一八〇
与其信梦不如信数	一八〇
修起居之沿革	一八一

古人以名为字	一八一
明人纪"雷"所起处	一八二
余素不信星命之说	一八二
读《庐山志》	一八三
李伯时画马	一八三
谨记父训	一八四
得便宜与落便宜	一八五
人生之乐莫如自适其适	一八六
勿存侈心	一八七

澄怀园语·卷三

读书人之病	一八八
仙岂易言	一八八
天下事难成而易败	一八九
嫩芽非"雀舌"	一八九
赐品慎用	一九〇
刘伯温论"妇有七出"	一九〇
得意失意均须检点言语	一九二
欧阳修和杜正献诗	一九二
平生不为竭力事	一九二
乐道人善,恶称人恶	一九三
居家之药石	一九三
做官都是苦事,为官原是苦人	一九四
宋有日应百篇科	一九四
读《万历野获编》	一九五

三主会试	一九六
居官释怨尤难	一九七
戒贪取妄求	一九八
度量大乃福相	一九九
明馆选旧事	一九九
王旦与寇准	二〇〇
阅历之言当识之	二〇一
明朝稗政	二〇一
行事俭即做官清	二〇三
悉心理会《论语》	二〇三
忍之时义大	二〇四
购求古玩者须深思	二〇四
幸得《古今图书集成》	二〇五
巧除作奸胥吏	二〇七
孙丕扬抽签选官	二〇八
六不可	二〇九
害人名节身家者有恶报	二〇九
古人虚怀	二一〇
志士栖山恐不深	二一一
彭士望忠厚之至	二一二
文人墨士通禅学	二一三
名人善读书	二一三
以"静"训子弟	二一四
柳公权不好奏乐	二一五
苏轼精于禅理	二一五

评贾谊	二一六
多闻阙疑	二一六
与友笑谈命运	二一七
刻薄人和聪明人不可为刑官	二一七
孟子不得已而好辩	二一七
省事有至乐	二一八
张九龄守正罢相	二一八
馀姚孙氏三世得谥	二一九
爱古诗之逸致	二一九
唐人工于为诗而陋于闻道	二一九
读李商隐《马嵬诗》	二二〇
后辈作诗须有据	二二一
读《桐江诗话》	二二二
读《诗林广记》	二二二
闲处胜静处	二二四
俞行之以能诗名	二二四
古人化七言诗为五言诗	二二四
受人恩而不忍负者必忠孝	二二五
汤云山再阅古稀	二二六
评方正学之忠	二二六
经济失偏，为患甚大	二二七
君相异禀	二二八
方孝孺《题严子陵》诗	二二八
闲谈明朝廷杖言官	二二九

澄怀园语·卷四

张居正旧事 …………………………………… 二三一
萧琛与梁武帝逸事 …………………………… 二三二
唐明皇与姚崇 ………………………………… 二三三
守心之道 ……………………………………… 二三三
柳公权逸事 …………………………………… 二三四
荀子谈事君 …………………………………… 二三四
唐中宗戏问臣子 ……………………………… 二三五
赌博之害不可悉数 …………………………… 二三五
明代科场旧事 ………………………………… 二三六
家中乐事 ……………………………………… 二三七
左光先卜问兄左光斗凶吉 …………………… 二三八
功名有定数 …………………………………… 二三八
任大学士二十二年 …………………………… 二三九
明朝三宰相堂联 ……………………………… 二四〇
刘进士晚达 …………………………………… 二四一
明朝内监侵冒国帑 …………………………… 二四二
崇祯滥用官员 ………………………………… 二四三
魏象枢格言 …………………………………… 二四三
朱熹评陆游诗 ………………………………… 二四四
张居正故宅诗 ………………………………… 二四五
政贵有恒 ……………………………………… 二四五
君臣一体之谊 ………………………………… 二四六
读陶渊明《责子》诗 ………………………… 二四七

世外桃源事考	二四九
清景贵在领会	二四九
赴大机者速断，成大功者善藏	二五〇
张廷瓒引睡之法	二五二
知县巧语断案	二五二
孙奇逢治家持身格言	二五四
兄弟连任江苏学政	二五四
名人状闲适之趣	二五六
为盖世豪杰易，为慊心圣贤难	二五六
张廷璟不欺暗室	二五六
诗不可强作	二五七
陈抟警语	二五七
圣人贵未然之防	二五八
富弼过人处	二五八
陆九渊警语	二五九
罗洪先不以功名喜	二五九
慎言语，节饮食	二六〇
慎议古人之短失	二六〇
三部书不可习	二六一
身其金乎，世其冶乎	二六一
富贵之通病	二六一
苏轼《撷菜》诗引	二六二
李之彦评"钱"与"贱"	二六二
教人所短，用人所长	二六三
唐介勉子语	二六三

吕坤五不争	二六三
陈眉公警语	二六四
药性犹人	二六四
刘玄明为官奇术	二六五
读古人格言	二六五
释陶渊明不求甚解	二六六
杨一清谈为政	二六六
陆游《司马温公布被铭》	二六七
士以不自失为贵	二六七
罗豫章论福	二六七
安阳许励斋语	二六八
程颢哲语	二六八
用兵之术	二六九
当官不接杂宾最好	二六九
天下学者之通病	二七〇
古人教子之道	二七一
《澄怀园语》跋(沈树德)	二七一

曾国藩谈《聪训斋语》《澄怀园语》 …… 二七三

后　记 …… 二七五

【前言】

大凡了解桐城历史文化的人,都知晓桐城境内张、姚、马、左、方等名门望族。正是这些家族的兴旺、发达,构筑了桐城享誉海内外的文化盛名。桐城张氏家族是其中的重要代表。

桐城张氏"其先洪永间自鄱阳来迁"(马其昶《桐城耆旧传》二十七),经过两百多年的耕作经营,慢慢扩展发迹。明隆庆二年(1568)张淳中进士,授浙江永康令后,官宦仕途代有传人。明清时期,张氏家族可谓是举业不断,名宦迭出,遍为人知。先后涌现出张淳、张秉文、张秉贞、张秉哲、张英、张廷玉、张廷瓒、张廷璐、张廷瑑、张若霭、张若澄、张若淳、张若震、张若需、张若潭、张若溎、张曾敞、张元宰等一代代经邦济世之才。特别是康熙、雍正、乾隆时期,张英、张廷玉才华横溢,处事严谨,先后位居宰相之列,军国大政,多出其手,为清初固国安邦,促进满汉民族团结、文化融合,呈现康乾盛世,作出了卓越贡献,深得帝宠和同朝官员的敬佩。一时间,张氏家族在京城、乡里誉称四起,如:"父子双宰相"(张英、张廷玉)、"三世得谥"(张英、张廷玉、张若淳)、"六代翰林"(张英、张廷瓒、张廷玉、张廷璐、张廷瑑、张若潭、张若霭、张若澄、张若需、张曾敞、张元宰、张聪贤)等,以致时人评其"自祖父至曾玄十二人,先后列侍从,跻鼎贵。玉堂谱里,世系蝉联,门阀之清华,殆可空前绝后已"(陈康祺《郎潜纪闻初笔二笔三笔》)。"张氏望族,凤显于桐,二相继起,厥声逾隆"(《国朝耆献类征》卷七十四《张廷瑑墓志铭》)。自张英、张廷玉后,张氏后裔相继为官者,以数十百计,"一门之内,祖父子孙先后相继入南书房,自康熙至乾隆,经数十年之久,此他氏所未有也"(吴振棫《养吉斋丛录》卷四)。影响之大,朝野瞩目。许多同朝大员,对桐城"张、姚两姓,占却半部缙绅录",颇有微词,有人甚至上奏朝廷,提请皇上限制其势力发展。宰相刘墉父亲刘统勋曾上疏言:"大学士张廷玉历事三朝,遭逢极盛,然晚节当慎,责备恒多。窃闻舆论,动云'张、姚二姓占半部缙绅',张氏登仕版者,有张廷璐等十九人,姚氏与张氏世婚,仕宦者姚孔铖等十人。二姓本桐城巨族,其得官或自科目荐举,或起袭荫议叙,日增月益。今未能遽议裁汰,惟稍抑其迁除之路,使之戒满引嫌,即所以保全而造就之也。"(《清史稿》卷三百二)

张氏家族从迁居桐城,到兴盛发达,特别是清以后,进入鼎盛时期,被人称为"缙绅发迹,文物蔚兴"之门,一方面得益于儒学以及桐城丰富的地域文化的影响,张氏子孙刻苦攻读,通过科举取士而步入仕途。另一方面也得益于良好的家训家风的教诲和熏陶。张英、张廷玉总结祖父辈修身立言、为人处世的经验教训,参以切身感受,形成自己独特的训子戒律,这些戒律对后世张氏子孙的成长,起到了很好的启迪和导向作用,成为张氏子孙代代相传的法宝。

一、张英和《聪训斋语》

张英(1637—1708),清代名臣,文学家。字敦复,号梦复、乐圃,安徽桐城人。家世儒业,幼读经书,过目成诵。康熙二年(1663)中举人,六年中进士,选庶吉士。因逢其父张秉彝卒,乞假归里。守丧期满,被诏回京城,改授编修。康熙十二年(1673),以编修充日讲起居注官。累迁侍读学士。康熙十六年(1677),清廷颁诏,选拔一些作风朴实、学问精深的人,每日侍从皇帝左右,以备顾问或征诏;同时设立南书房,张英被选入内,并赐居西安门内。由此,开了清代词臣赐居禁城内之先河。

康熙初年,吴三桂、耿精忠、尚之信等在云南、福建、广东等地起兵,广西、陕西等地督抚也相继反叛。康熙皇帝为了寻找应付方略,常常召集张英等大臣商讨对策。张英总是晨入暮出,勤恳供职,凡有关民生利弊、四方水旱之情事,皆知无不言。因张英的才华、智慧、人品,康熙帝对其极为赏识,倍加器重。每亲临南苑及巡行四方,都诏令张英侍从。方苞说:"公自翰林历卿贰,践政府,虽任他职,未尝一日去上左右。"其时典诰文章,多出自张英之手。可见,张英深得皇帝信任,康熙皇帝"益器重之,以为可大用矣",不久,迁升翰林院学士兼礼部侍郎。

康熙二十年(1681),张英为安葬其父而乞假归里,皇帝优待尤加,不但准行,还赐白金五百两、绸缎二十匹,"既旌尔勤劳,兼资墓田之用"。并依照张英的官职,确定其父亲葬礼的礼仪。四年后,被特诏起用,授兵部侍郎,摄刑部事。后来调到礼部,兼管詹事府,充经筵讲官,奏呈《孝经衍义》,被康熙帝诏允,下令刊布。二十八年(1689),晋为工部尚书,兼翰林院掌院学士,仍管詹事府。不久,再调至礼部,兼管如故。其间,由于编修杨瑄撰写都统、一等公佟国纲的祭文失辞,皇上责怪张英作为礼部尚书,对文稿审察不细,把关不严,罢免了张英的礼部尚书衔,但仍由张英掌管翰林院、詹事府,教习庶吉士。康熙三十一年(1692),官复原职,先后充任《国史馆方略》《一统志》《渊鉴类函》《政治典训》《平定朔漠方略》等总裁官。康熙三十六年(1697),任会试正考官。三十八年,拜文华殿大学士,兼礼部尚书。四十年十月,以衰老为由,再次请求休归,获准。并下温旨慰问:"上念笃老,恐不任风寒,命春和始行。"次年二月离开京城,南归故里。次子张廷玉奉旨护从。临行前,皇上赐宴于皇家林园——畅春园,为其饯行。还诏令沿途驿站、官府,"勿限常额"接待迎送。

康熙四十四年(1705),康熙皇帝第五次南巡,张英迎驾淮安,侍从到江宁(即南京)。御书"谦益堂"、"傈静"匾额和联幅画卷,赐白银十两。由于张英恳奏,在南京多住一日,当时总督阿山想借机加征钱粮耗银作皇帝南巡费用,知府陈鹏年持议不可。总督阿山心怀恼怒,欲借此加罪于陈鹏年,同时康熙随从侍卫,对陈鹏年的接待多有指斥,言陈罪在不赦。但等到皇上诏见张英,问及江南有哪些廉洁官吏时,张英首荐陈鹏年,总督阿山等大失所望。陈因张英推荐不但得以免罪,而且被康熙皇帝委以重任,成为清代名臣。1707年,康熙帝第六次南巡,张英迎驾清江浦(1951年置清江市。1983年改为淮阴市。2001年改为淮安市),随侍皇帝到江宁。次年,张英故去,享年七十二岁。赐祭葬加等,谥曰"文端"。雍正皇帝即位,追念旧学,赠太子太傅,赐御书榜额揭诸祠宇。雍正八年(1730),入祀贤良祠,祀"乡贤"。乾隆即位初年,加赠太傅。

张英一生著述颇丰,有《易经衷论》《书经衷论》《四库著录》《南巡扈从纪略》《笃素堂文集》《笃素堂诗集》《存诚堂集》《笃素堂杂著》《聪训斋语》《恒产琐言》《南书房记注》等留传于世。

张英共有六子,廷瓒、廷玉、廷璐、廷瑑四人均中进士,这些都与张英的言教、身教以及他们自身的刻苦励志分不开。其后孙子、曾孙亦有入翰林者,故人称"自英后,以科第世其家,四世皆为讲官"。

张英才高识广,学问过人,为官之余,致力于经学研究,且在诗文书画诸多方面,均有较高造诣。张廷玉称:"先公在席左右三十载,永心沃心既久且密,虽天下不见施为迹,而辅仁道义以裕万世无疆之休者,勋业为至钜也。"所著家训《聪训斋语》,子孙累世受益。自刊刻以来,影响广泛。

张英一生以"敬慎"处世,将"立品、读书、养身、择友"奉为座右铭。《聪训斋语》是其以官宦仕途、为人处世方面的亲身经历和切身体会,结合古圣时贤的言行事例,教训子孙持家、治国、读书、立身、做人之箴言。他以"务本力田,随分知足"告诫子弟,用自己生活中所见、所闻、所思、所感的些微小事,透析深刻的人生哲理,言简意赅,深入浅出,器宇弘深,引人深思。

张英认为,做人首先要读书。读书可以增长道心,可以养性。"书卷乃养心第一妙物","为人生颐养第一事"。同时,强调读书要讲究方法,如《六经》、秦汉之文,词语古奥,须从小读起。"毋贪多,毋贪名,但读一篇,必求可以背诵"。他反对死读书,认为光读书不行,必须学会运用知识；作文章要有"光华"，要做到理明气圆。书读过之后，必须全面掌握和运用，若不能举其词，那无异于"画饼充饥"；如果能举其词而不能运用，也是"食而不化"，与枵腹无异。可以说，张氏子孙在科场屡取功名，是与他的悉心教诲分不开的。

古往今来，持家是人生中极为重要的课题。张英主张持家要以"俭"为宝。张英把"俭"归纳为"俭于饮食"、"俭于交游"等八个方面。他身体力行，以致在致仕归里之后，仍"誓不著缎"，"不食人参"。不管是暂住乡里，还是久居京城，他都要求家人，对一年的日常开支费用精心筹划，分为十二股，一月用一股，每月底总结所余，"别作一封"，用来应付贫寒之急，或者"多作好事一两件"。到了晚年，虽处优养尊，仍不改节俭之习，极力反对浪费。他对京师同僚"一席之费，动逾数十金"，深感不安。他年届六旬时，反对家人、学生、同僚为他贺寿，与妻子商量，用设宴之资，"制绵衣袴百领，以施道路饥寒之人"。扶危济困、帮助他人，成为张英一生重要的社会活动，这也体现出他"无忤于人，无羡于世，无争于人，无憾于己"的人生追求。

张英认为做官要以勤政清廉为第一要务。他三十余年的官宦生涯，偶有挫折，或被降职，最终仍因为其才华过人、处世廉俭而被重新起用或提拔。许多清正廉明的地方官员，因为有他的保护和举荐，不但免遭不测之祸，而且得到皇上重用。但其亲朋故友，邻里子弟，中进士者多达数十人，没有谁因为他的提携而升迁。他要求入流子弟做到："使我为州县官，决不用官银媚上官。"就连皇帝给他的赏赐，也用来济困赈急，或用于修桥筑路，以利他人。

张英主张做人要以谦让、益人为本。他言传身教，自己居乡时，"厚重谦和"，与人相交，一言一事，考虑"皆须有益于人"。他奖掖后进，为许多人搭建了晋升的平台。对特别有才能的人，极力举荐，有的被荐者，终生不知。所以方苞赞他："公为人忠实无畛域，自同官及后进之士，皆倾心相向。"他晚年在龙眠山构筑"双溪草堂"，与乡民相处，不以宰相自居。

往来山中,遇到担柴人,他便主动让路,与人方便。他说:"如果人能处心积虑,一言一动皆思益人,而痛戒损人,则人望之如鸾凤,宝之如参苓。"他要求子孙辈从点滴小事做起,"治家节用,待人接物,事事合于矩度,无有乖张"。告诫子孙要常以席丰履盛为可危、可虑、难处、难全之地,勿以为可喜、可幸、易安、易逸之地。他认为每个人所言所行不可能"全是",遇到别人"非之、责之"或"不以礼者",要"平心和气",做到有理"恕人"。他训诫子孙要明白"满招损,谦受益"之义,并说:"天地不能常盈,而况于人乎?"不仅如此,还要求后人做到"终身让路,不失尺寸"。邻居吴氏建房子,要侵占张家宅基地,家人向在京城为官的张英求助,张英接到家书,在上面批诗一首:"一纸书来只为墙,让他三尺又何妨?长城万里今犹在,不见当年秦始皇。"遵照张英要求,张家让出三尺地基,吴氏被张英的宽怀大度感动,遂撤让三尺,在城中留下了便利百姓出入、传颂海内外的巷道——六尺巷。作为封建社会的相卿,张英用动之以情、晓之以理的方法训示子孙敬人、爱人、益人,值得称道,更令人景仰。"六尺巷"的故事,至今仍传为美谈,成为邻里和睦相处的范例。

　　张英所著《聪训斋语》,不仅使其子孙后人受益匪浅,同时,也被名人方家所看重。在清代至民国期间,数次翻刻,流传甚广。特别是清朝重臣、桐城派中期代表作家曾国藩对张英推崇备至,赞誉尤高。曾国藩对张英所著《聪训斋语》,钟爱有加,要求子孙后人终身诵读。他在写给儿子曾纪泽的家书中说:"《颜氏家训》作于乱离之世,张文端英《聪训斋语》作于承平之世,所以教家者极精。尔兄弟各觅一册,常常阅习,则日进矣。"(《曾国藩全集·家书二》,1196页,岳麓书社,1985年10月第11版。)他认为其中言养身、择友、观玩山水花竹,"纯是一片太和生机",应该常看此书。他还特别告诫曾纪鸿:"鸿儿体亦单弱,亦宜常看此书。"在唯君独尊的封建社会,曾国藩把张英的《聪训斋语》与清圣祖康熙帝的《庭训格言》相提并论:"吾教尔兄弟不在多书,但以圣祖之《庭训格言》,张公之《聪训斋语》二种为教,句句皆吾肺腑所欲言。"(同上,1220页)并亲自为弟、子、侄八人每人购书一本，让他们随时诵读。他一再强调："尔兄弟细心省览，不特于德业有益，实于养生有益。"（同上，1224页）"《聪训斋语》，余以为可却病延年。尔兄弟与松生、慕徐常常体验否？"（同上，1224页）曾国藩如此看重《聪训斋语》一书，足见张英家训确有值得诵读的价值。

清人吴仁杰颂曰："两相国（指张英、张廷玉）遭际圣清，为时良相，以汉韦、平较之，尚勋业之未侔；以宋韩、范衡之，且遇之不逮，真所谓求之史册，罕有伦比者也。大名既炳彪于旂常私集，亦风行于海内"，而《聪训斋语》《澄怀园语》，尤为"脍炙人口"。

二、张廷玉和《澄怀园语》

张廷玉（1672—1755），清代名臣，文学家、史学家。字衡臣，号砚斋，又号澄怀主人，张英次子，安徽桐城人。幼承家学，十岁能诵《尚书》《毛诗》。十六岁应童子试，被拔置县学第六名。康熙三十九年（1700）中进士，钦选翰林院庶吉士。四十二年（1703）散馆授检讨。翌年，入直南书房，不久任日讲起居注官。康熙四十四年后，多次扈从康熙南巡，阅视河工，出关避暑及巡行蒙古诸部落，"抱书珥笔"，与康熙帝常常近在咫尺。康熙四十七年，先是母亲病逝，后父亲又病故，依例守制。康熙五十一年（1712）迁司经局洗马。五十四年迁右庶子，后授侍讲学士。其间，张廷玉供职勤勉，康熙帝甚为器重，并下特旨，予以褒奖，旨曰：张廷玉学问素优，在内廷供奉年久，宜加迁擢，以示奖励。五十五年，擢内阁学士兼礼部侍郎。五十六年，充经筵讲官。五十九年（1720），时为刑部右侍郎的张廷玉，奉命与都统讬赖、学士登德共同勘察山东盐贩王美公一案，张廷玉力主惩治首恶，从犯从宽，详察其情，区别对待，依例定罪。最后决定仅杀七人，戍边三十五人，其余一律无罪开释。六月，调任吏部左侍郎。

雍正帝继位后，非常倚重张廷玉，"廷玉周敏勤慎，尤为上所倚"，张廷玉擢礼部尚书。编纂圣祖仁皇帝实录，充副总裁。雍正元年（1723）正月,再入直南书房。随同左都御史朱轼充顺天乡试考官,因公正谨慎而受嘉奖,加太子太保。七月,充《明史》总裁官。八月,兼翰林院掌院学士。九月,充会试正考官,调户部尚书。十月,充国史馆总裁。雍正二年五月,充《会典》总裁。其时,针对浙江、江西、福建、广东等地"棚民"聚众掠夺四邻的情况,提出了编户入籍、"五家连环结保"的办法,以稳定一方。八月,充会试同考官。三年二月,充《治河方略》总裁官。七月,署理大学士事。四年,授文渊阁大学士,仍兼户部尚书、翰林院掌院学士。五年,晋文华殿大学士。六年三月,晋保和殿大学士。十月,兼任吏部尚书。七年,晋少保。雍正八年,因西北战事纷起,设军机处,其条规礼制均出自张廷玉之手。遵照雍正旨意,张廷玉就军机处的性质、官职、职能、纪律等方面都作了严格规定。这些严密的措施,加强了皇权统治,避免了政出多门以及泄密现象的发生,提高了办事效率;同时为清代档案的保护起到了非常重要的作用。军机处设立后,由军机处办理的事情,不问大小,"悉以本日完结",绝不积压。这种办事作风,大大提高了朝廷的办事效率。张廷玉确定的廷寄办法,最后形成一套制度,由军机处将上谕函封后交兵部,再由驿站递相传送。这一廷寄方法,保证了朝廷政令的严格贯彻,速度较先前大大加快,从而提高了清政府的行政效率。自此以后,作为官方文书制度的奏折制度,廷寄得以确立。它不仅牵涉朝廷政令的推行,而且关乎君臣间权力的分配。施行廷寄和设立军机处,都是清朝政治制度上的重大变革,对清朝中后期的政治产生了巨大而深远的影响。

  战事期间,"遵奉密谕,筹画经理,羽书四书,刻不容缓"。白天忙碌,晚上回到家中,仍然处理政务。有时"坐肩舆中,仍批览文书,吏人随后取,进止无一事壅滞"(《桐城耆旧传》,288页)。雍正帝称他"尔一日所办,在他人十日未能也"。赏给他一等轻车都尉世职,仍加二级。十一年九月,为其父张英举行谕祭典礼,雍正赐帑金万两,差作建祠费用,还赐冠带衣裘、貂皮人参等物,以及书籍五十二种。十二月,《会典》告成,议加二级。十二年(1734)二月回京,皇上派遣侍郎海望到卢沟桥迎接。十三年,世宗病危,张廷玉与鄂尔泰等被任命为顾命大臣,遗诏"以廷玉器量纯全,抒诚供职,命他日配享太庙"(《清史稿》卷二八八)。

乾隆帝登基后,命张廷玉与允禄等总理事务。九月,赏给一等轻车都尉,并前世职为三等子。十月,编纂《世宗宪皇帝实录》,充总裁官。

乾隆元年(1736),张廷玉充纂修《玉牒》总裁。七月,充三礼馆总裁。九月,《明史》编纂告竣,议加二级。十月,令张廷玉仍兼管翰林院事务。十一月,充经筵讲官。二年三月,充会试正考官。后因总理事务敬慎周详,赏给骑都尉,由三等子,特恩晋三等伯,赐号"勤宜"。从此,开清朝大臣配享太庙、文臣爵至侯伯的先例。张廷玉是清代获得此殊荣的唯一汉族大臣。四年五月,加太保。八月,充《明史纲目》总裁。七年五月,《吏部则例》告成,议加二级。十一年,张廷玉长子、内阁学士张若霭病故。谕令节哀自爱,并命张若澄在南书房行走,以便照料年逾七旬的张廷玉。十二年二月,充会典馆总裁。

张廷玉年届八旬,多次上疏乞归故里,未被皇上许可,引起了一场君臣相议"致仕"得失的论辩。十四年冬,张廷玉乞求休假养病,乾隆皇帝同意解除所兼领监修、总裁诸职,还派军机大臣前往探望慰问。后因多次乞求致仕,触怒皇上。特别是乾隆帝丧子期间,张廷玉未能顾及君臣、师生之谊,坚持致仕回家请求,乾隆帝大怒,下令削去伯爵,取消配享,仅免予治罪。又因四川学政、编修朱荃事发,皇上迁怒于张廷玉,收缴了历年奖赐给张廷玉的物品。对张廷玉处罚后,乾隆帝自己也颇为后悔。乃至乾隆五十年时,对张廷玉坚辞致仕诸事仍耿耿于怀,并说:"所谓老衰而戒之在得乎?朕又以廷玉之戒为戒,且为廷玉惜之!"

张廷玉晚年以羸弱之躯屡遭打击,日益不支,于乾隆二十年(1755)三月病逝。乾隆皇帝得知张廷玉病逝,非常悲伤,念其为三朝元老,不敢违背雍正皇帝的遗愿,仍收回成命,遵皇考遗诏,配享太庙,赐祭葬,谥曰"文和"。

张廷玉一生主修《实录》《玉牒》《大清会典》《治河方略》《明史》等重要典章史籍。著有《澄怀园文存》《澄怀园诗选》《澄怀园语》《澄怀主人自订年谱》等存世。文章政声,闻名遐迩。

张廷玉有四子:若霭、若澄、若淑、若渟。长子若霭,雍正十一年中进士,官至内阁学士。工书善画,又久直内廷,遍观古人遗墨。凡御府所藏,悉命题品鉴别。著有《蕴真阁集》传世。次子若澄,乾隆十年进士,授编修,直南书房。三充乡试、会试同考官,一主湖南乡试,官至内阁学士,喜文善画,著有《潇碧轩集》。三子若淑,乾隆丙辰荫贡,官至户部浙江司郎中。四子若渟,乾隆丙辰例贡,授刑部主事,入直军机处。嘉庆五年迁升兵部尚书,后改任刑部尚书。处事缜密,尤习刑律,政绩卓著,赠太子太保,卒谥"勤恪"。张廷玉四子中有三人入内阁,足见其教子有方。

张廷玉在服官之余,常常浏览史乘,讲求礼乐、刑政、田赋、兵戎、河渠、平准之实学。理政之暇,留心时务,详察当代变革;苦读深思,细究为文为人之道。一有心得,记之笔端,汇辑成书,便是流传不绝、惠及后人的《澄怀园语》。

张廷玉家世儒业,自幼睿智聪颖,加上有良好的家庭环境熏陶,仕途官场,平步青云。但他恪守古道家训,处事得体,"公正无私,奉职恪恭"。三朝为官五十年,任翰林院掌院学士二十七年,主揆席二十四年,"大谋大政多所襄赞"(《桐旧集》卷二十三)。多次充乡试、会试总裁官,尽心竭力为国家选拔优秀人才,深受皇帝器重。以致生活中的些微小事,亦深得圣驾垂询,雍正皇帝曾面谕张廷玉:"汝父一生廉洁,无余蓄以贻子孙,汝今为朕办事,身兼数职,夙夜在公,朕常以汝眠食俱废为虑,更有何暇问及日用衣食事耶?今以官物赐汝,俾汝用度从容,尽心公务。"雍正皇帝和张廷玉的关系已经达到"名曰君臣,情同契友"的境界。雍正帝撰写的皇位继承诏书,只让张廷玉和鄂尔泰过目,可见雍正帝对张廷玉的信任。在封建社会家天下的环境中,君臣之谊,如此和谐,也是历史上所罕见。张廷玉七十岁以后,乾隆亲自颁诏,令他"不必向早入朝,遇炎蒸风雪,亦不必勉强进内"。一时间朝规礼法多有更易,君臣之亲,溢于言表。

《澄怀园语》是张廷玉十数年"意念之所及、耳目之所经",日积月累的人生感受。旨在告诫子孙后人"知我之立身行己,处心积虑之大端",同时也是为了不辜负其父张英"承先启后"之意愿。

张廷玉一生身系要职,阅历丰富,其做官、训子、理政等颇有心得,也给后世留下有益的启示。他认为:奉职应公正自守,不要计较个人毁誉得失,不能枉法徇私。"宁受人毁,不可受人之誉",为此要时时省察防闲。他强调居官清廉乃分内之事。"为官第一要'廉',养廉之道,莫如能忍"。他要求子孙后人做官"拼命强忍,不受非分之财",这在历代官吏是很难做到的。他数充乡试、会试总裁,司其柄"公正无私",努力做到使天下士子"心自静,品自端,于培养人才,不无裨补"。他把"居官理事,旌别淑慝",看成应尽之职责。提倡为臣要直谏,"遇事敢言",即使亏体受辱,也无所畏惧。因此,他把"做官都是苦事,为官原是苦人,官职高一步,责任便大一步,忧勤便增一步……惟天下之安而后乐",作为自己为官的座右铭,并努力实行之。这在封建社会,是难能可贵的。张英、张廷玉父子两代官至宰辅,均提倡"廉"字当头,廉靠自律,着实值得今人深思学习。难怪乾隆皇帝作诗颂他:"喉舌专司历有年,两朝望重志逾坚。魏公令德光间里,山甫柔嘉耀简编。调鼎念常周庶务,劳谦事每效前贤。古今政绩如悬鉴,时为苍生咨惠鲜。"

在为人处世方面,张廷玉要求"一言一行,常思有益于人,惟恐有损于人"。因此,他所认为的人生乐事,并不是"宫室之美,妻妾之奉,服饰之鲜华,饮馔之丰洁,声伎之靡丽",而在心之乐与不乐。只有安分循理,不愧不怍,梦魂恬适,神气安闲,才能求得心之真乐。他力主为人厚道,处事要内宽外严,不可苛刻。因此他认为刻薄之人,不能担任刑官,聪明人也不可任刑官。他还提倡时时以盛满为戒,不可存放逸之心,"处顺境则退一步想,处逆境则进一步想"。"凡事当极不好处,宜向好处想;当极好处,宜向不好处想"。他还强调遇事必须保持清醒头脑,在得意、失意之时，都能做到检点言语，无过当之辞。他特别痛恶富贵子弟染上纨绔之习，自己身体力行。他寝处皇帝赐居咸畹旧园十余年，生活非常俭朴，连日用器具都不齐全，"所有者皆粗重朴野，聊以充数而已"，以致王公同僚或亲戚朋友，"多以俭啬相讥嘲"。他告诫子孙"生富贵之家"，切切不可"染纨绔之习"。他憎恶赌博之陋习，通过引古论今，条分缕析，深刻指出："赌博之害，不可悉数。"同时要求国家采取严刑重罚等有力措施，制止赌博。他说："今赌博者，亦当加以肉刑……解其腕可也。"他教育后人要学会明辨是非善恶，并根据自己对善恶的思辨，将其分为四等："隐恶扬善，圣人也；好善恶恶，贤人也；分别善恶无当者，庸人也；颠倒善恶……小人也。"正是如此，张廷玉七十寿辰时，皇上赐对联颂他："潞国晚年犹矍铄，吕端大事不糊涂。"

张廷玉一生位尊而不忘百姓。其子张若霭参加殿试，雍正皇帝阅至第五卷时，发现该卷字画端楷，文精意绝，语极恳挚，随手拔置一甲三名（即探花），在场大臣皆称皇帝评定公允得当。等到拆卷时，方知是张廷玉的儿子张若霭。张廷玉得知这个消息，立即奏请皇上选换他人。但雍正帝明确宣布，朕选拔张若霭，实在是非常公允的，并非知晓是大臣的儿子而有意甄拔。可是张廷玉仍以一位老臣的风范、诚恳的心情，再三恳辞，并说普天之下，人才众多，而三年一次殿试，没有谁不希望登上鼎甲之榜，他已居政府之位，而子若霭又登一甲三名，挤占天下寒士进阶之位，心实不安。张廷玉恳辞心切，皇上深感其义，遂降张若霭为二甲第一名。这就是名扬京城、事载史册的"张廷玉让探花"的故事。

张廷玉历官三朝，悉知下情，总是把普通百姓的困苦记在心上。康熙四十七年（1708），桐城东乡陈家洲（今属枞阳县）遭受水灾，民不聊生，很多人只得跑到县城觅食。张廷玉的家人在信中言及此事，他深感不安，立即动员自己的弟弟、大侄儿以及在京城为官的本县好义人士，一起捐款捐物，赈恤灾民。雍正十一年（1733），张廷玉奉命回家举行祭父之礼，途经现在的河北省有关州县，发现水灾严重，饥民遍野，当即奏请朝廷开仓赈济,以解决百姓困苦,还一再强调"明岁青黄不接,民食倍艰,请敕督臣确查,加赈一月"。乾隆四年(1739)二月,张廷玉从家人的禀告信中得知乡里歉收,米价昂贵,贫民乏食,有识绅士准备号召富裕人家赈救灾民,张廷玉对这一举措大加赞赏,立即驰信回家,要求家人"捐仓谷一千石,并嘱弟侄辈实心举行,成此善举"。乾隆年间,张廷玉得知龙眠河上的"子来桥"被洪水冲毁,他捐出皇上赐银六千三百两,重建石桥,两岸修建桥亭,历时三年完工。百姓被他这一举动所感动,为了颂扬他,取世宗皇帝赐书匾额"调梅良弼"之意,将桥更名为"良弼桥"。今天人们漫步桥上,追古思贤之情,油然而生。

张廷玉居官清廉、忧民疾苦、劝诫恶习,并训诫子孙践行。他以习见习闻之事,由一己一家而推及于治国平天下,构成其家训的一大特色,令"海内钦仰",传而不绝。清代学者沈树德在评价《澄怀园语》时说:"《澄怀园语》四卷,皆圣贤精实切至之语。修(身)齐(家)治(国)平(天下)之道,即于是乎在焉!"张师亮在同治七年(1868)刻本跋文中称:"其言如布帛菽粟,朴实切要,于持家涉世之道,修己接物之方,尤为周详恳挚。"

【二版说明】

时间过得真快！十几年前，我们把《聪训斋语》《澄怀园语》点注整理，并以"父子宰相家训"为书名出版。十几年中，这本书给我们带来了无尽的快乐和喜悦。书刚刚出版时，朋友要书，我们送书，来来往往，我们把自己所了解的两位先贤，介绍给朋友，希望有更多的人受到感染、感知、感动。时间长了，书卖缺了，知名的、不知名的朋友，总能想方设法找到我们家，书架上仅有的几本样书也只好奉献出来，否则，就觉得辜负了读者的一片爱书情怀，也违背我们整理此书的初衷。曾记得一位素不相识的朋友，来合肥找书，一路辗转，打听到我们家住址，不顾雨天路远，来到桐城，请了一位老先生带路，连夜赶到我们家。一说来意，我们感动之余欣然奉送，看到他得书后的喜悦与满足，我们也乐在其中。当然，由于手头缺书，不少人无功而返，但愿再版时能予以弥补。

十几年中，最让我们感动的读者有三位，一位是我们的良师益友王彦民先生，他把《父子宰相家训》一书，从头到尾，作了阅读批注，写了密密麻麻的读书心得。有次他来桐城开会，我们去宾馆拜望他，此书就被他放在枕边，我们随手一翻，此情此景，难以言述。我们多想拿书调换，分享彦民先生的读书心得，又担心彦民先生难以割舍，我们也不能夺人所爱，就未曾启齿，所幸读书、爱书，我们同样受到先贤影响了。彦民先生还把《聪训斋语》《澄怀园语》按照文意做了225条目录，供再版时参考，这次因为增加了《饭有十二合说》和《澄怀主人自订年谱》，不便使用目录，未能采纳，甚憾！但彦民先生的深情厚谊，我们铭记在心。还有两位读者,虽未谋面,但也令我们十分感动。张先生在郑州工作时,买不到此书,向我们求助,但当时手头没有书,又不想也不愿让他失望,我们只好说过一段时间寄给他。几年后,他调到北京工作,仍然心系此书,并随信附上新的住址。收到他的信,我们既感动又内疚。有一天在一家书店偶然淘到此书,欣喜万分,立即寄给张先生,总算了却了他的心愿!还有一位读者,我们在网上查找《父子宰相家训》一书信息时,读到她的博文,备受感动,随之在博文后面跟了帖子,请她告诉地址,希望此书再版后能寄送给她,以慰她对此书的渴盼之情。从这位学人的博文中得知,她为了寻找《父子宰相家训》,真是费尽心力啊!她撰写了书事之四:《众里寻他千百度》《当时只道是寻常》《云中谁寄锦书来》《山有木兮木有枝》,其中说道:"与每一本书的结缘,都有一段天知、地知、你知、我知的故事。我心里唯一惦记的一本书是《父子宰相家训》,这书很难找到了,还是看缘分。"有一次她真的找到了此书,非常不巧,被一位老先生先一步买走了,这更让她有时候"读着读着就想起《父子宰相家训》来",有一天,她竟然收到那位不知名的老先生寄来的书,并用铅笔题写"赠一个高洁、纯粹、脱离了低级趣味的爱书人",除此而外,未留任何信息。"我奉这本书简直如基督徒奉《圣经》一般,闲时常捧着读了又读,阅书,阅世,阅人,这份钟爱,已不仅是对书了"。一本书,有这样的读者,何其幸啊!薄薄一册《父子宰相家训》,沉甸甸的,我们感动,许多读者感动,都是因为张英、张廷玉做人做事做官,智慧至极,让人心服、叹服!

　　去年底,网络上把《父子宰相家训》炒到350元一册,我们听说此事之后,极为难受,立即和出版社领导、编辑商量,希望再版,免得读者承受更大的经济压力。

　　此书初版时,由于我们经验不足,手头资料又十分有限,书中存在些许问题,好在大家都被先贤的思想、情操、人品所感动,也未深究书中点注的瑕疵。但这么多年来,我们从未懈怠,努力搜求更多的版本,进行比较,以期再版时更正。

这次《聪训斋语》采用了清康熙《笃素堂文集》刻本做底本,《澄怀园语》采用了清乾隆十一年刻本做底本,分别参校清代多种刻本。此外,这次把初版时删去的《饭有十二合说》补入;增加了《澄怀主人自订年谱》,采用清乾隆十三年刻本做底本,参校清代其他刻本。底本中的错讹字以圆括号标出,更正之字附其后,用方括号标出。这次还收录了前人撰写的张英、张廷玉传记等。这些都旨在让读者全面地认识和了解张英、张廷玉,深味康熙皇帝赞誉张英"有古大臣之风",雍正皇帝说自己和张廷玉"情同契友""君臣一体"的意蕴。假若此书能对今人在读书交友、做人做事、修身养性、教诲子女等方面有所启迪,那就是我们人生一大幸事,愿与读者诸君共勉。

江小角　陈玉莲
2012 年 10 月于龙眠河畔

【三版说明】

本书再版仅一年半时间，编辑告知我们，书已经售完，要么重印，要么改版，我们认为改版为宜。

一年多来，伴随国学热的兴起和人们对优秀传统文化的认知与学习，张英、张廷玉父子家训，越来越受到读者关注和喜欢。此书再版之后，许多读者爱书、寻书、读书，令我们感动。去年5月，在安徽人文讲坛讲"张英与六尺巷"，从出版社拿了几十本书，本想送给年长和年幼的听众，当时我的学生刚把书放下，被前排听众看见，几秒钟时间，书就被"抢"了，此情此景，着实难忘。有位96岁高龄的老先生，曾经买过一本初版《父子宰相家训》，后被其亲戚借去，一直未还，等到亲戚去世时，他孩子去吊唁，他嘱咐孩子务必把此书找到，带回家。但最终没找到，老先生很失望。去年，他孩子路遇我们，叙述其父寻书的故事。我们请他留下地址，托人把书带去，了却老先生的心愿。还有一位读者，了解张氏家训后，极为喜欢，开始寻书。他在参加《新安晚报》的读书征文中写道：他"按图索骥地通过网上书店，欲购此书时发现：即使是交易活跃的网络书店里，也多挂出缺货的告示"，"后来辗转通过孔夫子旧书网，花了60元钱，从遥远的东北邮购来的、收录了《聪训斋语》及张英另一本叫《恒产琐言》的且已有些年头的家书合集"。他郑重地将书放在自己随身携带的背包里，并说"在出差的宾馆里，最惬意的事就是：翻开这本泛黄、甚至略带霉味的竖排版旧书，对照存放在手机里的电子书上的注释，慢慢咀嚼，点滴消化。如此醇厚而有质感的书，犹如陈年老酒。读久了，就想设法介绍出去"。终于有一天，他突发奇想，"将读《恒产琐言》的感受，写了篇叫《保恒产防鬻产》的文章，寄往《瞭望东方周刊》，不久便被周刊做封面文章"。后来,他那背包丢了,书也丢了,但寻书的心情依旧。他"时时惦记着那握在手里实实在在的纸质书,因而时常留意网上书讯",终于在今年2月26日,从网上买到了《父子宰相家训》,"一颗心终于慢慢落尘"。他还多买了一本,赠给一位好友,这不仅是对朋友的关爱,还是对先贤的敬畏与景仰。

这次改版,出版社领导和编辑建议依段编目。我们以王彦民先生十多年前拟就的目录为基础,或采纳、或修改、或补充,以期符合文义。在这里,我们对王彦民先生的大力支持,表示衷心感谢。

本书再次改版之际,我们还要万分感谢那些相识或素不相识的读者,他们无论近在我们周边,还是远在千里之外,都给我们提出或寄来宝贵的意见与建议,让我们能及时纠偏改错,不断提高句读和注释的准确性。如浙江钟建生先生,他认真研读此书,提出一些珍贵意见,这次修订时,予以吸收。钟先生还帮我们找到一条曾国藩谈《聪训斋语》《澄怀园语》的内容,这也是将《聪训斋语》《澄怀园语》合刊的重要依据。我们对其他读者和安徽省新闻出版局质检专家提出的每条意见,逐一研读,认真思考,查核史料和底本,斟酌采纳。第3版删掉《澄怀主人自订年谱》及张英、张廷玉的传记,也是尊重读者建议、降低图书成本、减轻读者负担、扩大家训影响的举措。在此,我们再次向以钟建生先生为代表的热心读者,表示崇高敬意和衷心感谢!同时,对安徽大学出版社领导的支持,表示感谢!

本书从初版、再版,到现在第三版,每次向出版社提交稿子,我们总是战战兢兢,生怕出现错误,失敬先贤,误导读者,所以每次新书面世,有喜悦,更心存担忧。这次,我们花费几个月时间通读全书,修订注释,但囿于能力和水平,错误在所难免,真诚希望读者批评指正。

江小角　陈玉莲
2014年11月

【四版说明】

2014年11月,中共中央纪律检查委员会王岐山书记参观桐城六尺巷;2016年春节晚会,赵薇演唱《六尺巷》歌曲;这些对宣传"六尺巷"精神和张英、张廷玉父子的为官与为人,特别是对宣传清代桐城张氏家风与家训,起到了很大的推动作用。《父子宰相家训》2015年7月第三次改版,适逢其时,再次受到读者的关注与喜爱。2015年,《父子宰相家训(第3版)》被选入国家新闻出版广电总局、全国老龄办向老年人推荐的100种优秀出版物之一。第3版改版至今,才一年多时间,中间就加印一次,热销不断。初版至今,总印数早已突破一万册,作为一本传统文化知识读物,在读者中有这样大的影响力,非常令人欣慰。

2016年底,出版社提出对《父子宰相家训》进行修订,本人因忙于《桐旧集》的整理任务,无暇顾及,审读修订工作全部由陈玉莲同志来完成。她仔细阅读全书,认真核对原刻本,查找核对引文,具体做了以下三个方面工作:一是对三版的部分目录进行补充、完善,以期更贴近原文之意;二是增加生僻词语的注释与注音,从而便于读者理解和阅读;三是对个别地方的句读再斟酌推敲,力求更准确。

这次改版,得到安徽大学徽文化传承与创新中心的支持,在此深表感谢!

江小角
2017年3月28日

聪训斋语

【卷一】

读书可以养心

圃翁曰①：圣贤领要之语②，曰"人心惟危，道心惟微"③。"危"者，嗜欲之心，如堤之束水，其溃甚易，一溃则不可复收也。"微"者，理义之心，如帷之暎灯④，若隐若现，见之难，而晦之易也⑤。人心至灵至动，不可过劳，亦不可过逸，惟读书可以养之。每见堪舆家平日用磁石养针⑥，书卷乃养心第一妙物。闲适无事之人，镇日不观书⑦，则起居出入，身心无所栖泊⑧，耳目无所安顿，势必心意颠倒，妄想生嗔⑨。处逆境不乐，处顺境亦不乐。每见人栖栖皇皇⑩，觉举动无不碍者，此必不读书之人也。古人有言：扫地焚香⑪，清福已具。其有福者，佐以读书；其无福者，便生他想。旨哉斯言⑫！予所深赏。且从来拂意之事⑬，自不读书者见之，似为我所独遭，极其难堪⑭，不知古人拂意之事，有百倍于此者，特不细心体验耳。即如东坡先生殁后，遭逢高、孝，文字始出，名震千古⑮。而当时之忧谗畏讥，困顿转徙潮、惠之间，苏过跣足涉水，居近牛栏⑯，是何如境界？又如白香山之无嗣⑰，陆放翁之忍饥⑱，皆载在书卷。彼独非千载闻人⑲，而所遇皆如此！诚壹平心静观⑳，则人间拂意之事，可以涣然冰释㉑。若不读书，则但见我所遭甚苦，而无穷怨尤嗔忿之心㉒，烧灼不静㉓，其苦为何如耶？且富盛之事，古人亦有之，炙手可热㉔，转眼皆空。故读书可以增长道心㉕，为颐养第一事也㉖。

记诵纂集㉗，期以争长应世㉘，则多苦。若涉览，则何至劳心疲神㉙，但当冷眼于闲中窥破古人筋节处耳㉚。予于白、陆诗，皆细注其年月，知彼于何年引退㉛，其衰健之迹皆可指。斯不梦梦耳㉜。

【注释】

①圃翁：张英号乐圃，又号乐圃翁。这里是张英自称。

②领要：犹要领。话语或文章等的要点。

③"人心"句：语出《尚书·大禹谟》："人心惟危，道心惟微，惟精惟一，允执厥中。"冯友兰等注："宋儒认为道心就是天理，人心就是人欲。天理是精微的，人欲是危险的。"

④如帷之暎灯：像帷幔遮掩中的灯光。暎，同"映"，遮；隐藏。

⑤晦：掩蔽。

⑥堪舆家：古时候为占卜筮者之一。后专称以相地看风水为职业者，俗称"风水先生"。

⑦镇日：从早到晚。

⑧栖泊：寄托。

⑨生嗔：生气。

⑩栖栖皇皇：形容惶恐不安。栖栖，不安貌。皇皇，惶恐貌。

⑪扫地焚香：形容清幽的隐居生活。

⑫旨哉斯言：此言妙啊！旨，美；美好。

⑬拂意：不如意。

⑭难堪：不容易忍受。

⑮东坡先生：即苏轼（1037—1101），宋代文学家。字子瞻，一字和仲，号东坡居士。眉州眉山（今四川眉山县）人。仁宗嘉祐二年（1057）进士，英宗朝入直史馆。苏轼为欧阳修以后北宋文坛的领袖，诗词赋散文皆精，书画造诣也极深，散文与欧阳修齐名，为"唐宋八大家"之一。"遭逢高、孝"：指苏轼生前遭到不同政见者的排挤，朝廷上没有他施展才华之地。死后，宋高宗即位，追赠他为资政殿学士，将其孙苏符擢为礼部尚书。宋孝宗即位后，将其文章放置案头，诵读忘倦，并谓之为文章之宗，还"亲制集赞"，赐其曾孙苏峤。自此以后，苏轼名声大振，千古流芳。

⑯"忧谗畏讥……居近牛栏"：宋绍圣四年（1097），苏轼自惠州再谪琼州别驾、昌化军安置。轼独与幼子过负担渡海，在昌化军治宜伦城（今海南儋县新州镇）北买地结茅舍三间以居。此处所言即这期间事。

⑰"白香山"句：白居易（772—846），唐代诗人。字乐天，号香山居士、醉吟先生。842年以刑部尚书致仕。工诗，为唐代新乐府运动主要倡导者。有《白香山集》71卷。据葛立方的《韵语阳秋》和《白居易年谱》载：白居易在58岁时才有儿子阿崔，崔儿不幸三岁而亡。无嗣：没有后代。

⑱"陆放翁之忍饥":爱国诗人陆游,一生壮志未酬,生活艰难,有时甚至忍饥挨饿。其《夜食炒栗有感》诗即有"齿根浮动叹吾衰,山栗炮燔疗夜饥"之句。著有《剑南诗稿》。

⑲独非:表示反问。犹岂非,难道不是。闻人:名人。

⑳诚壹:心志专一。

㉑涣然冰释:语出《老子》:"涣兮若冰之将释。"谓像冰冻遇热似的一下子消融。多喻疑团、困难等很快消除。

㉒怨尤:埋怨责怪。嗔忿:恼怒。

㉓烧灼不静:谓心中如烧如灼,不得平静。"静",四库全书本《文端集》作"宁"。

㉔炙手可热:谓接近之便烫手。比喻权势气焰之盛。

㉕道心:佛教语。悟道之心。

㉖颐养:保养。

㉗记诵纂(zuǎn)集:默记背诵编撰汇纂。

㉘期:期望,要求。争长:争相增长。应世:应付世事。

㉙涉览:泛读。劳心疲神:动脑筋,费心思。

㉚冷眼:冷静、客观的眼光。筋节:比喻文章或言辞重要而有力的转折承接处。

㉛引退:辞官,辞职。

㉜梦梦(—mèng méng):昏乱,不明。

谈 乐

圃翁曰：圣贤仙佛，皆无不乐之理。彼世之终身忧戚、忽忽不乐者①，决然无道气、无意趣之人②。孔子曰"乐在其中③"、颜子"不改其乐④"，孟子以不愧不怍为乐⑤。《论语》开首说"悦""乐"⑥。《中庸》言"无入而不自得"⑦，程朱教寻孔颜乐处⑧，皆是此意。若庸人多求多欲，不循理，不安命⑨。多求而不得则苦，多欲而不遂则苦，不循理则行多窒碍而苦⑩，不安命则意多怨望而苦⑪。是以踢天踬地⑫，行险徼幸⑬，如衣敝絮行荆棘中⑭，安知有康衢坦途之乐⑮？惟圣贤仙佛，无世俗数者之病，是以常全乐体。香山字乐天⑯，予窃慕之，因号曰"乐圃"。圣贤仙佛之乐，予何敢望？窃欲营履道⑰，一丘一壑，仿白傅之"有叟在中，白须飘然"，"妻孥熙熙，鸡犬闲闲"之乐云耳⑱。

【注释】

①忧戚：忧愁烦恼。忽忽：失意貌。

②决然：必然。道气：超凡脱俗的气质。意趣：意味情趣。

③"乐在"句：语出《论语·述而》："饭疏食，饮水，曲肱而枕之，乐亦在其中矣。"程子认为，不是乐于疏食饮水，而是指即使吃粗粮喝凉水，也不能改其乐也。

④"颜子"句：语出《论语·雍也》："一箪食，一瓢饮，在陋巷，人不堪其忧，回也不改其乐。"箪：古代盛饭的圆形竹器。食（sì）：吃饭。饮：喝水。堪：忍受。颜子：颜回，孔子的学生。

⑤"孟子"句：语出《孟子·尽心上》："父母俱存，兄弟无故，一乐也。仰不愧于天，俯不怍于人，二乐也。得天下英才而教育之，三乐也。"不愧不怍：形容做事光明磊落，问心无愧。

⑥"《论语》开首"句：《论语》首篇《学而》，首句即为："学而时习之，不亦说乎？有朋自远方来，不亦乐乎？"意为既学习而又时时温习，则所学的知识熟练，心中即喜悦。远方的朋友都来相聚，实在可乐。"悦"在内心，"乐"发散在外。《论语》，书名。儒家经典之一。成书约在春秋战国之际，是研究孔子思想的主要资料。今本《论语》系东汉郑玄混合各本而成，共20篇。南宋朱熹把它同《大学》《中庸》《孟子》合为《四书》。

⑦"《中庸》言"句：《中庸》载："素富贵，行乎富贵；素贫贱，行乎贫贱；素夷狄，行乎夷狄；素患难，行乎患难；君子无入而不自得焉。""无入而不自得"意谓：君子见在所居之位而行。《中庸》，书名。本为儒家经典《礼记》中篇名，南宋朱熹将它与《大学》《论语》《孟子》合编为《四书》，并作注释，作为儒家重要典籍。

⑧"程朱教寻"句:《论语》载孔子言:"饭疏食……乐亦在其中矣"和颜子"一箪食……回也不改其乐"。程颢、程颐曾说:"昔受学于周茂叔,每令寻仲尼、颜子乐处,所乐何事。"对这句话,朱熹认为:"程子之言,引而不发,盖欲学者深思而自得之。今亦不敢妄为之说。学者但当从事于'博文''约礼'之诲,以至于'欲罢不能而竭其才',则庶几有以得之矣。"程朱:指宋代理学家程颢、程颐和朱熹。孔颜:孔子和其弟子颜渊的并称。

⑨不循理,不安命:谓不遵循规律,不安于命运。

⑩窒碍:疑难。

⑪怨望:怨恨。

⑫跼(jú)天蹐(jí)地:《诗经·小雅·正月》:"谓天盖高,不敢不局;谓地盖厚,不敢不蹐。"后即以"跼天蹐地"形容惶惧不安、窘迫无路。

⑬行险徼幸:谓冒险行事以求利。语出《礼记·中庸》:"小人行险以徼幸。"

⑭衣敝絮:穿着破旧的衣服。

⑮康衢坦途:谓四通八达的平坦道路。

⑯香山字乐天:白居易因得罪权贵,一生不得志,以"乐天"为字,意为不管遇上什么样的狂风恶浪,自己终乐于顺应天命,安于处境而无忧无虑。

⑰履道:即"履道里"。洛阳里巷名。白居易年五十八,百日假满,罢刑部侍郎,以太子宾客分司东都洛阳,居履道里。这段时日甚是惬意:崔儿出生,好友元稹相会,同得贵子,其乐融融。其间,白居易、胡杲等九个高年不事事者,常相宴集,有诗歌唱和之乐,无政务繁忙之忧,人慕之,绘为《九老图》。张英心慕之,暗地里筹划营建一所像履道里一样的别墅园亭,乐在其中。

⑱白傅:即白居易。太和九年(835)曾授太子少傅,分司东都,故称白傅。"有叟"二句:见白居易《池上篇》:"有叟在中,白须飘然。识分知足,外无求焉……妻孥熙熙,鸡犬闲闲。优哉游哉,吾将终老乎其间。"是白居易修筑履道里园池时所作。熙熙:欢乐融融的样子。闲闲:从容自得的样子。

知足与得闲

圃翁曰:予拟一联,将来悬草堂中:"富贵贫贱,总难称意①,知足即为称意;山水花竹,无恒主人,得闲便是主人。"其语虽俚②,却有至理③。天下佳山胜水,名花美箭无限④,大约富贵人役于名利⑤,贫贱人役于饥寒,总无闲情及此,惟付之浩叹耳⑥。

【注释】

①称意:合乎心意。
②俚:粗俗,不文雅。
③至理:最精深的道理。
④美箭:美竹。
⑤役:驱使。
⑥浩叹:长叹,大声叹息。

评唐宋诗

圃翁曰:唐诗如缎如锦,质厚而体重,文丽而丝密,温醇尔雅,朝堂之所服也①。宋诗如纱如葛,轻疏纤朗,便娟适体,田野之所服也②。中年作诗,断当宗唐律;若老年吟咏适意③,阑入于宋④,势所必至。立意学宋,将来益流而不可返矣⑤!五律断无胜于唐人者,如王、孟五言,两句便成一幅画⑥。今试作五字,其写难言之景⑦,尽难状之情⑧,高妙自然,起结超远⑨,能如唐人否?苏诗五律不多见,陆诗五律太率⑩,非其所长。参唐宋人气味⑪,当于五律见之。

【注释】

①"唐诗如缎"句:这段是用比喻的手法,指出唐诗具有雄浑、蕴藉、秾华繁彩的特色,淳朴敦厚极其文雅,如同朝廷上达官贵臣的锦缎服饰。
②"宋诗如纱"句:这也是一种比喻,意指宋诗以意取胜,深长曲折,隽深瘦劲,清奇生新,好比山野村民所穿以轻纱细葛制作的服饰。便娟适体:便娟,轻盈美好。适体,得体。

③适意：合意，称心。
④阑入：掺杂进去。
⑤流：放纵。
⑥王、孟五言：王、孟，即指唐代诗人王维、孟浩然。王维的诗作主要写隐居生活的闲情逸致，由于他兼通音乐和书画，往往将绘画、音乐融于诗中，以精练的语言创造和谐完美、意境深远的自然景物形象。苏轼称许为"画中有诗""诗中有画"。孟浩然诗多数是描写平淡自然的山水景物和农家生活之作。他的诗不事雕琢，却富有韵味与生活气息，"语淡而味终不薄"，当时颇受推崇，与王维并称"王孟"。王维是兼有五、七言古今体之长的，但王孟并提，偏指五言体。
⑦难言：不容易说清楚。
⑧状：陈述，描绘。
⑨起结超远：谓诗文的开头和结尾高超深远。
⑩太率：谓太多。率，草率。太，四库全书本《文端集》作"大"。
⑪参：琢磨。气味：比喻意趣和情调。

细味琴音

圃翁曰：昌黎《听颖师琴》诗有云①：呢呢儿女语，恩怨相尔汝②。忽然势轩昂③，猛士赴战场。又云：失势一落千丈强④。欧阳公以为琵琶诗⑤，信然。予细味琴音⑥，如微风入深松，寒泉滴幽涧，隽永古澹⑦。其上下十三徽⑧，出入一弦至七弦，皆有次第，大约由缓而急，由大而细，极于和平冲夷为主⑨，安有"呢呢儿女"忽变为"金戈铁马"之声？常建《琴》诗⑩：江上调玉琴⑪，一弦清一心。泠泠七弦遍⑫，万木沉秋阴。能令江月白，又令江水深。始知梧桐枝，可以徽黄金⑬。真可谓字字入妙，得琴之三昧者⑭。味此，则与昌黎之言迥别矣！

古来士大夫学琴，类不能学多操⑮。白香山止《秋思》一曲⑯，范文正公止《履霜》一曲⑰，高人抚弦动操，自有夷旷冲澹之趣⑱，不在多也。古人制琴一曲，调适宫商⑲，但传指法⑳，后人强被以语言文字㉑，失之远矣。甚至俗谱用《大学》及《归去来辞》《赤壁赋》强配七弦，一字予以一音。且有以山歌小曲溷之者㉒，其为唐突古乐甚矣㉓，宜为雅人之所深戒也。

　　大抵琴音以古淡为宗，非在悦耳。心境微有不清，指下便尔荆棘㉔。清风朗月之时，心无机事㉕，旷然天真，时鼓一曲，不躁不懒，则缓急轻重，合宜自然，正音出于腕下㉖，清兴超于物表㉗。放翁诗曰："琴到无人听处工。"未深领斯妙者，自然闻古乐而欲卧，未足深论也。

【注释】

①昌黎《听颖师琴》诗：张英所记原文与《全唐诗》不一致，现录《全唐诗》比照。《听颖师弹琴》："昵昵儿女语，恩怨相尔汝。划然变轩昂，勇士赴敌场。"昌黎：即韩愈（768—824），字退之，河南河阳（今河南孟县）人。郡望昌黎，故世称"韩昌黎"。卒谥文，故又称"韩文公"。学问广博，于政治、哲学、文学等均有建树，尤善作文，为唐代中期古文运动领袖。又提倡"文以载道""词必己出"，要求文章内容充实，文从字顺。有《韩昌黎集》。下文所引为韩愈原诗的前两句。

②尔汝：对话时你来我去，不讲客套，是关系亲密的表现。

③轩昂：形容音调高昂。

④"失势"句：见唐韩愈《听颖师弹琴》。失势一落：指琴声急转直下。强：有余。谓琴声忽然转低，如一落千丈。

⑤"欧阳公"句：欧阳公：即欧阳修（1007—1072），宋代文学家、史学家。字永叔，号醉翁，晚年又号六一居士。吉州永丰（今江西吉安市）人。仁宗天圣八年（1030）进士。庆历三年（1043），任知制诰，与范仲淹推行庆历新政。工诗善文，为北宋文学革新运动领袖。所著《六一诗话》为我国第一部以"诗话"为名的论诗著作。卒谥"文忠"。据《彦周诗话》："'失势一落千丈强'，顺下声也。仆不晓琴，闻之善琴者云，此数声最难工。"又说："自文忠公与东坡论此诗作听琵琶诗之后，后生随例云云……故论之，少为退之雪冤。"以资参考。

⑥细味：仔细体味。

⑦隽永古澹：古朴淡雅，含义深远，耐人寻味。光绪刻本作"静"。

⑧徽：琴徽，系琴弦的绳。后亦指七弦琴琴面十三个指示音节的标识。

⑨冲夷：冲和平易。

⑩常建《琴》诗：指唐代诗人常建所作的《江上琴兴》一诗。张英所记原文与《全唐诗》不一致。《全唐诗》为《江上琴兴》："江上调玉琴，一弦清一心。泠泠七弦遍，万木沉幽阴。能使江月白，又令江水深……"常建，开元十五年（727）进士，大历中为盱眙（今属江苏）尉。此后便辞官归隐于武昌樊山，即西山。有诗集。

⑪玉琴：玉饰的琴。此为琴的美称。

⑫泠泠（líng líng）：形容声音清越、悠扬。

⑬徽黄金：即徽金。金饰的琴徽，可以佩上黄金的徽标。此作琴徽的美称。

⑭三昧：佛教语。这里指奥妙，诀窍。

⑮操：琴曲。

⑯白香山：即白居易。因他晚年筑室香山（在今洛阳龙门山东），自号香山居士，世称"白香山"。

⑰"范文正公"句：范文正公，即范仲淹（989—1052），宋代文学家、政治家。字希文，苏州吴县（今江苏苏州）人。太宗大中祥符八年（1015）进士。死后谥"文正"，史称"范文正公"。工诗文，其文谨严简洁，长于议论。有《范文正公集》。《履霜》，指《履霜操》。古乐府琴曲名。据陆游《老学庵笔记》卷九："范文正公喜弹琴，然平日止弹《履霜》一操，时人谓之范履霜。"

⑱夷旷：平和旷达。冲澹：即冲淡。这里指琴声平和洒脱，冲淡和缓，营造闲适恬静的意境。

⑲宫商：指五音宫、商、角（jué）、徵（zhǐ）、羽。

⑳指法：弹奏乐器时手指动作的原则和方法。

㉑被：加上。

㉒溷（hùn）：混杂。

㉓唐突：亵渎。

㉔荆棘：这里比喻琴声杂乱刺耳，不成曲调。

㉕机事：机巧之事。

㉖正音：纯正的乐声，雅正的乐声。

㉗清兴（—xìng）：清雅的兴致。物表：物外，世俗之外。

"眠食"为养生要务

圃翁曰：古人以"眠、食"二者为养生之要务①。脏腑肠胃常令宽舒有余地，则真气得以流行而疾病少②。吾乡吴友季善医③，每赤日寒风，行长安道上不倦④。人问之，曰："予从不饱食，病安得入？"此食忌过饱之明征也⑤。燔炙熬煎香甘肥腻之物⑥，最悦口而不宜于肠胃⑦。彼肥腻易于粘滞⑧，积久则腹痛气塞，寒暑偶侵，则疾作矣。放翁诗云："倩盼作妖狐未惨，肥甘藏毒鸩犹轻⑨。"此老知摄生哉⑩！

炊饭极软熟，鸡肉之类只淡煮，菜羹清芬鲜洁渥之⑪，食只八分饱，后饮六安苦茗一杯⑫。若劳顿饥饿归⑬，先饮醇醪一二杯⑭，以开胸胃。陶诗云"春醪解劬饥"⑮，盖藉之以开胃气也⑯。如此，焉有不益人者乎？且食忌多品，一席之间，遍食水陆⑰，浓淡杂进，自然损脾。予谓或鸡鱼凫狍之类，只一二种⑱，饱食良为有益，此未尝闻之古昔，而以予意揣当如此。

安寝，乃人生最乐。古人有言"不觅仙方觅睡方"⑲。冬夜以二鼓为度⑳，暑月以一更为度㉑。每笑人长夜酣饮不休，谓之消夜㉒。夫人终日劳劳㉓，夜则宴息㉔，是极有味，何以消遣为？冬夏，皆当以日出而起，于夏尤宜。天地清旭之气㉕，最为爽神㉖，失之，甚为可惜。予山居颇闲，暑月，日出则起，收水草清香之味，莲方敛而未开，竹含露而犹滴，可谓至快！日长漏永㉗，不妨午睡数刻，焚香垂幌㉘，净展桃笙㉙。睡足而起，神清气爽，真不啻天际真人㉚。况居家最宜早起。倘日高客至，僮则垢面，婢且蓬头，庭除未扫㉛，灶突犹寒㉜，大非雅事。昔何文端公居京师㉝，同年诣之㉞，日宴未起㉟，久之方出。客问曰："尊夫人亦未起耶？"答曰："然。"客曰："日高如此，内外家长皆未起㊱，一家奴仆，其为奸盗诈伪，何为不至耶？"公瞿然㊲，自此至老不宴起。此太守公亲为予言者㊳。

【注释】

①养生：摄养身心使长寿。要务：主要事务。此处指关键。
②真气：人体的元气，生命活动的原动力。由先天之气和后天之气结合而成。

③吴友季：清代桐城人，曾在京城行医，与张英相友善。

④长安道：唐以后诗文中常用作京城道路的通称。

⑤明征：明证。

⑥燔(fán)炙熬煎：烧烤和煎煮。香甘：味香而甜。

⑦悦口：可口。

⑧粘滞：粘连滞积，不易消化。

⑨"倩盼"二句：陆游《养生》诗句，见《剑南诗稿》卷四十三。倩盼，语本《诗经·卫风·硕人》："巧笑倩兮，美目盼兮。"形容相貌美好，神态俏丽。惨，狠毒。肥甘，指肥美的食品。鸩，指毒酒。

⑩摄生：即养生。

⑪菜羹清芬鲜洁：用蔬菜煮的羹清香、新鲜。渥(wò)：沾湿，沾润。

⑫六安苦茗：这里指六安茶。苦茗，指茶。六安茶，产自安徽省霍山县的独山(今属裕安区)。霍山旧属六安，故名。相传能消垢腻，去滞积。旧为贡品。

⑬劳顿：劳累疲困。

⑭醇醪(láo)：味厚的美酒。醪，醇酒。

⑮"春醪"句：见陶渊明《和刘柴桑》诗。春醪，冬酿春熟之酒。劬(qú)饥，饥饿与疲劳。

⑯藉：同"借"。凭借。

⑰水陆：这里借指水中和陆地所产的各种食物。

⑱凫(fú)：野鸭。也指家鸭。豚(tún)：同"豚"。小猪。

⑲"不觅"句：出自陆游《午梦》诗："苦爱幽窗午梦长，此中与世暂相忘。华山处士如容见，不觅仙方觅睡方。"见《剑南诗稿》卷七。"华山处士"指五代宋初道士陈抟(tuán)。抟举进士不第，隐居华山，酣睡不起，传得仙人睡方。宋太宗赐号"希夷先生"。

⑳二鼓：二更天。晚上9时至11时。鼓，古代计时单位，因击鼓报时，故称。度：限度。

㉑一更：晚上7时至9时。

㉒消夜：消遣夜间时光。

㉓劳劳：忙碌。

㉔宴息：休息。

㉕清旭：清晨。

㉖爽神：使心神爽快。

㉗漏永：时间很长。漏，原为古计时器具，后代指时刻。永，长。

㉘焚香垂幙：点燃熏香，放下帐帷。

㉙净展桃笙：净洁地铺展竹席。桃笙，桃枝竹编的竹席。

㉚不啻(chì)：无异于，如同。天际真人：天上仙人。

㉛庭除：庭院。

㉜灶突:灶上的烟囱。
㉝何文端公:即何如宠。明代桐城人。字康侯。万历进士。累官礼部尚书,武英殿大学士。卒谥文端。
㉞同年:古代科举考试同科中试者之互称。唐代同榜进士称"同年",明清乡试、会试同榜登科者皆称"同年"。诣(yì):造访。
㉟宴:通"晏",晚。
㊱内外家长:指家中的男女主人,古以女主内,男主外,故称。
㊲瞿(qú):惊视;惊恐四顾。瞿然:吃惊、惊悟的样子。
㊳太守公:指姚文燮(1628—1692),安徽桐城人,字经三,号羹湖,清顺治十六年(1659)进士,曾任云南开化府同知。明清时,专称知府为太守,故称。

看 山

圃翁曰:山色朝暮之变,无如春深秋晚。四月则有新绿,其浅深浓淡,早晚便不同;九月则有红叶①,其赪黄茜紫②,或暎朝阳③,或回夕照④,或当风而吟,或带霜而殷⑤,皆可谓佳胜之极⑥。其他则烟岚雨岫⑦,云峰霞岭,变幻顷刻,孰谓看山有厌倦时耶?放翁诗云:"游山如读书,浅深在所得。"故同一登临,视其人之识解学问,以为高下苦乐,不可得而强也。

予每日治装入龙眠⑧,家人相谓:山色总是如此,何用日日相对? 此真浅之乎言看山者⑨。

【注释】

①"红",四库全书本《文端集》作"黄"。
②赪(chēng):同"赪",红色。茜(qiàn):绛红色。
③暎:同"映",映照。
④回:返转。夕照:犹夕阳。傍晚的太阳。
⑤殷:深红或赤黑色。
⑥佳胜:优美。
⑦烟岚雨岫:笼罩在烟雨雾气中的山林和峰峦。
⑧龙眠:山名。在桐城市西北,山势蜿蜒如龙,有龙眠山庄、披雪瀑诸胜。
⑨此真浅之乎言看山者:这样谈观看山色的人真是太浅陋了。

家用僮仆

　　圃翁曰：人家僮仆①，最不宜多畜②，但有得力二三人，训谕有方③，使令得宜④，未尝不得兼人之用⑤。太多则彼此相诿⑥，恩养必不能周⑦，教训亦不能及，反不得其力。且此辈当家道盛⑧，则倚势作非⑨，招尤结怨⑩；家道替⑪，则飞扬跋扈⑫，反唇卖主⑬，皆势所必至。予欲令家仆皆各治生业⑭，可省游手游食之弊⑮，不至于冗食为非也⑯。且僮仆甚无取乎黠慧者⑰。吾辈居家居宦，皆简静守理⑱，不为暗昧之事⑲；至衙门政务，皆自料理，不烦干仆巧权门之应对⑳，为远道之输将㉑，打点机密㉒，奔走势利。所用者，不过趋跄洒扫㉓、负重徒步之事耳㉔，焉用聪明才智为哉！至于山中耕田锄圃之仆，乃可为宝，其人无奢望、无机智㉕，不为主人敛怨㉖，彼纵不遵约束㉗，不过懒惰、愚蠢之小过，不必加意防闲㉘，岂不为清闲之一助哉？

【注释】

①人家：家庭。

②畜：雇养。

③训谕：训诲，开导。

④使令：差遣。

⑤兼人：能力倍于他人。即指一个人顶两个用。

⑥诿：推卸，推托。

⑦恩养：爱护养育。周：完备。

⑧家道：家境。

⑨倚势作非：仗着势力干坏事。

⑩招尤结怨：招致他人的怨恨，与他人结下怨仇。

⑪替：衰微。

⑫飞扬跋扈：飞扬，放纵；跋扈，蛮横。意谓蛮横放肆，目中无人。

⑬反唇卖主：倒弄唇舌，出卖主人。

⑭生业：产业。

⑮游手游食:游手好闲,不务正业,不劳而食。

⑯冗食:吃闲饭。

⑰黠慧:机敏聪慧。

⑱简静:简约沉静。

⑲暗昧:不光明磊落;不可告人的阴私、隐私。

⑳干仆:办事能干的仆役。巧:擅长。权门:权贵,豪门。

㉑为远道之输将:到远地去送礼,打通关节。输将:运送(财物)。

㉒打点:行贿以请托他人疏通、照顾。

㉓趋跄(qiāng)洒扫:奔走侍奉,洒水清扫。

㉔负重徒步:指挑担子和跑腿之类的体力劳动。

㉕机智:机诈。

㉖敛怨:《诗经·大雅·荡》:"女炰烋于中国,敛怨以为德。"郑玄笺:"敛群不逞作怨之人,谓之有德而任用之。"后以"敛怨"指招惹怨恨。

㉗"约束",四库全书本《文端集》作"束约"。

㉘防闲:防备和禁阻。

致寿之道——慈俭和静

圃翁曰：昔人论致寿之道有四①：曰慈、曰俭、曰和、曰静。人能慈心于物②，不为一切害人之事，即一言有损于人亦不轻发。推之③，戒杀生以惜物命④，慎剪伐以养天和⑤。无论冥报不爽⑥，即胸中一段吉祥恺悌之气⑦，自然灾沴不干⑧，而可以长龄矣。

人生福享，皆有分数⑨。惜福之人，福尝有馀；暴殄之人⑩，易至罄竭⑪，故老氏以俭为宝⑫。不止财用当俭而已，一切事常思节啬之义⑬，方有馀地。俭于饮食，可以养脾胃；俭于嗜欲⑭，可以聚精神；俭于言语，可以养气息非⑮；俭于交游，可以择友寡过⑯；俭于酬酢⑰，可以养身息劳；俭于夜坐，可以安神舒体；俭于饮酒，可以清心养德；俭于思虑，可以蠲烦去扰⑱。凡事省得一分，即受一分之益。人约天下事，万不得已者，不过十之一二。初见以为不可已，细算之，亦非万不可已。如此逐渐省去，但日见事之少。白香山诗云："我有一言君记取，世间自取苦人多⑲。"今试问劳扰烦苦之人⑳：此事亦尽可已，果属万不可已者乎？当必恍然自失矣㉑。

人常和悦，则心气冲而五脏安，昔人所谓养欢喜神㉒。真定梁公每语人㉓："日间办理公事，每晚家居，必寻可喜笑之事，与客纵谈，掀髯大笑㉔，以发舒一日劳顿郁结之气㉕。"此真得养生要诀。何文端公时㉖，曾有乡人过百岁，公扣其术㉗，答曰："予乡村人无所知，但一生只是喜欢，从不知忧恼。"噫，此岂名利中人所能哉！

《传》曰："仁者静。"又曰："知者动。"㉘每见气躁之人，举动轻佻㉙，多不得寿。古人谓：砚以世计，墨以时计，笔以日计㉚。动静之分也。静之义有二：一则身不过劳，一则心不轻动。凡遇一切劳顿、忧惶、喜乐、恐惧之事㉛，外则顺以应之，此心凝然不动㉜，如澄潭、如古井㉝，则志一动气㉞，外间之纷扰皆退听矣㉟。

此四者于养生之理，极为切实。较之服药引导㊱，奚啻万倍哉㊲！若服药，则物性易偏㊳，或多燥滞㊴。引导吐纳㊵，则易至作辍㊶。必以四者为根本,不可舍本而务末也㊷。《道德经》五千言㊸,其要旨不外于此。铭之座右,时时体察㊹,当有裨益耳。

【注释】

①致寿之道:求取长寿的方法。致,获得。
②慈心:慈悲之心。这里作动词用,谓发慈悲之心。
③推:推广。
④杀生:杀害有生命之物。物命:有生命的物类。
⑤剪伐:犹砍伐。天和:自然祥和之气。
⑥冥报不爽:死后相报毫无差错。不爽:无差错。
⑦恺悌(kǎi tì):和乐平易。
⑧灾沴(lì)不干:灾害不来侵犯。干,干犯。
⑨分数(fèn shù):犹天命,天数。迷信的人把一切不可解的事、不能抗御的灾难都归于上天安排的命运,称为"天数"。
⑩暴殄(tiǎn):指任意糟蹋财物。
⑪罄(qìng)竭:匮乏。多用来指财物。
⑫老氏:指老子。春秋时期思想家,道家的创始人,姓李名耳。
⑬节啬:节俭。四库全书本《文端集》作"俭啬"。
⑭嗜欲:嗜好与欲望。多指贪图身体感官方面享受的欲望。
⑮养气息非:保养元气,平息是非。
⑯寡过:少犯错误。
⑰酬酢(chóu zuò):应酬交往。四库全书本《文端集》作"酬错"。
⑱蠲(juān)烦去扰:谓消除烦恼,除去干扰。
⑲"我有"二句:见白居易《感兴二首》之二。
⑳劳扰烦苦:劳苦烦扰。
㉑恍然自失:恍然,茫然。自失,内心空虚而若有所失。
㉒养欢喜神:供养欢喜神。欢喜神,原为印度古代传说中的神,即欢喜天,俗称"欢喜佛"。明清宫廷内有欢喜神像。
㉓真定梁公:即梁清标。祖籍真定(今属河北省),字玉立,一字苍岩,号棠村。明崇祯进士。顺治初降清,授编修,累擢户部尚书。官至保和殿大学士。有《蕉林诗文集》《棠村随笔》。
㉔掀髯:笑时启口张须貌。
㉕郁结:谓忧思烦冤纠结不解。
㉖何文端公:见第14页注㉝。

㉗扣：求教。

㉘"仁者静""知者动"：语出《论语·雍也》。原为"知者动，仁者静"。意为达于事理而周流无滞的智者，似水样动；安于义理而厚重不迁的仁者，似山样静。

㉙轻佻(tiāo)：亦作"轻窕"。谓行动不稳重。

㉚"砚以世计"句：古谚：笔之寿以日计，墨之寿以月计，纸之寿以年计，砚之寿以世计。笔墨纸砚排序大抵是使用寿命长短为序的。说明静则寿永。

㉛劳顿：疲劳困顿。忧惶：忧愁惶恐。

㉜凝然不动：形容静止不动。

㉝澄潭：清澈而不流动的深水。古井：比喻寂然不为外物所动之心。孟郊《列女操》："贞妇贵殉夫，舍生亦如此。波澜誓不起，妾心古井水。"

㉞志一动气：心志凝住浮动之气。

㉟退听：退让顺从。

㊱引导：导引。古代道家的一种养生方法。导气引体。实为呼吸和躯体运动相结合的体育疗法。

㊲奚啻：何止。

㊳物性：事物的本性。

㊴燥滞：干燥积聚。

㊵引导吐纳：古代道家养生的两种方法。引导，见注㊱。吐纳，吐故纳新。即吐出浊气，吸纳清气。

㊶作辍：时作时歇，不能持久。

㊷舍本而务末：放弃根本而追求末节。

㊸《道德经》：书名。春秋时期老子所著。汉河上公作《老子章句》，分为八十一章，以前三十七章为《道经》，后四十四章为《德经》，故称为《道德经》。道家奉之为主要经典之一。

㊹体察：体会省察。

人生须有所适

圃翁曰：人生不能无所适以寄其意①。予无嗜好，惟酷好看山种树。昔王右军亦云②："吾笃嗜种果③，此中有至乐存焉④。"手种之树，开一花，结一实，玩之偏爱，食之益甘，此亦人情也。

阳和里五亩园⑤，虽不广，倘所谓"有水一池，有竹千竿"者耶⑥。花十有二种,每种得十余本,循环玩赏⑦,可以终老。城中地隘,不能多植,然在居室之西数武⑧,花晨月夕,不须肩舆策蹇⑨,自朝至夜分,可以酣赏饱看一花一草⑩,自始开至零落,无不穷极其趣,则一株可抵十株,一亩可敌十亩。

山中向营赐金园⑪,今购芙蓉岛⑫,皆以田为本,于隙地疏池种树,不废耕耘。阅耕是人生最乐⑬,古人所云"躬耕",亦止是课仆督农⑭,亦不在沾体涂足也⑮。

【注释】

①无所:没有地方,没有处所。寄其意:寄托他的心意。

②王右军:即东晋书法家王羲之。字逸少。琅琊临沂(今属山东)人。出身士族。官至右军将军、会稽内史,世称"王右军"。著名书法家。为唐太宗褒扬推崇,历代尊为"书圣"。

③笃嗜:非常喜爱。

④至乐(—lè):最大的快乐。

⑤阳和里:在今桐城市区省荣康医院南侧。五亩园:张英在城里所居之室称"笃素堂",其南为五亩园,因其中有五亩塘得名。城中有塘仅此。园在城南隅,民国初,张氏重新修其馆阁。后亦荒废。

⑥"有水"句:出自白居易《池上篇》:"十亩之宅,五亩之园,有水一池,有竹千竿。"所记乃其所居洛阳履道里园池之景。倘,或许。

⑦循环玩赏:巡回观赏。

⑧数武:犹数步。武,半步。《国语·周语下》:"夫目之察度也,不过步武尺寸之间。"韦昭注:"六尺为步,贾君以半步为武。"

⑨肩舆策蹇(jiǎn):乘轿或骑驴。肩舆,轿子。蹇,跛足驴。

⑩酣赏饱看:恣意游赏,纵情观看。

⑪赐金园:张英以康熙二十一年皇上颁给赐金的一半"谋山林数亩之地为憩息、树菽之区",因以"赐金"名园。《桐旧集》:"桐城张文端公以山水为性情,自称曰圃翁。尝以水衡钱构园居之,名'赐金园'。""双溪上有碧潭奇石,中有爱吾庐,折而北有'赐金园',文端公优游于此间。"今属龙眠街道办事处。距市区数公里。

⑫芙蓉岛:旧在桐城龙眠乡境内,今已不存。

⑬阅耕:观察农耕。

⑭课仆:督促仆人。

⑮沾体涂足:意为亲自下田劳动弄得满身是汗,两脚是泥。

山居宜小楼

圃翁曰：山居宜小楼，可以收揽群峰众壑之势。竹杪松梢①，更有奇趣。予拟于芙蓉岛南向构一小楼②，题曰"千崖万壑之楼"，大溪环抱，群岫耸峙③，可谓快矣！筑小斋三楹④，曰"佳梦轩"。夫人生如梦，信矣！使夕梦至此，岂不以为佳甚耶？陆放翁梦至仙馆，得诗云：长廊下瞰碧莲沼，小阁正对青萝峰⑤。便以为极胜之景。予此中颇有之，可不谓之佳梦耶？香山诗云：多道人生都是梦，梦中欢乐亦胜愁⑥。人既在梦中，则宜税驾咀嚼其梦⑦，而不当为梦幻泡影之嗟⑧。予固将以此为睡乡⑨，而不复从邯郸道上，向道人借黄粱枕也⑩。

【注释】

①竹杪(miǎo)松梢：竹枝和松树的末梢。

②构：构建，指架木造屋。

③岫(xiù)：峰峦。耸峙：高耸矗立。

④斋：家居的房屋。楹：量词。房屋计量单位，屋一列或一间为一楹。

⑤陆放翁：即陆游，见本书第5页注⑱。《剑南诗稿》载有陆游《梦游山水奇丽处有古宫观云云台观也》诗，原句为："曲廊下瞰白莲沼，小阁正对青萝峰。"与此引文略有不同。

⑥香山：即白居易，参见第4页注⑰。"多道人生"两句：见白居易《城上夜宴》诗，原诗为"从道人生都是梦，梦中欢笑亦胜愁"，与此引文略有出入。

⑦税驾：犹解驾；停车。谓休息或归宿。税，通"挩""脱"。咀嚼，玩味。

⑧梦幻泡影：佛教语。以梦境、幻景、水泡和影子比喻世上事物无常，一切皆空。

⑨睡乡：睡梦中的境界。

⑩黄粱枕：唐沈既济《枕中记》载：卢生于邯郸客店遇道士吕翁，翁探囊中枕以授之，曰："子枕吾枕，当令子荣适如志。"其枕青瓷，而窍其两端。生就枕入梦，历尽人间富贵荣华。梦醒，店主蒸黄粱未熟。

勿好珍异之物

圃翁曰：人生于珍异之物，决不可好。昔端恪公言①："士人于一研一琴，当得佳者②；研可适用，琴能发音，其它皆属无益。"良然。瓷器最不当好。瓷佳者必脆薄，一盏值数十金③，僮仆捧持，易致不谨，过于矜束④，反致失手。朋客欢燕⑤，亦鲜乐趣⑥，此物在席，宾主皆有戒心，何适意之有？瓷取厚而中等者，不至太粗，纵有倾跌⑦，亦不甚惜，斯为得中之道也⑧。名画法书及海内有名玩器⑨，皆不可畜⑩。从来贾祸招尤⑪，可为龟鉴⑫。购之不啻千金，货之不值一文⑬。且从来真赝难辨⑭，变幻奇于鬼神。装潢易于窃换⑮，一轴得善价，继至者遂不旋踵⑯。以伪为真，以真为伪，互相讪笑⑰，止可供喷饭⑱。昔真定梁公有画、字之好，竭生平之力收之，捐馆后⑲，为势家所求索殆尽⑳。然虽与以佳者，辄谓非是，疑其藏匿，其子孙深受斯累，此可为明鉴者也㉑。

【注释】

①端恪公：姚文然(1620—1678)，字弱侯，号龙怀。安徽桐城人。秉承家学，20岁时即成进士，选翰林院庶吉士。明末隐居桐城小龙山。清初，下诏求贤，以安庆巡抚李犹龙之荐，于顺治三年(1646)授国史院庶吉士。后历官礼科给事中、副御史、刑部侍郎、刑部尚书等职。卒后，赐祭葬，谥端恪，故称"端恪公"。

②研：通"砚"，砚台。

③盏(zhǎn)：酒器。

④矜束：慎重拘束。

⑤欢燕：欢聚宴集。燕，同"宴"。

⑥鲜：少。谓缺乏。

⑦倾跌：跌倒。意谓跌倒打碎。

⑧得中之道：适宜的做法。得中，适宜、适当。

⑨法书：名家的书法范本。

⑩畜：积储。这里指收藏。

⑪贾祸招尤：贾祸(gǔ—)，招致灾祸。招尤，招致他人怪罪或怨恨。

⑫龟鉴：龟可卜吉凶，鉴可别美丑。比喻可使人引以为戒的教训。

⑬货：出售。

⑭赝(yàn)：假。这里指赝品。

⑮装潢：装裱字画。古时装裱书画用黄蘗汁染的纸，即潢纸，故称。

⑯旋踵：掉转脚跟。形容时间短促。

⑰讪笑：讥笑。

⑱止：只。喷饭：谓吃饭时因忍不住发笑而喷出饭粒。后用以指惹人发笑。
⑲捐馆：即"捐馆舍"，抛弃馆舍。死亡的婉辞。
⑳势家：有权势的人家。
㉑明鉴：鲜明的鉴戒。

天地万物，佳者皆圆

圃翁曰：天体至圆，故生其中者，无一不肖其体①。悬象之大者②，莫如日月，以至人之耳目手足、物之毛羽、树之花实。土得雨而成丸，水得雨而成泡，凡天地自然而生皆圆。其方者，皆人力所为。盖禀天之性者③，无一不具天之体。万事做到极精妙处，无有不圆者。圣人之德，古今之至文法帖④，以至一艺一术，必极圆而后登峰造极⑤。裕亲王曾畅言其旨⑥，适与予论相合。偶论及科场文⑦，想必到圆处始佳。即饮食做到精美处，到口也是圆底。余尝观四时之旋运⑧、寒暑之循环、生息之相因⑨，无非圆转。人之一身与天时相应，大约三四十以前，是夏至前⑩，凡事渐长；三四十以后，是夏至后，凡事渐衰，中间无一刻停留。中间盛衰关头，无一定时候，大概在三四十之间。观于须发可见⑪：其衰缓者，其寿多；其衰急者，其寿寡。人身不能不衰，先从上而下者，多寿，故古人以早脱顶为寿征⑫；先从下而上者，多不寿，故须发如故而脚软者难治。凡人家道亦然⑬，盛衰增减，决无中立之理。如一树之花，开到极盛，便是摇落之期。多方保护，顺其自然，犹恐其速开，况敢以火气催逼之乎？京师温室之花，能移牡丹各色桃于正月，然花不尽其分量，一开之后，根干辄萎。此造化之机⑭，不可不察也。尝观草木之性，亦随天地为圆转，梅以深冬为春；桃、李以春为春；榴荷以夏为春；菊、桂、芙蓉以秋为春。观其枝节含苞之处⑮，浑然天地造化之理⑯。故曰："复，其见天地之心乎⑰！"

【注释】

①肖：像；类似。

②悬象:天象。多指日月星辰。

③禀:承受。

④至文法帖:至文,最好或极好的文章。法帖,名家书法的范本。

⑤登峰造极:比喻成就达到最高境地。

⑥裕亲王:即福全(1653—1703),清世祖次子。康熙六年(1667)封裕亲王。与议政。二十九年为抚远大将军,与常宁败噶尔丹于乌兰布通,旋因未穷追而夺爵、罢议政。三十五年复从征噶尔丹。后病死。

⑦科场文:指科举考试(所作的)文章。

⑧旋运:运转。

⑨生息:生殖繁衍。相因:相承。

⑩夏至:二十四节气之一。在公历6月21日或22日。这天北半球昼最长,夜最短;南半球则相反。这里用夏至前比喻人三四十岁以前,指血气旺盛。

⑪须发:胡须和头发。

⑫寿征:长寿的征兆。

⑬家道:谓家庭的境遇。

⑭造化之机:自然界的机巧。造化,自然。

⑮枝节:四库全书本《文端集》作"节枝"。

⑯浑然:自然形成的样子。

⑰此句见《易经·复卦》彖传:"复,其见天地之心乎!"复卦,为坤上震下合成之卦,象征冬去春来,大自然万物生生不息的本心。

珍视古人诗文

圃翁曰:人往往于古人片纸只字,珍如拱璧①。其好之者,索价千金,观其落笔神彩,洵可宝矣②。然自予观之,此特一时笔墨之趣所寄耳③。

若古人终身精神识见④,尽在其文集中,乃其呕心刿肺而出之者⑤。如白香山、苏长公之诗数千首⑥,陆放翁之诗八十五卷。其人自少至老,仕宦之所历⑦,游迹之所至,悲喜之情,怫愉之色⑧,以至言貌謦欬⑨,饮食起居,交游酬酢⑩,无一不寓其中。较之偶尔落笔,其可宝不且万倍哉⑪!予怪世人于古人诗文集不知爱,而宝其片纸只字,为大惑也。

余昔在龙眠⑫,苦于无客为伴。日则步屧于空潭碧涧⑬、长松茂竹之侧;夕则掩关读苏、陆诗⑭,以二鼓为度。烧烛焚香煮茶,延两君子于坐⑮,与之相对,如见其容貌须眉然。诗云:"架头苏陆有遗书,特地携来共索居⑯。日与两君同卧起,人间何客得胜渠⑰?"良非解嘲语也⑱。

【注释】

①拱璧:合手拱抱的大璧。喻极其珍贵之物。

②洵:诚然。

③笔墨之趣:对于书画诗文作品的情趣。

④精神识见:谓才学、见识。

⑤呕心刿(guì)肺:形容构思诗文时劳心苦虑,费尽心思,刻意为之。

⑥苏长公:宋苏轼,为苏洵长子,其诗文浑涵光芒,雄视百代,当时尊之为"长公"。宋胡仔《苕溪渔隐丛话后集·东坡五》:"《复斋漫录》云:'当时以东坡为长公,子由(苏辙)为少公。'"

⑦仕宦:为官。

⑧怫(fú)愉:怫,愤怒。愉,快乐。谓愤怒和快乐。

⑨言貌謦欬(qǐng kài):言貌,言语与容颜。謦欬,谈吐。

⑩交游酬酢(zuò):交游,交际;结交朋友。酬酢,应酬交往。四库全书本《文端集》作"酬错"。

⑪不啻:副词,相当于"不啻"。

⑫龙眠:山名,在桐城市龙眠乡。

⑬步屧(xiè):屧,木拖鞋。漫步。空潭:澄澈的深潭。碧涧:碧绿的山间流水。

⑭掩关:关门。

⑮两君子:指上文所说苏轼、陆游。

⑯索居:孤独地散处一方。

⑰渠:他。

⑱解嘲:因被人嘲笑而自作解释。

道德文章经济福命

圃翁曰:予尝言享山林之乐者,必具四者而后能长享其乐,实有其乐,是以古今来不易觏也①。四者维何②?曰道德,曰文章,曰经济③,曰福命④。所谓道德者,性情不乖戾⑤,不谿刻⑥,不褊狭⑦,不暴躁,不移情于纷华⑧,不生嗔于冷暖⑨。居家则肃雍闲静⑩,足以见信于妻孥⑪;居乡则厚重谦和⑫,足以取重于邻里;居身则恬淡寡营⑬,足以不愧于衾影⑭。无忤于人⑮,无羡于世,无争于人,无憾于己⑯。然后天地容其隐逸,鬼神许其安享,无心意颠倒之病,无取舍转徙之烦⑰。此非道德而何哉?

佳山胜水,茂林修竹,全恃我之情性识见取之。不然,一见而悦,数见而厌心生矣。或吟咏古人之篇章,或抒写性灵之所见,一字一句便可千秋,相契无言亦成妙谛⑱。古人所谓:"行到水穷处,坐看云起时⑲。"又云:"登东皋以舒啸,临清流而赋诗⑳。"断非不解笔墨人所能领略。此非文章而何哉?

夫茅亭草舍,皆有经纶㉑;菜陇瓜畦,具见规划;一草一木,其布置亦有法度。淡泊而可免饥寒,徒步而不致委顿㉒。良辰美景,而匏樽不空㉓;岁时伏腊,而鸡豚可办㉔。分花乞竹㉕,不须多费,而自有雅人深致㉖;疏池结篱,不烦华侈,而皆能天然入画㉗。此非经济而何哉?

从来爱闲之人,类不得闲㉘;得闲之人,类不爱闲。公卿将相,时至则为之。独是山林清福,为造物之所深吝㉙。试观宇宙间,几人解脱书卷之中?亦不多得置身在穷达毁誉之外㉚。名利之所不能奔走,世味之所不能缚束㉛。室有莱妻,而无交谪之言㉜;田有伏腊,而无乞米之苦㉝。白香山所谓"事了心了"㉞,此非福命而何哉?

四者有一不具,不足以享山林清福。故举世聪明才智之士,非无一知半见,略知山林趣味,而究竟不能身入其中,职此之故也㉟。

【注释】

①不易:难。觏(gòu):遇见。
②维:语气词,无义。
③经济:经世济民。此指治国的才干。
④福命:享福的命运。
⑤乖戾:不合情理。
⑥豀(xī)刻:刻薄。
⑦褊(biǎn)狭:指心胸、气量、见识等狭隘。
⑧不移情于纷华:不因繁华富丽而变易情志。
⑨生嗔:生气。
⑩肃雍:庄严雍容,整齐和谐。
⑪妻孥(nú):妻子和儿女。
⑫厚重:敦厚持重。
⑬居身:立身处世。恬淡寡营:谓清静淡泊,不为个人谋划打算。
⑭衾影:语出北齐刘昼《新论·慎独》:"独立不惭影,独寝不愧衾。"指自己。
⑮无忤:不违逆。
⑯无憾:没有遗憾。
⑰取舍:择用与弃置。转徙:辗转迁移。
⑱妙谛:精妙之真谛。
⑲"行到"句:语出唐王维《终南别业》诗。谓沿着溪流随意而行,走到了溪流的尽头,似乎已到绝处,便坐了下来,无意中又看到云雾从水源处升起,现出无穷妙境。
⑳"登东皋"句:语出晋陶潜《归去来兮辞》。是陶渊明义熙元年(405)辞去彭泽令归田时之作。东皋,水边向阳高地。也泛指田园、原野。舒啸,犹长啸。放声歌啸。
㉑经纶:本指整理丝缕,理出丝绪和编丝成绳,引申为筹划治理国家大事的才能。
㉒徒步:步行。委顿:疲困。
㉓匏(páo)樽:即匏制的酒樽,此泛指酒樽。
㉔伏腊:古代两种祭祀的名称。"伏"在夏季伏日,"腊"在农历十二月。后亦指伏祭和腊祭之日。此处泛指节日。鸡豚(tún):鸡和猪。
㉕分花乞竹:分棵花来栽,讨棵竹子来种。意谓以自种之花与他人换竹。
㉖雅人深致:高雅的人意兴深远。语本《晋书·王凝之妻谢氏》:"叔父安尝问:'《毛诗》何句最佳?'道韫称:'吉甫作颂,穆如清风。仲山甫永怀,以慰其心。'安谓有雅人深致。"用以形容人言谈举止高尚文雅,不同于流俗。
㉗华侈:豪华奢侈。

㉘类:大抵。
㉙吝:爱惜。
㉚穷达毁誉:困顿与显达、诽谤与称誉。
㉛世味:这里指功名宦情。
㉜莱妻:春秋楚老莱子之妻。汉刘向《列女传·贤明》载:莱子逃世耕于蒙山之阳,楚王遣使聘其出仕,其妻曰:"妾闻之,可食以酒肉者,可随以鞭捶;可授以官禄者,可随以铁钺。今先生食人酒肉,受人官禄,为人所制也,能免于患乎?妾不能为人所制。"遂行不顾,至江南而止。老莱子乃随其妻而居之。后以"莱妻"作为贤妻的代称。交谪:谓竞相责难。
㉝伏腊:借指必要的生活资料,这里指粮食。
㉞事了心了:语出白居易《自在》诗:"心了事未了,饥寒迫于外;事了心未了,念虑煎于内。我今实多幸,事与心和会。内外及中间,了然无一碍。"
㉟职:犹只。表示主要由于某种原因。

衣食宜俭

圃翁曰:予于归田之后,誓不著缎①,不食人参②。夫古人至贵,犹服三浣之衣③。缎之为物,不可洗,不可染,而其价六七倍于湖州绉绸与丝绸④,佳者三四钱一尺⑤,比于一匹布之价。初时华丽可观,一沾灰油,便色改而不可浣洗。况予素性疏忽于衣服⑥,不能整齐,最不爱华丽之服。归田后,惟著绒、褐、山茧、文布、湖绸⑦,期于适体养性。冬则羔裘⑧,夏则蕉葛⑨,一切珍裘细縠⑩,悉屏弃之,不使外物妨吾坐起也。老年奔走应事务⑪,日服人参一二钱。细思吾乡米价,一石不过四钱,今日服参,价如之或倍之,是一人而兼百馀人糊口之具⑫,忍,孰甚焉?侈,孰甚焉?夫药性原以治病,不得已而取效于旦夕,用是补续血气,乃竟以为日用寻常之物,可乎哉?无论物力不及,即及亦不当为。予故深以为戒。倘得邀恩遂初⑬,此二事断然不渝吾言也⑭。

【注释】
①著:穿。
②人参:多年生草本植物,主根肥大。根和叶都可入药。为中药贵重药品,有滋补作用。

③三浣之衣:(只能)穿洗几次的(粗质)衣服。浣,洗。

④湖州绉绸:产于浙江省湖州市的丝织品。绉,织出皱纹的丝织品。绸(chóu),粗绸。用废茧残丝纺织成的织物,如今之绵绸。

⑤钱:市制重量单位。三四钱,指三四钱银子。十钱等于一两。

⑥素性:本性。

⑦绤:细布。褐:粗布或粗布衣,古时贫贱者所服,最早用葛、兽毛,后常指大麻、兽毛的粗加工品。山茧:山蚕茧,此指用山蚕茧制的布。文布:有花纹的布。湖绸:浙江湖州生产的粗绸。

⑧羔裘:用紫羔制的皮衣。古时为诸侯、卿、大夫的朝服。

⑨蕉葛:即蕉布。用蕉麻纤维织成的布。

⑩珍裘:珍贵的皮衣。细縠(hú):有皱纹的细纱。这里谓用有皱纹的细纱布做成的衣服。

⑪应:应对。

⑫兼:同时占有。具:备置。这里指饮食所需。

⑬邀恩遂初:谋求恩准,遂其初愿。谓辞去官职隐居。

⑭断然不渝:绝对不会改变。断然:绝对。用于否定式。

"门无杂宾"最有味

圃翁曰:古人美王司徒之德,曰"门无杂宾"①,此最有味。大约门下奔走之客,有损无益。主人以清正、高简、安静为美②,于彼何利焉?可以啖之以利③,可以动之以名④,可以怵之以利害⑤,则欣动其主人⑥。主人不可动,则诱其子弟,诱其僮仆:外探无稽之言⑦,以荧惑其视听⑧;内泄机密之语,以夸示其交游。甚且以伪为真,将无作有,以徼幸其语之或验⑨,则从中而取利焉。或居要津之位⑩,或处权势之地,尤当远之益远也。又有挟术技以游者⑪,彼皆藉一艺以售其身⑫,渐与仕宦相亲密,而遂以乘机遘会⑬,其本念决不在专售其技也。挟术以游者,往往如此。故此辈之朴讷迂钝者⑭,犹当慎其晋接⑮。若狡黠便佞⑯,好生事端,踪迹诡秘者,以不识其人,不知其姓名为善。勿曰:我持正,彼安能惑我?我明察,彼不能蔽我!恐久之自堕其术中,而不能出也。

【注释】

①门无杂宾:谓家中没有杂七杂八的客人。形容不乱交朋友。三国吴刘基、南朝宋谢谌皆有此誉。

②清正:清白正直。高简:清高简约。

③啖之以利:用利益来引诱。啖(dàn),引诱。

④动之以名:用名誉来打动。

⑤怵:恐惧。作动词,恐惧。

⑥欣动:因喜悦而动心。

⑦无稽之言:没有根据、无从查证的话。《书·大禹谟》:"无稽之言勿听,弗询之谋勿庸。"

⑧荧惑:迷惑。

⑨徼幸:即侥幸。徼,通"侥"。

⑩要津:本指重要的津渡。比喻显要之位。

⑪挟:这里引申为"怀着、藏着"。

⑫藉:凭借。售:出卖。

⑬遘会(gòu—):攀附。

⑭朴讷(nè)迂钝:朴讷,质朴而不善言辞。迂(yū)钝,迂拙迟钝。

⑮晋接：交接，接触。
⑯狡黠便佞：狡黠，诡诈。便佞(pián nìng)，巧言善辩，阿谀逢迎。

节俭行善

圃翁曰：予性不爱观剧，在京师，一席之费，动逾数十金。徒有应酬之劳，而无酣适之趣①，不若以其费济困赈急，为人我利溥也②。予六旬之期③，老妻礼佛时，忽念：诞日，例当设梨园宴亲友④。吾家既不为此，胡不将此费制绵衣袴百领⑤，以施道路饥寒之人乎？次日为余言，笑而许之。予意欲归里时，仿陆梭山居家之法⑥：以一岁之费，分为十二股，一月用一分，每日于食用节省。月晦之日⑦，则总一月之所馀，别作一封，以应贫寒之急。能多作好事一两件，其乐逾于日享大烹之奉多矣⑧，但在勉力而行之⑨。

【注释】

①酣适：畅快舒适。
②溥(pǔ)：大。
③六旬：此指六十岁。
④梨园：因唐玄宗时于梨园教习艺人，后以"梨园"泛指戏班或演戏之所。
⑤绵衣袴：棉质的衣裤。绵，通"棉"。领：量词，犹件。用于衣服、铠甲。
⑥陆梭山：即陆九韶（约1129—?）。南宋著名学者。字子美，号梭山居士。抚州金溪（今属江西）人。他学问渊粹，隐居梭山之中，终日与学者讲学不仕，与其弟陆九龄、陆九渊，并称"三陆子之学"。"陆梭山居家之法"见于所著《居家制用》。其主要内容：把每年的田畴收入，扣除租税及种子、肥料等费用，余下部分平分为十份：留三份作为水旱之年备用；一份作为祭祀之用；还有六份作为一年十二个月的日常开支。再取一月合用的费用，大约分成三十份，每日用其一份，只可节余，不可用光。把每日每月节余下来的费用，单独存放收管，以应付修葺房屋、医病、吊丧、问疾、过节馈送等项开支。如果还有节余，就用来周济邻居中的寒苦贫弱之人、贤士中的困穷之人、佃人中的饥寒者。
⑦月晦之日：谓农历每月的最后一日。月晦，即月尽。
⑧逾：胜过。大烹：指大鱼大肉。
⑨勉力：尽力。

移树之法

圃翁曰：移树之法，江南以惊蛰前后半月为宜①。大约从土掘出之根，最畏春风，故须用土裹密，用草包之，不宜见风，甚不宜于隔宿。所以吴门、建业来卖花者②，行千里、经一月而犹活，乃用金汁土密护其根③，不使露风之故。近地移植反不活者，不知此理之故也。其新生细白根，系生气所托，尤不当损。人但知深根固蒂④，不知亦不宜太深种植。书谓"加旧迹一指⑤"。若太深，则泥水伤树皮，断然不茂矣！

凡树大约花时移，则彼精脉在枝叶⑥，易活，于桂尤甚。花已有蓓蕾，移之多开，然此最泄气。故移树而花盛开者，多不活；惟叶茂，则其树必活矣。牡丹移在秋，当春宜尽去其花，若少爱惜⑦，则其气泄，树即活亦不茂，数年后多自萎。树之作花甚不易，气泄则本伤。古人云："再实之木，其根必伤。⑧"人之于文章、功名也，亦然。不可不审也。

【注释】

①惊蛰(zhé)：二十四节气之一。在公历3月5日、6日或7日。此时气温上升，土地解冻，春雷始鸣，蛰伏过冬的动物惊起活动。故名。

②吴门：指苏州或苏州一带。为春秋吴国故地，故称。建业：三国时孙吴都城。东汉建安十六年(211)孙权自京(今江苏镇江市)徙治秣陵，第二年改名建业。治所在今南京市。

③金汁土：以粪汁浇滤过的黄土。

④深根固蒂：谓使根基深固而不可动摇。

⑤旧迹：这里指移植前根干露出地面的痕迹。

⑥精脉：精气血脉，比喻花木的生命力。

⑦若少爱惜：如果稍微舍不得(去其花)。少，稍微。

⑧再实之木，其根必伤：谓果树一年两次结实，根部定受损伤。语出《文子·符言》："再实之木，其根必伤，多藏之家，其后必殃。"

品　茶

圃翁曰：予少年嗜六安茶①，中年饮武夷而甘②，后乃知岕茶之妙③。

此三种可以终老,其他不必问矣。芥茶如名士④,武夷如高士⑤,六安如野士⑥,皆可为岁寒之交⑦。六安尤养脾,食饱最宜,但鄙性好多饮茶⑧,终日不离瓯碗⑨,为宜节约耳!

【注释】

①嗜:谓喜好。六安茶:见第 13 页注⑫。

②武夷:山名。在福建省武夷山市,所产茶名武夷茶。其中佳品有"乌龙""铁观音"等。

③芥(jiè)茶:茶名。产于浙江省长兴县境内的罗芥山。为茶中上品。

④名士:指恃才放达、不拘小节之士。

⑤高士:志行高洁之士。

⑥野士:草野之士。

⑦岁寒:一年的寒冬,比喻终老。交:指朋友。

⑧鄙:谦词,指自己。

⑨瓯(ōu):杯盏之类的饮具。

不知命，无以为君子

圃翁曰：《论语》云："不知命，无以为君子。"①考亭注："不知命，则见利必趋，见害必避，而无以为君子。"②予少奉教于姚端恪公③，服膺斯语④。每遇疑难踌躇之事，辄依据此言，稍有把握。古人言"居易以俟命"⑤，又言"行法以俟命"⑥。人生祸福荣辱得丧，自有一定命数⑦，确不可移。审此，则利可趋而有不必趋之利；害宜避而有不能避之害。利害之见既除，而为君子之道始出，此"为"字甚有力。既知利害有一定，则落得做好人也。权势之人，岂必与之相抗以取害？到难于相从处，亦要内不失己，果谦和以谢之⑧，宛转以避之⑨，彼亦未必决能祸我。此亦命数宜然，又安知委曲从彼之祸，不更烈于此也⑩？使我为州县官，决不用官银媚上官，安知用官银之祸，不甚于上官之失欢也⑪？

昔者米脂令（萧）［边］君⑫，掘李贼之祖坟⑬。贼破京师后，获（萧）［边］君，置军中，欲甘心焉⑭？挟至山西，以二十人守之。（萧）［边］君夜遁，后复为州守，自著《虎吻馀生》记其事⑮。李贼杀人数十万，究不能杀一（萧）［边］君？生死有命，宁不信然耶⑯？

予官京师日久，每见人之数应为此官⑰，而其时本无此一缺。有人焉，竭力经营，干办停当⑱，而此人无端值之⑲，或反为此人之所不欲，且滋诟詈⑳。如此者，不一而足，此亦举世之人共知之，而当局则往往迷而不悟。其中之求速反迟，求得反失，彼人为此人而谋，此事因彼事而坏，颠倒错乱，不可究诘㉑。人能将耳目闻见之事，平心体察㉒，亦可消许多妄念也㉓！

【注释】

①"不知命"句：语出《论语·尧曰》。

②考亭：在今福建建阳西南。相传五代南唐时黄子稜筑以望其父（考）墓，因名"望考亭"，简称"考亭"。南宋朱熹晚年居此，建沧州精舍。宋理宗为崇祀朱熹，于淳祐四年（1244）赐名考亭书院。此后因以"考亭"称朱熹。趋：追逐，追求。

③姚端恪公：见第22页注①。

④服膺(yīng)：衷心信奉。

⑤"居易"句：语出《礼记·中庸》："上不怨天，下不尤人，故君子居易以俟命，小人行险以徼幸。"居易，犹平安，平易。俟(sì)命，听天由命。

⑥"行法"句：语出《孟子·尽心下》："君子行法以俟命而已矣。"行法，按法行事。

⑦命数：犹命运。天命运数。

⑧谦和：谦虚平和。谢：推辞。

⑨宛转：随顺变化。

⑩委曲：曲意迁就。

⑪失欢：失去别人的欢心。

⑫边君：指明静海（今属天津）人边大受，为米脂县令，曾奉诏挖掘李自成祖坟。后被李自成部俘获，行至寿阳，寻机潜归，著有《虎口馀生记》记其事。见《明史》本传。

⑬李贼：站在清廷的角度，对李自成的蔑称。

⑭甘心：快意。指杀之以快意。《左传·庄公九年》："管召，仇雠也，请受而甘心焉。"杜预注："甘心，言快意戮杀之。"

⑮《虎吻馀生》：应为《虎口馀生记》，明边大受著。

⑯宁：岂；难道。

⑰数：命数，运气。

⑱干办停当：办理妥帖。

⑲无端：无因，无由。值：遇到，碰上。

⑳且滋诟詈(lì)：并且引起辱骂。

㉑究诘：追问原委。

㉒平心体察：心情平和地体会观察。

㉓妄念：虚妄的或不正当的念头。

善处人生适意事

圃翁曰：人生适意之事有三①：曰贵，曰富，曰多子孙。然是三者，善处之，则为福，不善处之，则足为累。至为累而求所谓福者，不可见矣！何则？高位者，责备之地②，忌嫉之门③，怨尤之府④，利害之关，忧患之窟，劳苦之薮⑤，谤讪之的⑥，攻击之场，古之智人往往望而却步⑦。况有荣则必有辱，有得则必有失，有进则必有退，有亲则必有疏。若但计丘山之得⑧，而不容铢两之失⑨，天下安有此理？但己身无大谴过⑩，而外来者平淡视之，此处贵之道也。

佛家以货财为五家公共之物：一曰国家，二曰官吏，三曰水火，四曰盗贼，五曰不肖子孙。夫人厚积，则必经营布置⑪，生息防守⑫，其劳不可胜言；则必有亲戚之请求，贫穷之怨望⑬，僮仆之奸骗⑭；大而盗贼之劫取，小而穿窬之鼠窃⑮；经商之亏折，行路之失脱，田禾之灾伤，攘夺之争讼⑯，子弟之浪费；种种之苦，贫者不知，惟富厚者兼而有之。人能知富之为累，则取之当廉，而不必厚积以招怨；视之当淡，而不必深忮以累心⑰。思我既有此财货，彼贫穷者不取我而取谁？不怨我而怨谁？平心息忿，庶不为外物所累。俭于居身，而裕于待物；薄于取利，而谨于盖藏⑱，此处富之道也。

至子孙之累尤多矣！少小则有疾病之虑，稍长则有功名之虑，浮奢不善治家之虑⑲，纳交匪类之虑⑳。一离膝下㉑，则有道路寒暑饥渴之虑，以至由子而孙，展转无穷，更无底止㉒。夫年寿既高，子息蕃衍㉓，焉能保其无疾病痛楚之事？贤愚不齐，升沉各异，聚散无恒，忧乐自别。但当教之孝友㉔，教之谦让，教之立品㉕，教之读书，教之择友，教之养身，教之俭用，教之作家㉖。其成败利钝㉗，父母不必过为萦心；聚散苦乐，父母不必忧念成疾。但视己无甚刻薄，后人当无倍出之患㉘；己无大偏私，后人自无攘夺之患㉙；己无甚贪婪，后人自当无荡尽之患。至于天行之数㉚，禀赋之愚，有才而不遇，无因而致疾，延良医，慎调治；延良师，谨教训，父母之责尽矣！父母之心尽矣！此处多子孙之道也。

予每见世人处好境，而郁郁不快，动多悔吝忧戚㉛，必皆此三者之故。由不明斯理，是以心褊见隘，未食其报，先受其苦。能静体吾言，于扰扰之中，存荧荧之亮㉜，岂非热火坑中一服清凉散㉝，苦海波中一架八宝筏哉㉞！

【注释】

①适意之事:称心合意的事情。

②责备:指摘。

③忌嫉:亦作"忌疾"。妒忌。

④怨尤:埋怨责怪。

⑤薮(sǒu):指人或东西聚集的地方。

⑥谤讪:毁谤讥刺。的(dì):箭靶的中心。引申指目标。

⑦望而却步:见到危险、困难或力所不及的事就往后退缩。

⑧丘山之得:谓得到很多。丘山,比喻重大或多。

⑨铢两之失:谓失掉很少。铢两,一铢一两。比喻微小。

⑩谴过:过错,过失。

⑪厚积:积蓄丰厚。

⑫生息:取利。

⑬怨望:怨恨。

⑭奸骗:指诈骗。

⑮穿窬(yú):穿壁翻墙。鼠窃:像鼠一样地偷窃。此指小偷小摸。

⑯攘夺:掠夺。争讼:因争论而诉讼。

⑰忮(zhì):嫉妒,忌恨。四库全书本《文端集》作"恨"。

⑱盖藏:储藏。

⑲浮奢:轻浮奢侈。

⑳纳交匪类:结交行为不端正的人。

㉑膝下:指父母的身边。

㉒底止:终止。

㉓子息蕃衍:谓儿女很多。子息,泛指儿女。

㉔孝友:事父母孝顺,对兄弟友爱。

㉕立品:培养品德。

㉖作家:治家,理家。

㉗利钝:喻吉凶。

㉘刻薄:冷酷无情。倍出:即"悖出"。指财物在不合情理的情况下失去,如被人抢夺或浪费以尽。语出《大学》:"货悖而入者亦悖而出。"

㉙偏私:徇私,不公正。

㉚天行:犹天命。

㉛悔吝忧戚:追悔顾惜、忧愁烦恼。

㉜荧荧之亮：点滴之亮。荧荧，小火。
㉝清凉散：药名。能清热。
㉞八宝筏：佛教语。八宝合成之筏。比喻引导众生渡过苦海到达彼岸的佛法。

安心之法

圃翁曰：予自四十六七以来，讲求安心之法。凡喜怒哀乐、劳苦恐惧之事，只以五官四肢应之。中间有方寸之地①，常时空空洞洞②、朗朗惺惺③，决不令之入，所以此地常觉宽绰洁净。予制为一城，将城门紧闭，时加防守，惟恐此数者阑入④。亦有时贼势甚锐，城门稍疏，彼间或阑入，即时觉察，便驱之出城外，而牢闭城门，令此地仍宽绰洁净。十年来渐觉阑入之时少，不甚用力驱逐。然城外不免纷扰，主人居其中，尚无浑忘天真之乐⑤。倘得归田遂初⑥，见山时多，见人时少，空潭碧落，或庶几矣⑦！

【注释】

①方寸之地：指心。
②空空洞洞：空虚的样子。
③朗朗惺惺：明白、清醒的样子。
④此数者：指前述喜怒哀乐、劳苦恐惧。阑入：混入。
⑤浑忘：全部忘却。
⑥归田遂初：辞官归隐，完成本来的心愿。
⑦庶几：差不多。

律身训子四语

圃翁曰：予之立训，更无多言，止有四语：读书者不贱，守田者不饥，积德者不倾①，择交者不败②。尝将四语律身训子③，亦不用烦言夥说矣④。虽至寒苦之人，但能读书为文，必使人钦敬、不敢忽视。其人德性，亦必温和，行事决不颠倒，不在功名之得失，遇合之迟速也⑤。守田之说，详于《恒产琐言》⑥。积德之语,六经、《语》《孟》、诸史百家⑦,无非阐发此义,不须赘说。择交之说,予目击身历,最为深切。此辈毒人,如鸩之入口⑧,蛇之螫肤⑨,断断不易⑩,决无解捄之说⑪,尤四者之纲领也。余言无奇,止布帛、菽粟,可衣可食,但在体验亲切耳。

【注释】

①积德:积累善行。倾:倾覆,覆亡。
②择交:择友而交。败:破败,衰落。
③律身训子:约束自己,训教子孙。
④烦言夥说:烦言,絮烦无用、于事无补的话。夥说,多说、多余的话。
⑤遇合:彼此投合。
⑥《恒产琐言》:张英论述守田置产的著作,本书第79～100页。
⑦六经:六部儒家经典。即《诗》《书》《礼》《乐》《易》《春秋》。《语》《孟》:《论语》和《孟子》的省称。诸史:各种史书。百家:指学术上的各种派别。
⑧鸩(zhèn):传说中的一种毒鸟。以羽浸酒,饮之即死。这里指鸩羽浸制的毒酒。
⑨螫(shì):毒蛇咬。
⑩断断不易:绝对不能改变。断断,绝对。用于否定句。
⑪捄(jiù):纠正。

张廷瓒跋

康熙三十六年丁丑春,大人退食之暇①,随所欲言,取素笺书之,得八十四幅,示长男廷瓒②。装成二册,敬置座右,朝夕览诵,道心自生,传示子孙,永为世宝③。廷瓒敬识。

【注释】

①大人:这里指张英。退食之暇:退朝休息之余。退食,大臣退朝就餐。也指退朝休息。
②长男廷瓒:即张英的大儿子张廷瓒。字卣臣,号随斋。康熙十八年(1679)进士,由编修官至少詹事。熟于掌故,朝廷制诰,多出其手。著《传恭堂诗集》五卷。
③世宝:古代相传的珍宝。

【卷二】

人生须厚重沉静

　　圃翁曰：人生必厚重沉静①，而后为载福之器②。王谢子弟③，席丰履厚④，田庐仆役，无一不具，且为人所敬礼⑤，无有轻忽之者⑥。视寒畯之士⑦，终年授读⑧，远离家室，唇燥吻枯，仅博束脩数金⑨，仰事俯育⑩，咸取诸此。应试则徒步而往，风雨泥淖，一步三叹。凡此情形，皆汝辈所习见。仕宦子弟，则乘舆驱肥⑪，即僮仆亦无徒行者，岂非福耶？乃与寒士一体怨天尤人⑫，争较锱铢得失⑬，讵非过耶？古人云："予之齿者去其角，（与）[傅]之翼者两其足。"⑭天道造物，必无两全。汝辈既享席丰履厚之福，又思事事周全，揆之天道⑮，岂不诚难？惟有敦厚谦谨，慎言守礼，不可与寒士同一般感慨欷歔⑯，放言高论⑰，怨天尤人，庶不为造物鬼神所呵责也⑱。况父祖经营多年，有田庐别业⑲，身则劳于王事⑳，不获安享。为子孙者，生而受其福，乃又不思安享，而妄想妄行，岂不大可惜耶！思尽人子之责，报父母之恩，致乡里之誉，贻后人之泽㉑，唯有四事：一曰立品㉒，二曰读书，三曰养身，四曰俭用。世家子弟原是贵重㉓，更得精金美玉之品㉔。言，思可道；行，思可法。不骄盈、不诈伪、不刻薄、不轻佻，则人之钦重㉕，较三公而更贵㉖。

　　予不及见祖父（赠光禄公）恂所府君㉗，每闻乡人言其厚德，邑人仰之如祥麟威凤㉘。方伯公己酉登科㉙，邑人荣之，赠以联曰："张不张威，愿秉文文名天下；盛有盛德，期可藩藩屏王家。"㉚至今桑梓以为美谈㉛。

【注释】

①厚重：敦厚持重。沉静：沉稳闲静。

②载福：承受福惠。

③王谢：六朝望族王氏、谢氏的并称。后以"王谢"为高门世族的代称。

④席丰履厚：亦作"席履丰厚"。谓生活好，福泽厚。

⑤敬礼：尊敬并礼遇之。

⑥轻忽：轻视忽略。

⑦寒畯（jùn）之士：出身寒微而才能杰出的人。

⑧授读：授予学业，指教书。

⑨博：获取。束脩：十条干肉。原是学生送给老师的礼物，这里指给老师的酬金。

⑩仰事俯育：同"仰事俯畜"。《孟子·梁惠王上》："是故明君制民之产，必使仰足以事父母，俯足以畜妻子。"后因以谓对上侍奉父母，对下养育妻儿。泛指维持全家生活。

⑪乘舆驱肥：谓坐车子。驱肥，驱策肥马。

⑫一体：一样。怨天尤人：怨恨命运，责怪别人。语出《论语·宪问》："子曰：不怨天，不尤人，下学而上达，知我者其天乎？"

⑬锱铢：比喻微利，极少的钱。

⑭"予之"句：语出《汉书·董仲舒传》："夫天亦有所分予，予之齿者去其角，傅其翼者两其足，是所受大者不得取小也。"意谓造化创物对给予亦有区别：有利牙的没有角，长一对翅膀的少两只脚。角，鸟喙。"噣"（zhòu）的本字。傅，同"附"，附着。

⑮揆（kuí）：揣度。

⑯欷歔：叹息声。

⑰放言高论：谓毫无顾忌地大发议论。

⑱庶：但愿。

⑲田庐别业：田庐，田地和房屋。别业，别墅。

⑳王事：王命差遣的公事。

㉑贻后人之泽：传及子孙后代的德泽。

㉒立品：培养品德。

㉓世家子弟：显贵人家的子弟。

㉔精金美玉之品：纯洁完美的品德。

㉕钦重：敬重。

㉖三公：古代中央三种最高官衔的合称。周以太师、太傅、太保为三公。明清沿周制，以太师、太傅、太保为三公，只用作大臣的最高荣衔。

㉗张英祖父张四维，字立甫，号恂所，参政长子。年十四补县学生。卒年六十七。张英

官至大学士后,封赠三代,父、祖皆赠光禄大夫之号。府君:此为对死者的敬称。

㉘祥麟威凤:麟,麒麟。凤,凤凰。旧说麟表祥瑞、凤有威仪,故称。此比喻德高望重之人。

㉙方伯公:即张秉文。明代桐城人。字含之,号钟阳。万历庚戌(1610)进士,授归安(今浙江吴兴县)知县,调徽州教授,屡迁户部郎中。出守抚州(今江西省抚州),迁福建建宁兵巡道,晋广东按察使。迁右布政使,调山东左布政使。后与清兵战死于济南。赠太常寺卿,建特祠。清朝赐谥忠节。明清时称布政使为方伯,故乡人称张"方伯公"。己酉登科:应为庚戌登科,张秉文于万历三十八年(庚戌年)中进士。张秉文系张英伯父。

㉚盛可藩:桐城人,字屏之,明万历三十七年(1609)举人。崇祯初,授浙江龙泉县教谕,转户部司务,升通州督运,又督昌、密二镇。因病卒于任。赠光禄寺少卿,有诗文行世。藩屏王家:为帝王之家的藩篱、屏障。

㉛桑梓:《诗经·小雅·小弁》:"维桑与梓,必恭敬止。"东汉以来一直以"桑梓"借指故乡或乡亲父老。这里指故乡。

立身行己之道

父亲(赠光禄公)拙庵府君①,予逮事三十年②。生平无疾言遽色③,居身节俭,待人宽厚。为介弟④,未尝以一事一言干谒州县⑤,生平未尝呈送一人⑥。见乡里煦煦以和⑦,所行隐德甚多⑧,从不向人索逋欠⑨,以故三世皆祀于乡贤⑩。请主入庙之日,里人莫不欣喜,道盛德之报,是亦何负于人哉!予行年六十有一,生平未尝送一人于捕厅令其呵谴之⑪,更勿言笞责⑫。愿吾子孙终守此戒勿犯也!

不足,则断不可借债;有馀,则断不可放债。权子母起家⑬,惟至寒之士稍可,若富贵人家为之,敛怨养奸⑭,得罪招尤⑮,莫此为甚。

乡里间,荷担负贩及佣工小人⑯,切不可取其便宜。此种人所争不过数文,我辈视之甚轻,而彼之含怨甚重。每有愚人,见省得一文,以为得计,而不知此种人心忿口碑⑰,所损实大也⑱。待下我一等之人,言语辞气最为要紧。此事甚不费钱,然彼人受之,同于实惠,只在精神照料得来,不可惮烦⑲,《易》所谓"劳谦"是也⑳。予深知此理,然苦于性情疏懒,惮于趋承㉑,故我惟思退处山泽,不见要人,庶少斯过,终日懔懔耳㉒。

读书固所以取科名㉓,继家声㉔,然亦使人敬重。今见贫贱之士,果胸中淹博㉕,笔下氤氲㉖,则自然进退安雅,言谈有味。即使迂腐不通方㉗,亦可以教学授徒,为人师表。至举业㉘,乃朝廷取士之具,三年开场大比㉙,专视此为优劣。人若举业高华秀美,则人不敢轻视。每见仕宦显赫之家,其老者或退或故,而其家索然者㉚,其后无读书之人也;其家郁然者㉛,其后有读书之人也。"山有猛兽,则藜藿为之不采"㉜;家有子弟,则强暴为之改容,岂止掇青紫㉝、荣宗祊而已哉㉞?予尝有言曰:"读书者不贱",不专为场屋进退而言也㉟。

父母之爱子,第一望其康宁,第二冀其成名,第三愿其保家。《语》曰:"父母惟其疾之忧。"㊱夫子以此答武伯之问孝。至哉斯言!安其身以安父母之心,孝莫大焉。养身之道,一在谨嗜欲,一在慎饮食,一在慎忿怒,一在慎寒暑,一在慎思索,一在慎烦劳。有一于此,足以致病,以贻父母之忧,安得不时时谨凛也㊲!

吾贻子孙,不过瘠田数处耳,且甚荒芜不治,水旱多虞㊳。岁入之数,谨足以免饥寒畜妻子而已。一件儿戏事做不得,一件高兴事做不得。生平最喜陆梭山过日治家之法㊴,以为先得我心,诚仿而行之,庶几无鬻产荡家之患㊵。予有言曰:"守田者不饥。"此二语足以长世㊶,不在多言。

凡人少年,德性不定,每见人厌之曰"悭",笑之曰"啬",诮之曰"俭",辄面发热,不知此最是美名。人肯以此诮之,亦最是美事,不必避讳。人生豪侠周密之名,至不易副,事事应之,一事不应,遂生嫌怨;人人周之,一人不周,便存形迹㊷。若平素俭啬㊸,见谅于人,省无穷物力,少无穷嫌怨,不亦至便乎?

四者立身行己之道㊹,已有崖岸㊺,而其关键切要,则又在于择友。人生二十内外,渐远于师保之严㊻,未跻于成人之列,此时知识大开,性情未定,父师之训不能入,即妻子之言亦不听,惟朋友之言,甘如醴而芳若兰。脱有一淫朋匿友㊼,阑入其侧,朝夕浸灌㊽,鲜有不为其所移者。从前四事,遂荡然而莫可收拾矣!此予幼年时知之最切。

今亲戚中,倘有此等之人,则踪迹常令疏远㊾,不必亲密。若朋友,则直以不识其颜面,不知其姓名为善。比之毒草哑泉,更当远避㊿。芸圃有诗云:"于今道上揶揄鬼,原是尊前妩媚人。"㉛盖痛乎其言之矣。择友何以知其贤否?亦即前四件能行者,为良友;不能行者,为非良友。

予暑中退休,稍有暇晷㉜,遂举胸中所欲言者,笔之于此。语虽无文,然三十馀年涉历仕途,多逢险阻,人情物理,知之颇熟,言之较亲。后人勿以予言为迂而远于事情也。

【注释】

①(赠光禄公)拙庵府君:即张英之父张秉彝,字孩之,号拙庵,县学生。崇祯间考授通判。平生泊然无好,修祭享,培茔墓,辑谱牒,惟是为务。子英贵,赠光禄大夫,故称"光禄公"。

②逮:昔,以前。事:侍奉。

③疾言遽色:言语粗暴、神色急躁。

④介弟:对他人弟弟的尊称。此指张秉彝在家中为弟。

⑤干谒:谓有所求而去求见。州县:这里指州县官。

⑥呈送:上送。这里指为打通关节而送礼。

⑦乡里:犹乡亲。煦煦(xǔ一):和悦貌。

⑧隐德:施德于人而不为人所知。

⑨逋欠:拖欠的钱粮。

⑩乡贤:乡里德行高尚的人。这里指乡贤祠。明清时凡有品学为地方所推重者,死后由大吏题请祀于其乡,入乡贤祠,春秋致祭。

⑪捕厅:清代州县官署中的佐杂官,如吏目、典史等。因有缉捕之责,故称。呵谴:斥责。

⑫笞责:拷打责罚。
⑬权子母:本谓国家铸钱,以重币为母,轻币为子,权其轻重而使行,有利于民。后遂称以资本经营或借贷生息为"权子母"。
⑭敛怨养奸:招惹怨恨,纵容奸邪。
⑮招尤:招致他人怪罪或怨恨。
⑯荷担负贩:用肩负物的小商贩。
⑰心忿口碑:内心愤懑不平,到处议论、说坏话。
⑱"实",四库全书本《文端集》作"寔"。
⑲惮烦:怕麻烦。
⑳劳谦:勤劳谦恭。《易·谦》:"劳谦,君子有终,吉。"
㉑趋承:迎合奉承。
㉒懔懔:严正的样子。
㉓科名:科举功名。
㉔家声:家族世传的声名美誉。
㉕淹博:渊博。
㉖笔下氤氲:谓文章美好。氤氲,多指香气。这里引申为文章写得好。
㉗通方:变通,灵活。
㉘举业:明清时专指八股文。
㉙开场大比:谓举行科举考试。大比,隋唐以后泛指科举考试。
㉚索然:离散零落的样子。
㉛郁然:旺盛美好的样子。
㉜"山有"句:语出《晋书·刘琨传》:"古语云,山有猛兽,藜藿为之不采。"意为:山上有凶猛的野兽,野菜就没人去采了。藜藿(lí huò),指野菜。
㉝掇青紫:谓获取高官显位。青、紫,古时公卿的服色。
㉞荣宗祊:光宗耀祖。宗祊,宗庙;家庙。
㉟场屋:科举考试的地方,又称科场。
㊱"《语》曰"句:出自《论语·为政》:"孟武伯问孝。子曰:'父母唯其疾之忧。'"意思是:孟武伯向孔子请教孝道。孔子说:"做爹娘的只是为子的疾病发愁。"孟武伯,鲁大夫仲孙氏,即孟懿子的儿子,名彘。
㊲谨凛:谨慎戒惧。
㊳虞:忧虑。
㊴陆梭山:见第31页注⑥。
㊵鬻产荡家:谓丧失全部家产。鬻(yù),卖。荡,耗尽;丧。

㊶长世:历世久远;永存。

㊷形迹:嫌疑。

㊸俭啬:节俭。

㊹四者:指前述立品、读书、养身、俭用四个问题。

㊺崖岸:边际,引申为"节概"。

㊻师保:泛指老师。

㊼脱:连词。假使,万一。淫朋匪友:诲淫诲盗的坏朋友。

㊽浸灌:浸渍灌输。这里指教唆影响。

㊾踪迹:指交往。

㊿毒草哑泉:有毒的草与饮之致哑的泉水。

㊼芸圃:张茂稷。字子艺,号芸圃。清安徽桐城人。赠左都御史。善音律,好吟咏,不乐仕进。有《芸圃集》。揶揄:戏弄。尊前:尊者面前。妩媚:此指献媚讨好。

㊼退休:退朝休息;公馀休憩。暇暑:指空闲的时日。

论书法

楷书如坐如立,行书如行,草书如奔。人之形貌虽不同,然未有倾斜跛侧为佳者。故作楷书,以端庄严肃为尚,然须去矜束拘迫之态①,而有雍容和愉之象。斯晋书之所独擅也。分行布白②,取乎匀净,然亦以自然为妙。《乐毅论》如端人雅士③;《黄庭经》如碧落仙人④;《东方朔像赞》如古贤前哲⑤;《曹娥碑》有孝女婉顺之容⑥;《洛神赋》有淑姿纤丽之态⑦。盖各象其文,以为体要⑧,有骨有肉。一行之间,自相顾盼。如树木之枝叶扶疏⑨,而彼此相让;如流水之沦漪杂见⑩,而先后相承。未有偏斜倾侧,各不相顾,绝无神形步伍连络映带⑪,而可称佳书者。细玩《兰亭》⑫,委蛇生动⑬,千古如新。董文敏书⑭,大小疏密,于寻行数墨之际⑮,最有趣致⑯。学者当于此参之。

【注释】

①矜束拘迫:谓举止拘谨束缚。

②分行布白:书法上指安排字体点画和布置字、行之间关系的方法。字体的点画有繁简,结构也有大小、疏密、斜正。分行布白的要求,是使字的上下左右相互影响,相互联系,以达到整幅分布稳称。

③"《乐毅论》"句:谓《乐毅论》的字体犹如正直文雅之士一样雍容宁静。《乐毅论》,著名的小楷法帖。三国魏夏侯玄文,晋王羲之书。唐褚遂良称其"笔势精妙,备尽楷则",评其为王羲之正书第一。真迹已佚,后世摹本甚多。端人,正直的人。

④"《黄庭经》"句:谓《黄庭经》的字体犹具天上仙人的飘逸空灵之姿。《黄庭经》:指晋王羲之书写的《黄庭经》法帖。碧落仙人,天空中的仙人。

⑤"《东方朔像赞》"句:谓《东方朔像赞》的字体如先贤圣哲一样端庄严肃。《东方朔像赞》,为王羲之小楷,为世所重。此赞系王羲之书赠王修者,王修殁时,其母将之纳入棺中,以殉葬。一说真迹传至唐代,藏于内府,迄无定论。现得见者,皆刻于汇帖中。

⑥"《曹娥碑》"句:谓《曹娥碑》的字体有孝女那样温顺和婉的仪容。曹娥,东汉时会稽郡上虞县人。相传其父五月五日迎神,溺死江中,尸骸流失。娥年十四,沿江哭号十七昼夜,投江而死。世传为孝女。《曹娥碑》,即曹娥墓前之碑。东汉上虞度尚立,其弟子邯郸淳撰文。碑已不存,文见《古文苑》卷十九。后世所传《曹娥碑帖》,一为晋人墨迹摹刻的拓本,宋拓《临江戏鱼堂帖》本题作晋右将军王羲之书。一为宋元祐八年(1093)蔡卞重书,题作《后汉会稽卜虞孝女曹娥碑》,行书。文见《金石萃编》卷一百四十。婉顺,温顺。

⑦"《洛神赋》"句:谓《洛神赋》的字体美好、秀丽,风格细巧华美,如同洛神那优美的体态,美好的姿容。《洛神赋》,元赵孟頫书,小楷。末署大德三年(1299)书与俞子甲。清道光时(1821—1850)真迹尚在吴荣光家,今已不存。此石本不知何人所刻,元人跋以为临王献之,献之本今不得见,而赵孟頫未言为临,跋语恐不足信。淑姿,优美的体态,美好的姿容。

纤丽,指艺术风格上的细巧华美。

⑧体要:犹体制,文字书画等的格局、格调。

⑨扶疏:枝叶繁茂分披的样子。

⑩沦漪:水中微波。见(xiàn):同"现"。

⑪步伍:军队操演行进的队伍。连络映带:衔接照应关联。

⑫《兰亭》:指《兰亭帖》。又称《禊帖》《兰亭集序帖》。著名的行书法帖。系东晋永和九年(353)王羲之为兰亭宴集所草之序。书法遒媚劲健,绝代更无,为隋唐诸家师法。惜唐宋两代,真本已亡。临摹本甚多。

⑬委蛇(—yí):绵延曲折。

⑭董文敏:董其昌,明松江华亭人。字元宰,号思白。万历进士。谥文敏。其昌天才俊逸,少负重名,书法超越诸家,独探神妙。其画集宋元诸家之长。

⑮寻行数墨:谓一笔一画逐字逐行地体味、鉴赏。

⑯趣致:情趣风致。

兄弟情谊

法昭禅师偈云①:"同气连枝各自荣,些些言语莫伤情。一回相见一回老,能得几时为弟兄?"词意蔼然,足以启人友于之爱②。然予尝谓人伦有五③,而兄弟相处之日最长。君臣之遇合,朋友之会聚,久速固难必也。父之生子,妻之配夫,其早者皆以二十岁为率④。惟兄弟或一二年,或三四年相继而生,自竹马游戏⑤,以至鲐背鹤发⑥,其相与周旋,多者至七八十年之久。若恩意浃洽⑦,猜间不生⑧,其乐岂有涯哉?近时有周益公⑨,以太傅退休⑩,其兄乘成先生⑪,以将作监丞退休⑫,年皆八十,诗酒相娱者终其身。章泉赵昌甫兄弟⑬,亦俱隐于玉山之下⑭,苍颜华发⑮,相从于泉石之间,皆年近九十,真人间至乐之事,亦人间希有之事也⑯!

【注释】

①偈:梵语"偈佗"的简称,即佛经中的唱颂词。通常以四句为一偈。

②友于:《书·君陈》:"惟孝友于兄弟。"后即以"友于"为兄弟的代称。

③人伦:一定社会中人与人之间的关系。此特指尊卑长幼之间的等级关系。《孟子·滕文公上》:"……教以人伦:父子有亲,君臣有义,夫妇有别,长幼有序,朋友有信。"

④率:标准。
⑤竹马游戏:儿童游戏,把竹竿当马骑。谓从小相处,亲密无间。
⑥鲐背鹤发:鲐(tái)背,谓老人背上生斑如鲐鱼之纹。鹤发,白发。鲐背鹤发为高寿之征,谓高寿老人。
⑦恩意浃洽:情意和谐融洽。
⑧猜间:猜忌隔阂。
⑨周益公:即周必大(1126—1204)。字子充,一字洪道,自号平园老叟。吉州庐陵(今江西吉安)人,绍兴中进士。官至枢密使、右丞相,后封济国公。光宗时拜少保,封益国公,故又称周益公。
⑩太傅:明清时为赠官、加衔之用,并无实职。
⑪周乘成:即周必正(1125—1205),周必大从兄,官至将作监丞。年八十一卒。
⑫将作监丞:官名。将作监,官署名。秦置将作,至北齐为将作寺。隋开皇二十年(600)改将作寺为将作监,掌营建等。唐宋因之。
⑬赵昌甫:即赵蕃(1143—1229),字昌父,又作昌甫,号章泉。其先郑州人,后寓居信州(今江西上饶)。曾为太和主簿,官终直秘阁。年八十七卒,谥文节。
⑭玉山:山名。即蓝田山。在今陕西蓝田县。
⑮苍颜华发:苍老的容颜,花白的头发。指年老。
⑯"希",四库全书本《文端集》作"罕"。

品味四书

《论语》文字,如化工肖物①,简古浑沦而尽事情②,平易涵蕴而不费辞③。于《尚书》④、《毛诗》之外⑤,别为一种。《大学》⑥、《中庸》之文⑦,极闳阔精微而包罗万有⑧。《孟子》则雄奇跌宕⑨,变幻洋溢⑩。秦汉以来,无有能此四种文字者。特以儒生习读而不察,遂不知其章法、字法之妙也,当细心玩味之。

【注释】

①化工:自然的造化者。肖物:刻画事物。
②简古浑沦:简朴古雅和自然、质朴。事情:此指事理人情。
③费辞:多余的言辞;废话。
④《尚书》:书名。是我国最早的历史文献汇编。也称《书》或《书经》。为儒家重要经典

之一。记事上起虞舜,下至春秋秦穆公为止。分《虞书》《夏书》《商书》《周书》四部分。

⑤《毛诗》:汉代《诗经》古文学派。相传渊源于子夏,秦汉间传至鲁人毛亨,亨作《诗故训传》以授赵人毛苌,时人谓亨为大毛公,苌为小毛公,小毛公为汉河间献王博士。东汉著名学者卫宏、郑众、贾逵、马融等都治《毛诗》,后来经学大师郑玄又为之作笺。魏晋以后,三家诗日渐废替,而《毛诗》独盛。至唐孔颖达奉敕撰《五经正义》,正式居于正统地位。

⑥《大学》:书名。本为儒家经典《礼记》中篇名,传为孔子学生曾子所作。

⑦《中庸》:见第6页注⑦。

⑧闳(hóng—)阔精微:宏伟广阔,精深微妙。

⑨雄奇跌宕:指文笔雄伟奇特,富于变化。

⑩洋溢:充分显示、流露。

养生之理

古人读《文选》而悟养生之理①,得力于两句,曰:"石蕴玉而山辉,水含珠而川媚。"②此真是至言。尝见兰蕙、芍药之蒂间③,必有露珠一点,若此一点为蚁虫所食,则花萎矣。又见笋初出,当晓则必有露珠数颗在其末,日出则露复敛而归根,夕则复上。田间有诗云"夕看露颗上稍行"是也④!若侵晓入园⑤,笋上无露珠,则不成竹,遂取而食之。稻上亦有露,夕现而朝敛。人之元气,全在于此。故《文选》二语,不可不时时体察,得诀固不在多矣!

【注释】

①《文选》:我国现存最早的诗文总集。南朝梁昭明太子萧统编。又称《昭明文选》。共30卷。选录东周至梁800年间诗歌、辞赋和杂文凡752篇,多为大家之作,以唐代李善注本较善。

②"石蕴"句:语出晋陆机《文赋》。意为:佳句在篇中,虽无与之相称者,但也如玉在石中,珠含水内,足使全篇生辉。这里作者把人的真气、元气比作珠、玉。

③兰蕙:兰和蕙。皆香草。芍药:多年生草本植物。五月开花,花大而美丽,供观赏。根可入药。

④田间:钱澄之,安徽桐城人。原名秉镫,字饮光。生当明季。以经济自负。国变后,杜门课耕,自号田间老人。著有《田间易学》《田间诗学》《田间集》等。

⑤侵晓:拂晓。

知命安命少劳扰

世人只因不知命,不安命,生出许多劳扰①。圣贤明明说与曰"君子居易以俟命②"。又曰"君子行法以俟命"③,又曰"修身以俟之"④,"不知命,无以为君子"⑤。因知之真,而后俟之,安也。予历世故颇多,认此一字颇确。曾与韩慕庐宿齐天坛⑥,深夜剧谈⑦。慕庐谈当年乡会考时,乡试则有得售之想⑧,场中颇著意⑨。至会试、殿试,则全无心而得会状⑩。会试场大风吹卷欲飞,号中人皆取石坚押⑪,韩独无意。祝曰:"若当中,则自不吹去。"亦竟无恙。故其会试殿试文皆游行自在⑫,无斧凿痕⑬。予谓慕庐足下两掇巍科⑭,当是何如勇猛?以此言告人,人决不信,余独信之。何以故?予自谕德后⑮,即无意仕进,不止凡竞进之心,且时时求退不已。乃由讲读学士⑯,跻学士,登亚卿正卿⑰,皆华朊清贵之官⑱。自傍人观之,不知是如何勇猛精进⑲。以予自审,则知慕庐之非妄矣!慕庐亦可以己事推之,而知予之非诳也,愿与世人共知之。

【注释】

①劳扰:劳苦烦扰。
②"君子居易"句:见第35页注⑤。
③"君子行法"句:见第35页注⑥。
④"修身以俟之":语出《孟子·尽心上》:"夭寿不贰,修身以俟之,所以立命也。"意谓培养身心,等待天命,就是安身立命的方法。
⑤"不知命"句:语出《论语·尧曰》:"不知命,无以为君子也。"意谓不懂得命运,就没有可能成为君子。
⑥韩慕庐:韩菼,清代长洲人。字元少,别号慕庐。康熙间会试、殿试皆第一。由修撰累官礼部尚书。性恬旷,好山水。点勘经史,以文章名世。卒谥文懿。著有《有怀堂诗文稿》。
⑦剧谈:犹畅谈。尽情交谈。
⑧得售:谓目的、计划得以实现。
⑨著意:刻意,用心。
⑩会状:指中了会元和状元。

⑪号：指古代科举考试的考场。

⑫游行：流利不拘。

⑬无斧凿痕：喻诗文中没有刻意造作的痕迹。

⑭足下：同辈相称的敬辞。这里指韩慕庐。两掇巍科：两次考取第一(指会试、殿试两次)。掇，考取。巍科，犹高第。古代称科举考试名次在前者。

⑮谕德：官名。掌侍从赞谕，职比常侍，始置于唐，至清废。因清废此官，后又用者，就署官用"额外"。这里张英仍用旧称。

⑯讲读学士：指侍读学士和侍讲学士。均为官名，侍读学士，掌助皇帝读书，解答疑义等。唐宋元明清皆置。侍讲学士，掌给皇帝讲授经史等书，唐宋元明清皆置。

⑰亚卿：官名。周制卿分上、中、下三级，次者为中卿，又称亚卿。唐以后为太常寺等官署少卿的别称。这里指次于正卿的官职。正卿：上卿。春秋时诸侯国的最高执政大臣，权力仅次于国君。这里意指位处正职。

⑱华腴(wǔ)清贵：高贵显要。华腴，华贵、显贵。腴，厚，丰厚肥甘。

⑲精进：锐意进取。

山水花木可自娱

予生平嗜卉木①,遂成奇癖,亦自觉可哂②。细思天下歌舞声伎③、古玩书画④、禽鸟博奕之属⑤,皆多费而耗物力,惹气而多后患,不可以训子孙。惟山水花木,差可自娱⑥,而非人之所争。草木日有生意而妙于无知,损许多爱憎烦恼⑦。

京师难于树植,艰于旷土⑧,书阁中置盆花数种⑨,滋培收护⑩,颇费心力,然亦可以少供耳目之玩。琴荐书幌⑪,床头十笏之地⑫,无非落花填塞,亦一佳话也。

【注释】

①卉木:草木。此泛指化草树木。卉,草。
②可哂:可笑。
③歌舞声伎:指歌舞艺人。声伎,亦作"声妓",古代宫廷及贵族家中的歌姬舞女。
④古玩:古代留传下来的器物,可作了解古代文化的参考。
⑤博奕:局戏和围棋。奕,通"弈"。属:类。
⑥差:略微。
⑦损:减少。
⑧艰:欠缺。旷土:空闲的土地。
⑨书阁:收藏书籍的地方。指书房。
⑩滋培:栽培。
⑪琴荐书幌:荐,衬垫。幌,指帘幔,多以丝帛或布做成。
⑫十笏:笏,量词,条,块。用于金、银、墨等。这里指床头空地之狭小。

慎择友

古人佩玉,朝夕不离,义取温润坚栗①。君子无故不撤琴瑟,义取和平温厚。故质性爽直者②,恐近高亢③,益当深体此意,以自箴砭④,不可任其一往之性也。

人生以择友为第一事。自就塾以后,有室有家,渐远父母之教,初离师保之严⑤。此时乍得友朋，投契缔交⑥，其言甘如兰芷⑦，甚至父母、兄弟、妻子之言，皆不听受，惟朋友之言是信。一有匪人侧于间，德性未定，识见未纯，断未有不为其所移者⑧。余见此屡矣。至仕宦之子弟尤甚！一入其彀中⑨，迷而不悟，脱有尊长诫谕⑩，反生嫌隙⑪，益滋乖张⑫。故余家训有云："保家莫如择友。"盖痛心疾首其言之也！

汝辈但于至戚中，观其德性谨厚、好读书者，交友两三人足矣！况内有兄弟，互相师友，亦不至岑寂⑬。且势利言之⑭，汝则温饱来交者岂能皆有文章道德之切劘⑮？平居则有酒食之费、应酬之扰。一遇婚丧有无⑯，则有资给称贷之事⑰，甚至有争讼外侮，则又有关说救援之事⑱。平昔既与之契密，临事却之，必生怨毒反唇⑲。故余以为宜慎之于始也。

况且嬉游征逐⑳，耗精神而荒正业，广言谈而滋是非，种种弊端，不可纪极㉑。故特为痛切发挥之。昔人有戒㉒："饭不嚼便咽，路不看便走，话不想便说，事不思便做。"洵为格言㉓。予益之曰㉔："友不择便交，气不忍便动，财不审便取，衣不慎便脱。"

【注释】

①温润：温和柔润。坚栗：坚硬、坚贞。
②质性：资质和本性。
③高亢：刚强爽直。
④箴砭：古代用石针治病。箴，同"针"。砭，古代治病的石针。后借喻纠谬，规谏。
⑤师保：古时任辅弼帝王和教导王室子弟的官，有师有保，统称"师保"。这里泛指老师。
⑥投契缔交：谓见解相合而结交。投契，投合。引申为赏识。
⑦兰芷：兰草和白芷。皆香草。
⑧断：〈书〉副词。绝对、一定（多用于否定式）。
⑨彀中：圈套之中。
⑩脱：连词。假使，万一。表示假设。诫谕：告诫晓谕。
⑪嫌隙：因猜疑或不满而产生的恶感、仇怨。
⑫乖张：背离。
⑬岑（cén）寂：寂寞，孤独冷清。
⑭势利：权势和财利。这里指以财产、地位区别对待人。

⑮切劘(mó)：切磋相正。劘，切削，磨。
⑯有无：指家计的丰或薄。
⑰资给：资助。称贷：向人告贷。
⑱关说：指通关节，说人情。
⑲怨毒反唇：因心中怨恨、仇视形成对立。
⑳嬉游征逐：指朋友们互相召唤追随，吃喝玩乐。征逐，征召追随。
㉑不可纪极：谓没有限度。纪极，限度。
㉒戒：戒除。此指防非止恶的规范。
㉓洵(xún)：实在。格言：有教育意义并可作为准则的言语。
㉔益：增加。

学字当专一

学字当专一。择古人佳帖或时人墨迹与己笔路相近者①，专心学之。若朝更夕改，见异而迁，鲜有得成者。楷书如端坐，须庄严宽裕，而神彩自然掩映。若体格不匀净，而遽讲流动②，失其本矣！

汝小字可学《乐毅论》③。前见所写《乐毅论》，大有进步，今当一心临仿之。每日明窗净几，笔精墨良，以白奏本纸，临四五百字，亦不须太多，但工夫不可间断。纸画乌丝格④，古人最重分行布白⑤，故以整齐匀净为要。学字忌飞动草率，大小不匀，而妄言奇古磊落⑥，终无进步矣。

行书亦宜专心一家。赵松雪《佩玉垂绅》，丰神清贵⑦，而其原本则出于《圣教序》⑧、《兰亭》，犹见晋人风度，不可訾议之也⑨。汝作联字，亦颇有丰秀之致⑩。今专学松雪，亦可望其有进，但不可任意变迁耳。

【注释】
①笔路：笔法。
②遽(jù)：仓猝，急迫。
③《乐毅论》：见第47页注③。
④乌丝格：又称"乌丝栏"。本为在绢素上下以乌丝织成栏，其间用朱墨界行，以供书写。后泛指以墨线在笺纸上画出的格子。

⑤分行布白：书法上指安排字体点画和布置字、行之间关系的方法。

⑥奇古磊落：奇特古朴，错落有致。

⑦赵松雪：赵孟頫（1254—1322），元书画家。字子昂，号松雪道人，湖州（今属浙江）人。宋宗室。入元受世祖赏识，官至翰林学士承旨，卒赠魏国公。文艺上提倡复古，博学多才，书画皆开一代风气。书法擅真、行二体，绘画以山水为主，兼画人物鞍马、花鸟竹石。能诗文，工篆刻，存世作品甚多。有《松雪斋集》。《佩玉垂绅》为其行书法帖。

⑧《圣教序》：唐碑名。全称《大唐三藏圣教序》。唐玄奘法师取经回长安后，译经、论一千余卷。贞观二十二年（648），唐太宗作此序表彰其事。时高宗为太子，又作《述三藏圣教序记》。至高宗朝，多处将序、记刻石立碑。其中后世最有名者，为咸亨三年（672）由弘福寺僧怀仁集晋王羲之字迹刻成，后附玄奘所译《心经》。碑在西安学宫，世称《集王圣教序》。

⑨訾议：非议。

⑩丰秀：这里指书法字体敦厚清秀。

谋居龙眠山

龙眠芙蓉谿①，吾朝夕梦寐所在也。垂云沜②，天然石壁，上倚青山，下临流水，当为吾相度可亭之地③，期于对石枕流④。双谿草堂前⑤，引南北二涧为两池，中一闸相通，一种莲，一种鱼。制扁舟，容五六人⑥，朱栏翠楯⑦，兰桨桂棹⑧。从芙蓉谿亭登舟，至舣舟亭登岸，襟带吾庐⑨。汝归当谋疏凿⑩，阔处十二丈，窄处二三丈，但可以行舟。汝兄弟侄轮日督工，于九月杪从事⑪，渠成以报吾。堂、轩基址，预以绳定之，以俟异日。

临河有大石，土人名为玃洞，此地相度亭子。下临澄潭，四围岭岫⑫，既旷然轩豁⑬，亦窈然幽深⑭。其旁当种梅柳以映带之，亦此时事也。向来梅杏桃梨之属，种植者，亦不少矣，使皆茂达⑮，尽可自娱。此时浇溉、修治、扶植、去草为急。仆人纸上之树日增，园中之树日减，汝当为吾稽察之⑯。树不活，与不种同。山中须三五日静坐经理，晨入暮归，不如其已也⑰。可与兄弟侄言之。

【注释】

①龙眠：山名，在今安徽桐城龙眠乡，芙蓉谿在其境内。

②垂云沜（pàn）：地名。在今桐城市龙眠乡境内。

③相度：观察估量。
④期：希望。枕流：靠近流水。
⑤双豀草堂：张英致仕后，筑室龙眠双豀，名之曰"双豀草堂"。
⑥扁舟(piān—)：小船。
⑦朱栏翠槛：朱红色的围栏、青绿色的窗户。
⑧兰桨桂棹(zhào)：用桂木兰木制作的船和桨。苏轼《赤壁赋》有"桂棹兮兰桨，击空明兮溯流光"。
⑨襟带：谓山川屏障环绕，如襟似带。
⑩疏凿：疏理开凿。
⑪九月杪(miǎo)：九月底。月杪：月末。从事：本指致力于某种事情。这里指动工。
⑫岭岫：山岭。
⑬旷然轩豁：空旷开阔。
⑭窈然幽深：深远幽静。
⑮茂达：繁茂兴旺。
⑯稽察：检查。
⑰不如其已也：不如就算了吧！

携子春游

辛巳春分日①，予携大郎、二郎、六郎②，出西直门，过高梁桥③，沿溪水至法华寺④，饭于僧舍。因至万寿寺时，甫移华严钟于后阁⑤，尚未悬架，遂过天禧宫看白松。盖余最心赏古松：枝干如凝雪，清响如飞涛，班剥离奇⑥，扶疏诘曲⑦，枝枝入画，叶叶有声，如对高人逸士，不敢亵玩⑧。京师寺观，此种为多，而时代久远，则无过天禧宫者。共二十馀株，皆异态殊形，可谓巨观矣⑨！是行也，春寒初解，野色苍茫，然已有融润之气⑩。得小诗曰："缘豀来古寺，石堰旧河梁。冰泮波澄绿，风轻柳麴黄⑪。苔痕春已半，松影日初长。篮笋携诸子⑫，僧寮野蔌香⑬。"

【注释】
①辛巳：即康熙四十年，1701年。
②大郎、二郎、六郎：分别指张廷瓒、张廷玉、张廷瑑。

③高梁桥:古桥名。在今北京市。因高梁河而得名。
④法华寺:北京古寺名。
⑤万寿寺:在今北京颐和园万寿山上。清乾隆间皇太后六旬,高宗于山麓建寺祝釐,并赐山名"万寿"。寺称"万寿寺"。因山为园,曰清漪。光绪间改建颐和园于此。
⑥班剥:班,通"斑"。色彩错杂貌。
⑦扶疏诘曲:枝叶繁茂分披,枝干屈曲。诘曲,屈曲。
⑧亵玩:轻慢而不庄重地玩弄。
⑨巨观:大观,宏伟的景象。
⑩融润:暖和湿润。
⑪麹(qū)黄:麹尘般的黄色。麹尘,酒曲上所生的菌,色淡黄。
⑫篮笋(—xùn):竹床;竹轿。
⑬僧寮:僧舍。野蔌(sù):野蔬。

作文与读书

时文以多作为主①,则工拙自知②,才思自出,蹊径自熟③,气体自纯④。读文不必多,择其精纯条畅⑤,有气局词华者⑥,多则百篇,少则六十篇。神明与之浑化⑦,始为有益。若贪多务博,过眼辄忘,及至作时,则彼此不相涉,落笔仍是故吾⑧。所以思常窒而不灵,词常窘而不裕,意常枯而不润。记诵劳神,中无所得⑨,则不熟不化之病也。学者犯此弊最多。故能得力于简,则极是要诀。古人言"简练以为揣摩"⑩,最是立言之妙,勿忽而不察也。

【注释】

①时文:旧时对科举应试文体的通称。明清时特指八股文。
②工拙:犹言优劣。
③蹊径:泛指门径。
④气体:文章的气势和风格。
⑤精纯条畅:精良纯粹,条顺畅达。
⑥气局:气度格局。词华:辞藻华丽。指文采。
⑦神明:谓人的精神,心思。浑化:浑然化一,融为一体。

⑧故吾：过去的我。意谓文章没有什么变化。
⑨中：指内心。
⑩简练以为揣摩：撮其精要作为揣度观摩的对象。语出《战国策·秦策》。简练，选而治之。揣摩，玩索而期得其真，以比合之。

谨肃治家

治家之道，谨肃为要①。《易经·家人卦》②，义理极完备。其曰："家人嗃嗃，悔、厉、吉；妇子嘻嘻，终吝。"③"嗃嗃"近于烦琐，然虽厉而终吉。"嘻嘻"流于纵轶④，则始宽而终吝。余欲于居室，自书一额，曰"惟肃乃雍"⑤，常以自警，亦愿吾子孙共守也。

【注释】
①谨肃：谨慎恭肃。
②《易经》：原名《周易》。古代占筮用书。包括由乾、坤、震、离、巽、兑、坎、艮等八卦重叠而成的64卦，以及组成64卦的384爻。传伏羲画八卦，文王演为64卦，并作爻辞。成书可能在西周前期。
③嗃嗃(hè hè)：严酷貌。嘻嘻：欢笑貌。吝：悔恨。
④纵轶：放纵安逸。轶，通"逸"。
⑤惟肃乃雍：(家庭)只有肃穆，才能和顺。雍，欢悦貌。

居家立身合矩度

人之居家立身，最不可好奇。一部《中庸》，本是极平淡，却是极神奇。人能于伦常无缺①，起居动作、治家节用、待人接物，事事合于矩度②，无有乖张③，便是圣贤路上人，岂不是至奇？若举动怪异，言语诡激④，明明坦易道理⑤，却自寻奇觅怪，守偏文过⑥，以为不坠恒境⑦，是穷奇梼杌之流⑧，乌足以表异哉⑨？布帛菽粟，千古至味⑩，朝夕不能离，何独至于立身制行而反之也⑪？

【注释】

①伦常：人与人相处的常道。特指封建社会的伦理道德。即认为这种道德所规范的君臣、父子、夫妇、兄弟、朋友五种关系，即五伦，是不可改变的常道。

②矩度：规矩法度。

③乖张：失当。

④诡激：诡异偏激，不合常理。

⑤坦易：坦率平易。

⑥文过：掩饰过错。

⑦恒：寻常。

⑧穷奇：传为少皞氏子，毁信废忠，崇饰恶言。后泛指恶人。梼杌（táo wù）：传为远古恶人，"四凶"之一，泛指恶人。

⑨乌：表疑问。哪里。表异：指表现与众不同。

⑩至味：最美的滋味，极好的食品。

⑪立身制行：为人处世、规范道德和行为。

益人与善人

与人相交，一言一事皆须有益于人，便是善人。余偶以忌辰著朝服出门①，巷口见一人，遥呼曰："今日是忌辰！"余急易之。虽不识其人，而心感之。如此等事，在彼无丝毫之损，而于人为有益。每谓同一禽鸟也，闻鸾凤之名则喜②，闻鸺鹠之声则恶③，以鸾凤能为人福，而鸺鹠能为人祸也。同一草木也，毒草则远避之，参苓则共宝之④，以毒草能鸩人⑤，而参苓能益人也。人能处心积虑⑥，一言一动皆思益人，而痛戒损人，则人望之若鸾凤，宝之如参苓，必为天地所佑，鬼神之所服，而享有多福矣！此理之最易见者也。

【注释】

①忌辰：忌日。旧指父母及其他亲属逝世的日子。因该日禁忌饮酒、作乐等，故称。后凡祖先生日、死日及皇帝、皇后死亡之日统称忌日。朝服：上朝时所穿的官服。

②鸾凤：鸾鸟与凤凰。瑞鸟名。

③鸺鹠（xiū liú）：鸟，外形像猫头鹰，羽毛暗褐色，尾巴黑褐色，有横斑，捕食鼠类、小鸟和

虫等，对农作物有益。古代以为恶鸟，见之不祥。

④参苓：中药名，人参与茯苓。有滋补健身的作用。

⑤鸩（zhèn）：毒害。

⑥处心积虑：谓蓄意已久，费尽心机。

论读书

凡读书，二十岁以前所读之书与二十岁以后所读之书迥异。幼年知识未开①，天真纯固②，所读者虽久不温习，偶尔提起，尚可数行成诵。若壮年所读，经月则忘，必不能持久。故六经③、秦汉之文，词语古奥④，必须幼年读。长壮后，虽倍蓰其功⑤，终属影响⑥。自八岁至二十岁，中间岁月无多，安可荒弃或读不急之书？此时，时文固不可不读，亦须择典雅醇正⑦、理纯辞裕、可历二三十年无弊者读之。若朝华夕落、浅陋无识、诡僻失体⑧、取悦一时者，安可以珠玉难换之岁月而读此无益之文？何如诵得《左》《国》一两篇及东西汉典贵华腴之文数篇⑨，为终身受用之宝乎？

且更可异者：幼龄入学之时，其父师必令其读《诗》《书》《易》《左传》《礼记》、两汉、八家文⑩；及十八九，作制义应科举时⑪，便束之高阁，全不温习。此何异衣中之珠，不知探取，而向涂人乞浆乎⑫？且幼年之所以读经书，本为壮年扩充才智，驱驾古人，使不寒俭⑬，如畜钱待用者然⑭。乃不知寻味其义蕴，而弁髦弃之⑮，岂不大相剌谬乎⑯？

我愿汝曹将平昔已读经书，视之如拱璧⑰，一月之内，必加温习。古人之书，安可尽读？但我所已读者，决不可轻弃。得尺则尺，得寸则寸。毋贪多，毋贪名。但读得一篇，必求可以背诵，然后思通其义蕴，而运用之于手腕之下。如此，则才气自然发越⑱。若曾读此书，而全不能举其词，谓之"画饼充饥"；能举其词而不能运用，谓之"食而不化"。二者其去枵腹无异⑲。汝辈于此，极宜猛省。

【注释】

①幼年,四库全书本《文端集》作"少年"。知识:这里指辨识事物的能力。

②纯固:单纯专一。

③六经:见第39页注⑦。

④古奥:古拙深奥,不易理解。

⑤倍蓰(xǐ):数倍。倍,一倍。蓰,五倍。

⑥影响:影子和回音,比喻不实在、不持久。

⑦典雅醇正:谓文章有根底,高雅不俗,纯正不杂。

⑧诡僻:荒谬邪僻。

⑨《左》《国》:指《左传》和《国语》。典贵华腴:文章典雅庄重,文辞华美。这里指两汉辞赋。

⑩八家:指唐宋八大家。即韩愈、柳宗元、欧阳修、王安石、苏洵、苏轼、苏辙、曾巩等八位著名的古文作家。

⑪制义:即八股文。《明史·选举志》:"其文略仿宋经义,然代古人语气为之,体用排偶,谓之八股,通谓之制义。"

⑫涂人:路人。涂,通"途"。乞浆:讨水。

⑬驱驾:驾马驱驰,谓追赶。寒俭:形容诗文等浅露、单薄。

⑭畜(chù):积蓄。

⑮弁(biàn)髦:弁,黑色布帽。髦,童子眉际垂发。古代男子行冠礼,先加缁布冠,次加皮弁,后加爵弁,三加后,即弃缁布冠不用,并剃去垂髦,理发为髻。因以"弁髦"喻弃置无用之物。

⑯剌(là)谬:悖谬。

⑰拱璧:大璧。用以喻极其珍贵之物。

⑱发越:犹显露。

⑲枵(xiāo)腹:比喻空疏无学或空疏无学的人。

读文与作文

凡物之殊异者,必有光华发越于外①,况文章为荣世之业,士子进身之具乎②!非有光彩,安能动人?闱中之文③,得以数言概之,曰"理明词畅,气足机圆"。要当知棘闱之文,与窗稿房行书不同之处④。且南闱之文,又与他省不同处⑤。此则可以意会,难以言传。唯平心下气,细看南闱墨卷⑥,将自得之。即最低下墨卷,彼亦自有得手⑦,亦不可忽。此事最渺茫。古称射虱者,视虱如车轮,然后一发而贯⑧。今能分别气味截然不同,当庶几矣!

汝曹兄弟叔侄,自来岁正月为始,每三六九日一会,作文一篇,一月可得九篇。不疏不数⑨,但不可间断,不可草草塞责⑩。一题入手,先讲求书理极透澈⑪,然后布格遣词,须语语有著落。勿作影响语⑫,勿作艰涩语,勿作累赘语,勿作雷同语。凡文中鲜亮出色之句,谓之"调",调有高卑。疏密相间,繁简得宜处,谓之"格",此等处最宜理会。深恼人读时文,累千累百而不知理会⑬,于身心毫无裨益。夫能理会,则数十篇百篇已足,焉用如此之多?不能理会,则读数千篇,与不读一字等。徒使精神瞶乱⑭,临文捉笔,依旧茫然,不过胸中旧套应副⑮,安有名理精论⑯、佳词妙句,奔汇于笔端乎?所谓理会者,读一篇则先看其一篇之"格",再味其一股之"格",出落之次第⑰,讲题之发挥⑱,前后竖义之浅深⑲,词调之华美⑳,诵之极其熟,味之极其精。有与此等相类之题,有不相类之题,如何推广扩充?如此,读一篇,有一篇之益,又何必多?又何能多乎?每见汝曹读时文成帙,问之不能举其词,叩之不能言其义,粗者不能,况其精者乎㉑?自诳乎?诳人乎?此绝不可解者。汝曹试静思之,亦不可解也。以后当力除此等之习。读文必期有用,不然,宁可不读。古人有言:"读生文不如玩熟文。必以我之精神,包乎此一篇之外,以我之心思,入乎此一篇之中。"噫嘻,此岂易言哉!

汝曹能如此用功,则笔下自然充裕,无补缉寒涩㉒、支离冗泛草率之态㉓。汝每月寄所作九首来京,我看一会两会,则汝曹之用心不用心,务外不务外㉔,了然矣。作文决不可使人代写,此最是大家子弟陋习。写文要工致㉕,不可错落涂抹㉖,所关于色泽不小也㉗。汝曹不能面奉教言,每日展此一次,当有心会。幼年当专攻举业,以为立身根本。诗且不必作,或可偶一为之,至诗馀则断不可作㉘。余生平未尝为此,亦不多看。苏、辛尚有豪气㉙,馀则靡靡㉚,焉可近也!

【注释】

①光华:指光芒。这里指物因不同一般而必具的内在华彩。

②进身:入仕做官。

③闱:科举考试的考场。

④棘闱之文:谓应试之文。棘闱,即"棘围"。指科举时代的考场。唐、五代试士,以棘围试院以防弊端,故称。窗稿房行书:窗稿,旧称私塾中学生习作的诗文。房,指房稿,明清进士平日所作的八股文选集。又称房书。行书,举人所作的八股文选本。

⑤南闱:明清科举考试,称江南乡试为南闱,顺天乡试为北闱。

⑥墨卷:明清科举考试的试卷名目之一。乡试、会试时,应试的人用墨笔书写试卷,称墨卷。墨卷由誊录生用朱笔誊录,再送试官评阅,称硃卷。

⑦得手:犹言得心应手。形容技巧纯熟,运用自如。

⑧"射虱者"句:射虱的人把虱子看成如车轮子一般大。谓射艺之精,虽微小如虱亦能射中。出自《列子·汤问》。

⑨疏:稀疏,谓少。数(shuò):犹密,谓多。

⑩塞责:对自己应尽的责任敷衍了事。

⑪书理:犹文理。文辞义理。

⑫影响语:谓传闻不实或空泛无据的语句。

⑬"恼",四库全书本《文端集》作"悯"。

⑭聩(kuì)乱:昏聩迷乱,不明事理。

⑮旧套:老方法。应副:对付。

⑯名理精论:著名的道理,精辟的论断。

⑰出落之次第:起笔和落笔的顺序。

⑱讲题之发挥:阐释题目的内涵是如何发挥的。

⑲竖义:立义。

⑳词调:文章的文辞和音调。

㉑粗者:指粗略地理解。精者:指精细地欣赏。

㉒补缉寒涩:修修补补,艰涩不流畅。

㉓支离冗泛:繁琐杂乱、内容空泛。

㉔务外:谓研究学问,只致力于表面,不求深入。

㉕工致:工巧精密。

㉖错落涂抹:文字分布、排列不规则,随意涂改,抹去。

㉗色泽:辞采。

㉘诗馀:词的别称。

㉙苏、辛:苏轼与辛弃疾。

㉚靡靡:柔弱,颓靡。

世家子弟处世之道

余久历世涂①,日在纷扰、荣辱、劳苦、忧患之中,静念解脱之法,成此八章。自谓于人情物理,消息盈虚②,略得其大意。醉醒卧起,作息往来③,不过如此而已。顾以年增衰老④,无由自适⑤。二十馀年来,小斋仅可容膝⑥。寒则温室拥杂花,暑则垂帘对高槐,所自适于天壤间者,止此耳。求所谓烟霞林壑之趣⑦,则仅托于梦想,形诸篇咏⑧,皆非实境也。辛巳春分前一日,积雪初融,霁色回暖⑨,为三郎廷璐书此⑩,远寄江乡⑪,亦可知翁针砭气质之偏⑫,流览造物之理⑬,有此一知半见,当不至于汩没本来耳⑭。

古称,仕宦之家,如再实之木,其根必伤。⑮旨哉斯言,可为深鉴⑯。世家子弟,其修行立名之难⑰,较寒士百倍。何以故?人之当面待之者,万不能如寒士之古道⑱:小有失检⑲,谁肯面斥其非?微有骄盈,谁肯深规其过?幼而骄惯,为亲戚之所优容⑳;长而习成,为朋友之所谅恕㉑。至于利交而谄㉒,相诱以为非;势交而䛕㉓,相倚而作慝者㉔,又无论矣。人之背后称之者,万不能如寒士直道㉕:或偶誉其才品,而虑人笑其逢迎;或心赏其文章,而疑人鄙其势利。甚且吹毛索瘢㉖,指摘其过失而以为名高;批枝伤根㉗,讪笑其前人而以为痛快。至于求利不得,而嫌隙易生于有无㉘;依势不能,而怨毒相形于荣悴者㉙,又无论矣。故富贵子弟,人之当面待之也恒恕,而背后责之也恒深,如此则何由知其过失,而显其名誉乎?

故世家子弟,其谨饬如寒士㉚,其俭素如寒士㉛,其谦冲小心如寒士㉜,其读书勤苦如寒士,其乐闻规劝如寒士,如此,则自视亦已足矣;而不知人之称之者,尚不能如寒士。必也谨饬倍于寒士,俭素倍于寒士,谦冲小心倍于寒士,读书勤苦倍于寒士,乐闻规劝倍于寒士,然后人之视之也,仅得与寒士等。今人稍稍能谨饬、俭素、谦下、勤苦,人不见称,则曰"世道不古㉝","世家子弟难做"。此未深明于人情物理之故者也。

我愿汝曹常以席丰履盛为可危㉞、可虑、难处、难全之地,勿以为可喜、可幸、易安、易逸之地。人有非之、责之者,遇之不以礼者,则平心和气,思所处之时势,彼之施于我者,应该如此,原非过当;即我所行十分全是,无一毫非理,彼尚在可恕,况我岂能全是乎?

古人有言:"终身让路,不失尺寸㉟。"老氏以"让"为宝㊱。左氏曰:让,德之本也。㊲处里闬之间㊳,信世俗之言,不过曰"渐不可长",不过曰"后将更甚",㊴是大不然! 人孰无天理良心、是非公道? 揆之天道㊵,有"满损谦益"之义㊶;揆之鬼神,有"亏盈福谦"之理㊷。自古只闻"忍"与"让",足以消无穷之灾悔㊸,未闻"忍"与"让",翻以酿后来之祸患也。欲行忍让之道,先须从小事做起。余曾署刑部事五十日,见天下大讼大狱,多从极小事起。君子敬小慎微㊹,凡事只从小处了。余行年五十余,生平未尝多受小人之侮,只有一善策——能转弯早耳。每思天下事,受得小气,则不至于受大气;吃得小亏,则不至于吃大亏,此生平得力之处。凡事最不可想占便宜,子曰:"放于利而行,多怨。"㊺便宜者,天下人之所共争也,我一人据之,则怨萃于我矣㊻;我失便宜,则众怨消矣。故终身失便宜,乃终身得便宜也。

汝曹席前人之资㊼,不忧饥寒,居有室庐,使有臧获㊽,养有田畴,读书有精舍㊾,良不易得。其有游荡非僻㊿,结交淫朋匪友,以致倾家败业,路人指为笑谈,亲戚为之浩叹者[51],汝曹见之闻之,不待余言也。其有立身醇谨[52],老成俭朴,择人而友,闭户读书,名日美而业日成,乡里指为令器[53],父兄期其远大者,汝曹见之闻之,不待余言也。二者何去何从,何得何失;何芳如芝兰,何臭如腐草;何祥如麟凤,何妖如鸺鹠[54],又岂俟予言哉!

汝辈今皆年富力强,饱食温衣,血气未定,岂能无所嗜好? 古人云:凡人欲饮酒博弈一切嬉戏之事[55],必皆觅伴侣为之,独读快意书、对佳山水，可以独自怡悦。凡声色货利一切嗜欲之事，好之[56]，有乐则必有苦，惟读书与对佳山水，止有乐而无苦。今架有藏书，离城数里有佳山水，汝曹与其狎无益之友[57]，听无益之谈，赴无益之应酬，曷若珍重难得之岁月[58]，纵读难得之诗书[59]，快对难得之山水乎？

我视汝曹所作诗文，皆有才情、有思致[60]、有性情，非梦梦全无所得于中者[61]，故以此谆谆告之。欲令汝曹安分省事，则心神宁谧而无纷扰之害[62]；寡交择友，则应酬简而精神有馀；不闻非僻之言，不致陷于不义；一味谦和谨饬，则人情服而名誉日起。

制义者，秀才立身之本。根本固，则人不敢轻。自宜专力攻之，馀力及诗、字，亦可怡情。良时佳辰，与兄弟姊夫辈，一料理山庄，抚问松竹，以成余志。是皆于汝曹有益无损、有乐无苦之事，其味聪听之义[63]。

座右箴：

立品，读书，养身，择友。右四纲。

戒嬉戏，慎威仪，谨言语，温经书，精举业，学楷字，谨起居，慎寒暑，节用度，谢酬应，省宴集，寡交游。右十二目。

【注释】

①世涂：人生道路。涂，通“途”。

②消息盈虚：指事物的盛衰变化或行为的出处进退。

③作息：汉王充《论衡·偶会》：“作与日相应，息与夜相得也。”后因称劳作和休息为“作息”。

④顾：但是。

⑤自适：悠然闲适而自得其乐。

⑥容膝：仅能容纳双膝。形容容身之地狭小。

⑦烟霞：泛指山水、山林。林壑：山林涧谷。亦指隐居之地。

⑧篇咏：指诗歌著作。

⑨霁色：晴朗的天色。

⑩廷璐：字宝臣，号药斋，张英第三子。康熙五十七年（1718）一甲二名进士，官至礼部侍郎。工诗文，著《咏花轩诗文集》六卷。

⑪江乡:多江河的地方。常用指江南水乡。安徽桐城地近长江,湖泊交错,素有"水乡泽国"之称。

⑫针砭:原指用石针治病,后比喻指出错误,劝人改正。

⑬流览:浏览,大略地看。

⑭汨(gǔ)没:埋没,掩映。本来:指人本有的心性。

⑮《文子·符言》:"再实之木,其根必伤;多藏之家,其后必殃。"谓果树一年两次结实,根部必定损伤;聚敛过多的家庭,后代必定遭殃。比喻福中寓祸,利害相互依伏。

⑯深鉴:高明的识见。

⑰修行立名:修养德行,建立声名。

⑱古道:指源于古代的信实淳厚的道德风尚。

⑲失检:言谈举止不加约束,失于检点。

⑳优容:宽待,宽容。

㉑谅恕:原谅宽恕。

㉒利交:以营谋私利为目的的交往。谄(tāo):疑惑。

㉓势交:攀权附势之交。谀:奉承。

㉔作慝(tè):作恶。

㉕直道:正直之道。不绕弯子、直来直去、实事求是的言行准则。

㉖吹毛索瘢:同"吹毛求疵"。比喻刻意挑剔他人过失或缺点。

㉗批枝伤根:比喻攻击对方犹显不够,还要伤及其前人。批,剖、削。

㉘有无:指家计的丰或薄。

㉙怨毒:怨恨,仇恨。荣悴:荣枯。此指权势的盛衰。

㉚谨饬:谨慎周到。

㉛俭素:俭省朴素。

㉜谦冲(－chōng):谦虚。

㉝世道不古:社会道德风尚不淳朴。

㉞席丰履盛:谓生活好,福泽厚。

㉟"终身"句:《新唐书·朱仁轨传》:"终身让路,不枉百步。"意谓一辈子给别人让路,自己也不吃亏。与此义同。

㊱语出《老子》:"吾有三宝,持而宝之:一曰慈,二曰俭,三曰不敢为天下先。"又曰:"上善若水,水利万物而不争⋯⋯惟不争故无尤。""不为天下先""不争",皆体现了老子"让"的美德,故言"老子以'让'为宝"。

㊲语出《左传·昭公十年》:"让,德之主也,让之谓懿德。"意谓让是德行的根本或主体,称为美德。

㊳里闬:代指乡里。

㊴“渐不可长”“后将更甚”:意谓对别人不可过分谦让,否则,对方的气焰更高涨。渐,开端,起始。

㊵揆(kuí):度量。天道:天理,天意。

㊶满损谦益:语出《书·大禹谟》:“满招损,谦受益,时乃天道。”意为自满招致损失,谦虚得到益处。

㊷亏盈福谦:使盈满者亏损,使谦虚者得福。语出《易·谦》:“鬼神害盈而福谦,天道恶盈而好谦。”

㊸灾悔:犹“灾晦”,灾难。

㊹敬小慎微:对细微的事也持谨慎小心的态度。语出《淮南子·人间训》:“圣人敬小慎微,动不失时。”

㊺“放于利”句:语出《论语·里仁》。谓只按照个人的利益而行动,会招来很多的怨恨。放,依据。多怨,谓多取怨。

㊻萃:聚集。

㊼席:凭借。

㊽臧获:奴婢。

㊾精舍:学舍。

㊿其:如果。游荡非僻:游荡,闲游放荡。非僻,即“非辟”,邪恶。

(51)浩叹:长叹。

(52)醇谨:淳厚谨慎。

(53)令器:优秀的人才。

(54)鸺鹠(xiū liú):鸟名。

(55)博弈:局戏和围棋。

(56)声色货利:音乐、女色、货物、财利。泛指不正当的物质享受。

(57)狎:亲近而不庄重。

(58)曷若:何如。用反问的语气表示不如。

(59)纵:广泛地。

(60)思致:指文学作品的意趣和意境。

(61)梦梦:昏乱,不明。《诗经·大雅》:“视尔梦梦。”

(62)心神宁谧:精神状态安定平静。

(63)味:体味,体会。聪听:语出《书·酒诰》:“聪听祖考之彝训,越小大德,小子惟一。”本指明于听取。后因以指长辈的训言。

学业成废之关

子弟自十七八以至廿三四,实为学业成废之关。盖自初入学至十五六,父师以童子视之,稍知训子者,断不忍听其废业①。惟自十七八以后,年渐长,气渐骄,渐有朋友,渐有室家②,嗜欲渐开,人事渐广③,父母见其长成,师傅视为侪辈④,德性未坚,转移最易;学业未就,蒙昧非难⑤。幼年所习经书,此时皆束高阁。酬应交游,侈然大雅⑥。博弈高会,自诩名流⑦。转盼廿五六岁⑧,儿女累多,生计迫蹙⑨,蹉跎潦倒⑩,学殖荒落⑪。予见人家子弟半途而废者,多在此五六年中。弃幼学之功,贻终身之累,盖覆辙相踵也⑫。汝正当此时,离父母之侧,前言诸弊,事事可虑。为龙为蛇,为虎为鼠,分于一念⑬,介在两歧⑭,可不慎哉!可不畏哉!

【注释】

①听:听凭,任凭。废业:荒废学业。
②室家:妻子。
③人事:指人与人的相互关系。这里谓交际关系。
④侪辈:同辈。
⑤蒙昧:昏昧无知。
⑥侈然大雅:骄纵自大的样子以显学识渊博。
⑦自诩:犹自夸。自己夸耀自己。
⑧转盼:转眼。喻时间短促。
⑨生计:生活用度。迫蹙:困迫。
⑩蹉跎潦倒:失意颓丧的样子。
⑪学殖荒落:学业荒疏。学殖,《左传·昭公十八年》:"夫学,殖也;不殖将落。"杜预注:"殖,生长也;言学之进德,如农之殖苗,日新日益。"原指学问的积累增进,后泛指学业、学问。
⑫覆辙:比喻招致失败的教训。相踵:足踵相接,相继。
⑬分于一念:由于一念之差。分,差别。
⑭介:居间,处于二者之间。两歧:分为两支。亦指两个分岔。这里比喻走向人生两种前途的关键处。

读文作文须静气凝神

读书须明窗净几,案头不可多置书。读文作文,皆须凝神静气①,目光炯然②,出文与题之上,最忌坠入云雾中,迷失出路。多读文而不熟,如将不练之兵,临时全不得用,徒疲精劳神,与操空拳者无异。

作文以握管之人为大将③,以精熟墨卷百篇为练兵,以杂读时艺为散卒④,以题为坚垒。若神明不爽朗⑤,是大将先坠云雾中,安能制胜?人人各有一种英华光气,但须磨练始出。譬如一草一卉,苟深培厚壅⑥,尽其分量,其花亦有可观。而况于人乎?况于俊特之人乎⑦?

天下有形之物,用则易匮⑧。惟人之才思气力,不用则日减,用则日增。但做出自己声光⑨,如树将发花时,神壮气溢,觉与平时不同,则自然之机候也⑩。

读书人独宿,是第一义,试自己省察⑪。馆中独宿时,漏下二鼓,灭烛就枕;待日出早起,梦境清明,神酣气畅。以之读书则有益,以之作文必不潦草枯涩⑫。真所谓一日胜两日也。

【注释】

①凝神静气:聚精会神,意气平和。
②炯然:明亮貌。
③握管:执笔。
④时艺:即时文、八股文。
⑤神明:谓人的精神、心思。
⑥壅:在植物根部培土或施肥。
⑦俊特之人:才德超卓的人。
⑧匮:穷尽。
⑨声光:特指(文章的)风采。
⑩机候:适宜的时机。
⑪省察:内省。
⑫枯涩:谓文思迟钝。

谦 让

　　《易经》一书言"谦道"最为详备①："天道亏盈而益谦；地道变盈而流谦；鬼神祸盈而福谦；人(情)[道]恶盈而好谦。"②又曰："日中则昃,月满则亏。"③天地不能常盈,而况于人乎？况于鬼神乎？于此理不啻反覆再三,极譬罕喻。《书》曰"满招损,谦受益"④,古昔贤圣,殆无异辞⑤。尧舜大圣人⑥,而史称之曰"允恭克让"⑦；孔子甚圣德⑧,及门称之曰"恭俭让"⑨。况乎中人之才,安能越斯义？古云"终身让路,不失尺寸"⑩,言"让"之有益无损也。世俗瞽谈⑪,妄谓"让人则人欺之",甚至有尊长教其卑幼无多让,此极为乱道。

　　以世俗论,富贵家子弟,理不当为人所侮。稍有拂意,便自谓"我何如人,而彼敢如是以加我",从傍人亦不知义理,用一二言挑逗之,遂尔气填胸臆,奋不顾身,全不思富贵者,众射之的也,群妒之媒也⑫。谚曰："一家温饱,千家怨忿。"惟当抚躬自返⑬：我所得于天者已多,彼同生天壤⑭,或系亲戚,或同里闬⑮,而失意如此,我不让彼而彼顾肯让我乎⑯？常持此心,深明此理,自然心平气和。即有拂意之事、逆耳之言⑰,如浮云行空,与吾无涉。姚端恪公有言⑱：此乃成就我福德相,愈加恭谨以逊谢之,则横逆之来⑲,盖亦少矣！愿以此为热火世界一帖清凉散也。

【注释】

①谦道：谦逊之道。

②"天道"数句：语出《易·谦》。孔颖达疏："亏谓减损。减损盈满而增益谦退者,日中则昃,月盈则食,是亏减其盈。盈者亏减,则谦者受益也。"天道,犹天意,天理。即自然法则。地道,大地的特征和规律。流谦,谓极其谦抑。福谦,使谦虚者得福。人道,为人之道。好(hào),喜爱,爱好。意思为：天的规律是亏损盈满者,补益谦虚者；地的规律是变异盈满者,充实谦虚者；鬼神的规律是危害盈满者,施福谦虚者；人道的规律是憎恶盈满者,喜爱谦虚者。

③"日中"二句：语出《易·丰》："日中则昃,月满则亏。"孔颖达疏："盛极必衰,自然常理。"谓太阳到了正午就要西斜,月圆之后就要变缺。多喻事物盛极则衰,或发展到一定限度

就会向着相反的方向转化。

④满招损,谦受益:语出《书·大禹谟》。谓骄傲自满会招来损失,谦虚谨慎会得到益处。满,骄傲自满。招,引来。

⑤殆无异辞:大概没有不同的言论。殆,大概,几乎。

⑥尧舜:传说中古代圣人。尧,《史记》中列为五帝中之第四帝。姓伊耆,名放勋,帝喾之子。距黄帝五世。舜,《史记》中五帝最后一位。又称帝舜、虞舜、虞帝。名重华,瞽瞍之子。代尧继帝位。

⑦允恭克让:《书·尧典》:"允恭克让,光被四表,格于上下。"允恭,信实而恭勤。克让,能够谦让。

⑧甚圣德:的确有至高无上的道德。甚,真是,的确。

⑨"及门"句:《论语·学而》:子贡曰:"夫子温、良、恭、俭、让以得之。"朱熹注:"温,和厚也。良,易直也。恭,庄敬也。俭,节制也。让,谦逊也。五者,夫子之盛德光辉接于人者也。"及门,指受业弟子。

⑩见本书第68页注㉟。

⑪瞽谈(gǔ—):无稽之谈。

⑫妒:嫉妒。媒:媒介。

⑬抚躬自返:反躬自问。谓自我反省。

⑭天壤:天地之间。

⑮里闬(hàn):里间、里巷。闬,里乡的门,乡里。

⑯系:是。顾:难道。

⑰逆耳之言:不顺耳的言语。逆耳,刺耳,不顺耳。

⑱姚端恪公:见第22页注①。

⑲横逆:犹横祸,厄运。

俭 用

《谭子化书》训"俭"字最详①。其言曰：天子知俭，则天下足；一人知俭，则一家足。且俭非止节啬财用而已也②。俭于嗜欲，则德日修，体日固；俭于饮食，则脾胃宽；俭于衣服，则肢体适；俭于言语，则元气藏而怨尤寡③；俭于思虑，则心神安；俭于交游，则匪类远；俭于酬酢④，则岁月宽而本业修⑤；俭于书札⑥，则后患寡；俭于干请⑦，则品望尊⑧；俭于僮仆，则防闲省⑨；俭于嬉游，则学业进。其中义蕴甚广⑩，大约不外于葆啬之道⑪。

东坡千古才人⑫，以百五十钱为一块，每日只用画叉挑取一块⑬，尽此钱为度，决不用明日之钱。汝辈中人，可无限制？陆梭山训居家之法最妙⑭：以一岁所入，除完官粮外，分为三份。存一份以为水旱及意外之费，其馀二份析为十二份，每月用一份，但许存馀，不许过界。能从每日饮食杂用加意节省，使一月之用常有馀，别置一处，不入经费，留以为亲戚友朋小小周济缓急之用⑮，亦远怨积德之道，可恃以长久者也。

居家治生之理⑯，《恒产琐言》备之矣⑰！虽不敢谓"圣人复起，不易吾言"，其于谋生，不啻左券⑱。总之，饥寒由于鬻产⑲，鬻产由于债负⑳，债负由于不经㉑。相因之理，一定不易，予视之洞若观火㉒。仕宦之日，虽极清苦，毕竟略有交际，子弟习见习闻，由之不察；若以此作田舍度日之计㉓，则立见其仆蹶㉔，不可不深长思者也。人生俭啬之名，可受而不必避。世俗每以为耻，不知此名一噪㉕，则人绝觊觎之想㉖。偶有所用，人即德之，所谓以虚名而受实益，何利如之？

【注释】

①《谭子化书》：南唐泉州（今属福建）人谭峭著。该书大旨多出黄老而附合于儒言。书成，交与南唐宋齐丘，请其作序传世。宋齐丘遂据为己有，篡名为《齐丘子》。后陈抟揭露宋齐丘欺世盗名，正名为《谭子化书》。

②节啬：节俭。

③元气：人的精神、精气。怨尤：埋怨责怪。

④酬酢：应酬交往。

⑤本业：基本学业。

⑥书札：书信。

⑦干请：请托。

⑧品望：人品声望。

⑨防闲：防备和禁阻。防，堤也，用于制水。闲，圈栏也，用于制兽。

⑩义蕴：精深的含义。

⑪葆啬：宝爱，珍爱。葆，通"宝"。

⑫东坡：见本书第4页注⑮。

⑬画杈：雕有图案的木制器具，尾端分枝，可以挑取物品。

⑭陆梭山及其居家之法：见第31页注⑥。

⑮周济：接济，救助。

⑯治生：经营家业。

⑰《恒产琐言》：张英著，旨在从田产方面训告子孙的笔记。

⑱左券：古代契约分为左右两片，左片称左券，由债权人收执，用为索偿的凭证。这里喻《恒产琐言》对居家治生的价值。

⑲鬻：卖。

⑳债负：指借债。

㉑不经：不经营，不筹划。

㉒洞若观火：形容观察事物非常清楚，好像看火一样。

㉓田舍度日之计：置田筑舍，指不任官职，如同老百姓寻常过日子的打算。

㉔仆蹶：颓败。

㉕噪：众口传扬。

㉖觊觎之想：非分的想法或念头。

保家莫如择友

人生髫稚，不离父母①；入塾则有严师傅督课②，颇觉拘束。逮十六七岁时，父母渐视为成人，师傅亦渐不严惮③。此时，知识初开，嬉游渐习，则必视朋为性命。虽父母师保之训与妻孥之言④，皆可不听。而朋友之言，则投若胶漆，契若芳兰⑤。所与正，则随之而正；所与邪，则随之而邪。

此必然之理，身验之事也。

余镌一图章，以示子弟，曰"保家莫如择友"，盖有所叹息、痛恨、惩艾于其间也⑥。古人重朋友，而列之五伦⑦，谓其"志同道合"，有善相勉，有过相规，有患难相救。今之朋友，止可谓相识耳，往来耳，同官同事耳，三党姻戚耳⑧。朋友云乎哉？

汝等莫若就亲戚兄弟中，择其谨厚老成，可以相砥砺者⑨，多则二人，少则一人。断无目前良友，遂可得十数人之理！平时既简于应酬，有事可以请教。若不如己之人，既易于临深为高，又日闻鄙猥之言⑩，污贱之行⑪，浅劣之学，不知义理，不习诗书。久久与之相化⑫，不能却而远矣！此《论语》所以首诫之也⑬。

【注释】

①髫稚：幼年。
②督课：督察考核。
③严惮：畏惧。
④师保：泛指老师。
⑤投若胶漆，契若芳兰：比喻情投意合，关系密切。胶漆，比喻情谊极深，亲密无间。契，合，投合。芳兰，兰花。古人常以比喻君子。
⑥惩艾：谓吸取过去教训，以前失为戒。
⑦五伦：旧指君臣、父子、兄弟、夫妻、朋友之间五种伦理关系。也称五常。
⑧三党：指父族、母族、妻族。
⑨砥砺：激励。
⑩鄙猥：鄙野猥琐。
⑪污贱：卑污下贱。
⑫相化：相互同化。
⑬"此《论语》"句：这就是《论语》开篇就告诫的原因。《论语·学而》："无友不如己者。"朱熹注："无，毋通；禁止辞也。友所以辅仁，不如己，则无益而有损。"

安分与知命

人生第一件事，莫如安分①。"分"者，我所得于天多寡之数也。古人以得天少者,谓之"数奇"②,谓之"不偶"③,可以识其义矣。董子曰④:"予之齿者去其角,傅之翼者两其足。"⑤啬于此则丰于彼,理有乘除⑥,事无兼美⑦。予阅历颇深,每从旁冷观,未有能越此范围者。功名非难非易,只在争命中之有无。尝譬之温室养牡丹,必花头中原结蕊,火焙则正月早开⑧,然虽开而元气索然⑨,花既不满足,根亦旋萎矣。若本来不结花,即火焙无益。既有花矣,何如培以沃壤,灌以甘泉,待其时至敷华⑩,根本既不亏,而花亦肥大经久。此予所深洞于天时物理,而非矫为迂阔之谈也⑪。曩时,姚端恪公每为予言,当细玩"不知命无以为君子"章⑫。朱注最透,言"不知命,则见利必趋,见害必避,而无以为君子矣"⑬,"为"字甚有力!"知命"是一事,"为君子"是一事。既知命不能违,则尽有不必趋之利,尽有不必避之害,而为忠为孝,为廉为让,绰有馀地矣!小人固不当取怨于他⑭,至于大节目⑮,亦不可诡随⑯,得失荣辱,不必太认真,是亦知命之大端也⑰。

【注释】

①安分:规矩老实,守本分。

②数奇(—jī):指命运不好,遇事多不利。

③不偶:不合。引申为命运不好。

④董子:指董仲舒。西汉今文经学大师。广川(今属河北)人。少治《春秋公羊传》,三年不窥园。提出"罢黜百家,独尊儒术"的建议,为武帝采纳。从此,儒学独尊,儒学成为我国封建社会的统治思想。著《春秋繁露》《董子文集》。

⑤本句见第41页注⑭。

⑥乘除:比喻人事的消长盛衰。

⑦兼美:犹言完善,样样擅长。

⑧火焙:以火烘烤。此指放在温室中以火升温。

⑨索然:空乏貌。

⑩敷华:犹敷荣,开花。

⑪"此予"句:这是我深切了解的自然规律、事物道理,而不是假托(说这些)不切合实际的话。深洞,深切了解。矫,假托。迂阔,不切合实际。

⑫指《论语·尧曰》章。

⑬见朱熹《〈论语〉集注》。
⑭小人:识见浅狭的人。
⑮节目:本指树木枝干交接处纹理纠结、木质坚硬处,比喻事物的关键处。
⑯诡随:谓不顾是非而妄随人意。
⑰大端:谓事情的主要方面。

与库公议知命

冢宰库公①,曩与予同事,谈及知命之义:时有山左鹿御史以偶尔公函发遣②,彼方在言路③,时果能拚得一个流徒④,甚么本上不得?彼在位碌碌耳,究竟不能违一定之数。非谓人当冒险寻事⑤,但素明此义,一旦遇大节所关⑥,亦不至专计利害犯名义矣。库然之。

【注释】

①冢宰:周官名。为六卿之首,亦称太宰。后亦称吏部尚书。库公:即库勒纳。满洲镶蓝旗,瓜尔佳氏。康熙三十年(1691)任吏部尚书。后任佐领处行走。
②鹿御史:应指鹿廷瑛(1636—1695),曾任知县,督抚韩琦赞其才,特疏举荐,特擢都察院四川道、河南道、山东道监察御史。曾借诰封小事,力陈吏部办事效力低下,受到康熙皇帝重视。发遣:遣送,流放。
③言路:指言官,谏官。
④拚(pàn):舍弃不顾。流徒:被流放的囚徒。
⑤寻事:找麻烦,故意引起争端。
⑥大节:关系存亡安危的大事。

恒产琐言

深念守田之要

三代而上①,田以井授,民二十受田,六十归田②。尺寸之地,皆国家所有,民间不得而私之。至秦以后,废井田③,开阡陌,百姓始得私相买卖。然则三代以上,虽至贵钜富④,求数百亩之田贻子及孙不可得也⑤。后世既得而买之矣!以乾坤之大块⑥,国家之版图⑦,听人画界分疆、立书契、评价值而鬻之。县官虽有易姓改氏,而田主自若。董江都诸人⑧,亦愤贫者无立锥之地,而富者田连阡陌,欲行限民名田之法⑨,立为节制⑩,而不果行⑪。其乃祖乃父以一朝之力而竟奄有之⑫,使后人食土之毛⑬,善守而不轻弃,则子孙百世,苟不至经变乱,亦断不能为他人之所有。呜呼!深念及此,其可不思所以保之哉!

【注释】

①三代:指夏、商、周三个朝代。

②"民二十受田"二句:相传三代以前,凡年满二十岁的人可受公家分与的土地,六十岁时归还。

③井田:传为殷周时代的一种土地制度。以方里划为九区,区各百亩,形如井字,中间百亩为公田,外八区为私田,故名井田。

④钜:同"巨",大。

⑤贻:给予。

⑥乾坤:指天下。大块:大地。

⑦版图:指领土。

⑧董江都:即董仲舒。因其任过江都相,故称。江都,即今江苏扬州市。

⑨限民名田:限制私人占有田地数量。《汉书·食货志上》:"古井田法虽难卒行,宜少近古,限民名田,以澹不足,塞并兼之路。"

⑩节制:节度法制。

⑪不果行:终于没有实行。

⑫竟奄有之:竟然全部占有土地。奄有,全部占有。

⑬食土之毛:以土地上所生农作物为食。毛,指地表所生的植物,多指农作物。

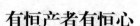

有恒产者有恒心

人家子弟从小便读《孟子》，每习焉而不察①。夫孟子以王佐之才说齐宣、梁惠②，议论阔大③，志趣高远④。然言"病"虽多端，用"药"止一味，曰"有恒产者有恒心"而已⑤，曰"五亩之宅""百亩之田"而已⑥，曰"富岁子弟多赖"而已⑦，重见叠出，一部《孟子》，实落处不过此数条。而终之曰："诸侯之宝三：土地、人民、政事。"⑧又尝读《苏长公集》⑨，其天才横轶⑩，古今无俦匹⑪，宜若不屑屑生计者⑫。《游金山》之诗曰"有田不去如江水"⑬，《游焦山》之诗曰"无田不去宁非贪"⑭，其《题王晋卿〈烟江叠嶂图〉诗》亦曰"不知人间何处有此境，径欲往买二顷田"⑮。可知此老胸中，时时有此一段经画⑯：生平欲买阳羡之田，至老而其愿不偿⑰。今人动言"才子""名士""伟丈夫"，不事家人生产，究至谋生无策，犯孟子之戒而不悔⑱，岂不深可痛惜哉！

【注释】

①焉：相当于"之""此"。这里代指《孟子》。察：理解。

②王佐之才：辅佐国王的才能。齐宣：即齐宣王。梁惠：梁，战国七雄之一，即魏。魏惠王时迁都大梁，因称梁。梁惠，即指魏惠王。

③阔大：宽阔博大。

④志趣高远：志趣，志向和情趣。高远，高尚远大。

⑤"有恒产"句：语出《孟子·滕文公上》。恒产，固定产业。指土地、田园、房屋等不动产。恒心，指一定的道德观念和行为准则。这里指常存的善心。朱熹注："恒心，人所常有之善心也。"

⑥"五亩""百亩"二句：语出《孟子·梁惠王上》。

⑦"富岁"句：语出《孟子·告子上》。朱熹注："富岁，丰年也，赖，藉也。丰年衣食饶足，故有所顾藉而为善。"一说"赖"通"懒"。焦循《〈孟子〉正义》引阮元曰："赖即懒"。

⑧"诸侯之宝"句：语出《孟子·尽心下》。

⑨苏长公：指苏轼。宋苏轼为苏洵长子，当时被尊为"长公"。《苏长公集》即《苏东坡集》。

⑩横轶：纵横奔放。

⑪俦（chóu）匹：相比者。

⑫不屑屑:不介意。

⑬《游金山》之诗:应为《游金山寺》诗。原句为"有庙不归如江水"。

⑭《游焦山》之诗:诗题为《自金山放船至焦山》。原句为"无田不退宁非贪"。

⑮《题王晋卿〈烟江叠嶂图〉诗》:苏诗原名《书王定国所藏〈烟江叠嶂图〉》。王诜(1037—1093),字晋卿,太原人,居开封,与苏轼、黄庭坚、米芾等交好。善诗词、书法,以工山水画著名。

⑯经画:经营筹划。

⑰阳羡:古县名。秦置。治所在今江苏宜兴南。六朝时移治今宜兴。苏轼有诗"买田阳羡吾将老,从初只为溪山好。"

⑱孟子之戒:指"有恒产者有恒心"。

田为宝

天下之物,有新则必有故:屋久而颓,衣久而敝,臧获牛马服役久而老且死①。当其始,重价以购,越十年,而其物非故矣!再越十年,而化为乌有矣②!独有田之为物,虽百年、千年而常新。即或农力不勤③,土敝产薄,一经粪溉则新矣。即或荒芜草宅④,一经垦辟则新矣。多兴陂池⑤,则枯者可以使之润;勤薅荼蓼⑥,则瘠者可以使之肥。亘古及今⑦,无有朽蠹颓坏之虑⑧,逃亡耗缺之忧⑨。呜呼!是洵可宝也哉⑩。

【注释】

①臧获:奴婢。

②乌有:不存在。

③农力:农耕的劳力。

④草宅(chè):生草和开裂。宅,通"坼",裂开。

⑤陂(pí)池:池塘。

⑥勤薅荼蓼:经常拔除田野中的杂草。薅(hāo),拔除。荼蓼,荼和蓼。泛指田野沼泽间的杂草。

⑦亘古及今:从古到今。

⑧朽蠹颓坏:朽蠹,朽腐虫蚀。颓坏,废弛。

⑨耗缺:耗,亏损。缺,本指残破。这里引申为衰败、荒废。

⑩洵(xún):实在。

房产不如田产

吾友陆子名遇霖,字洵若,浙江人,今为归德别驾①。其人通晓事务,以经济自许②,在京师日,常与之过从③。一日从容谈及谋生毕竟以何者为胜,陆子思之良久,曰:"予阅世故多矣,典质贸易权子母④,断无久而不弊之理,始虽乍获厚利⑤,终必化为子虚⑥。惟田产房屋二者可持以久远,以二者较之,房舍又不如田产。何以言之?房产,乃向人索租钱。每至岁暮,必有干仆盛衣帽著靴⑦,喧哗叫号以取之⑧,不偿,则愬于官长⑨。每至争讼雀角⑩,甚有以奋斗窘逼而别生祸殃者⑪。稍懦焉,则又不可得矣!至田租,则不然!子孙虽为齐民⑫,极单寒懦弱⑬,其仆不过青鞵布袜⑭,手持雨伞,诣佃人之门,而人不敢藐视之。秋谷登场,必先完田主之租,而后分给私债。取其所本有而非索其所无,与者受者,皆可不劳⑮。且力田皆愿民⑯,与市廛商贾之狡健者不同⑰。以此思之,房产殆不如也⑱。"予至今有味乎陆子之言。

【注释】

①归德:府名。金天会八年(1130)改应天府置。清辖境相当于今河南商丘市、商丘、睢县、宁陵、柘城、鹿邑、夏邑、郸城、永城等县地。别驾:官名。通刺之别称,汉代州刺史辅佐官有别驾从事官。清代无别驾一官,即以此为对通刺之尊称。

②经济:经邦济世、经国济世或经世济民等词的综合和简化。自许:自称。

③过从:互相往来。

④典质:以物为抵押换钱,可在限期内赎回。权子母:语出《国语·周语下》:"于是乎有权子母而行,小大利之。"谓国家铸钱,以重币为母,轻币为子,权其轻重而使行,有利于民。后遂称以资本经营或借贷生息为"权子母"。

⑤乍:忽然。这里指很快。

⑥化为子虚:汉司马相如作《子虚赋》,假托子虚、乌有先生、亡是公三人互相问答。后因称虚构或不真实的事为"子虚"。这里"化为子虚"形容全部丧失、全部落空,或全部没有了。

⑦干仆:办事能干的仆役。

⑧喧哗叫号:声音大而杂乱。叫号,大声呼喊。

⑨愬:同"诉",告发。官长:旧时行政单位的主管官吏。

⑩争讼雀角：争讼，因争论而诉讼。雀角，指争吵。
⑪奋斗窘逼：奋斗，奋力格斗。窘逼，逼迫而使人至于困境。
⑫齐民：平民。
⑬单寒懦弱：单寒，谓体质瘦弱。懦弱，软弱。
⑭鞵(xié)：同"鞋"。
⑮不劳：没有忧愁。劳，忧愁。
⑯愿民：朴实善良之民。
⑰市廛(chán)商贾(gǔ)：市廛，指店铺集中的市区。商贾，商人。狡健：壮健骁勇。亦指壮健者。
⑱殆：副词。大概，恐怕。

古人重先畴

尝读《雅》《颂》之诗①，而叹古人之于先畴如此其重也②。《楚茨》《大田》之诗③，皆公卿有田禄者④。周有世卿⑤，其祖若父之采地⑥，传诸后人，故曰"曾孙"⑦。今观其言，曰"我疆我理"⑧，曰"我田既臧"⑨，曰"我黍""我稷""我仓""我庾"⑩。农夫爱其曾孙，则曰"曾孙不怒"⑪，曾孙爱其农夫，则曰"农夫之庆"⑫。以至攘馌者之食而尝其旨否⑬，剥疆场之瓜而献之皇祖⑭。何其民风淳朴，上下相亲如此？不止家给人足，无分外之谋⑮；而且流风馀韵⑯，有为善之乐。后人有祖、父遗产，正可循陇观稼⑰，策蹇课耕⑱，《雅》《颂》之景，如在目前，而乃视为鄙事，不一留意，抑独何哉？

【注释】

①《雅》《颂》：均为《诗经》三大部分之一。《雅》分为《大雅》和《小雅》两部分，合称"二雅"，共105篇。《颂》包括《周颂》《鲁颂》《商颂》三部分，合称"三颂"，共40篇。
②先畴：先人所遗的田地。
③《楚茨》：《诗经·小雅·谷风》之九。是贵族祭祀祖先的乐歌。《大田》：《诗经·小雅·甫田》之二。是西周农奴主的作品。
④公卿：三公九卿的简称。三公：为古代中央三种最高官衔的合称。九卿：古代中央政府的九个高级官职。田禄：先秦卿大夫的俸给来自采地或公田，故称田禄。

⑤世卿:世代承袭为卿大夫。

⑥采地:指古代卿大夫的封地。

⑦曾孙:《诗经·大田》:"曾孙是若。"高亨《诗经今注》:"曾孙,农奴主自称。"

⑧我疆我理:疆,划田界。理,治理田陇田沟。

⑨我田既臧:语出《诗经·小雅·甫田》。臧,善也。

⑩"我黍""我稷""我仓""我庾":语出《诗经·小雅·楚茨》:"我黍與與,我稷翼翼,我仓既盈,我庾维亿。"與與,茂盛貌。翼翼,整齐貌。庾,粮谷堆在场园。以物围起,上面加盖。亿,盈满。

⑪曾孙不怒:语出《诗经·小雅·甫田》,原为"曾孙不怒,农夫克敏",意为农夫工作能干得好而且快,农奴主很满意。

⑫农夫之庆:语出《诗经·小雅·甫田》。这是农奴主夸奖农夫的。

⑬"攘馌者"句:见《诗经·小雅·甫田》"馌彼南亩,田畯至喜。攘其左右,尝其旨否"。攘,让。馌(yè),送饭。旨,味美。大意为:农奴主让人把饭送到田头,监督农奴劳动的田官极为高兴,让左右的随员尝尝饭菜的味道。

⑭"剥疆场之瓜"句:见《诗经·小雅·信南山》:"中田有庐,疆场有瓜。是剥是菹,献之皇祖。"中田,田中。庐,房舍,看瓜人所住。剥,剖开。菹(zū),做菜。此指把瓜切成块,摆在器中。疆场(yì),田边。

⑮分外:本分以外。

⑯流风馀韵:前人流传下来的风度、情操。

⑰循陇:沿着田陇。观稼:观看庄稼。意指察看农田。

⑱策蹇(jiǎn)课耕:乘跛足驴督促耕作。策蹇,即"策蹇驴"。课耕,督促耕作。

念物力维艰

　　今人家子弟,鲜衣怒马①,恒舞酣歌②。一裘之费,动至数十金,一席之费,动至数金。不思吾乡十馀年来谷贱,竭十馀石谷,不足供一筵;竭百馀石谷,不足供一衣。安知农家作苦,终年沾体涂足③,岂易得此百石?况且水旱不时,一年收获不能保诸来年。闻陕西岁饥,一石价至六七两。今以如玉如珠之物,而贱价粜之④,以供一裘一席之费,岂不深可惧哉?古人有言:"惟土物爱,厥心臧。"⑤故子弟不可不令其目击田家之苦,开仓粜谷时,当令其持筹⑥。以壮夫之力不过担一石,四五壮夫之所担,仅得价一两,随手花费,了不见其形迹,而己仓庾空竭矣⑦!使稍有知觉,当不忍于浪掷⑧。奈何深居简出⑨,但知饱食暖衣,绝不念物力之可惜,而泥沙委之哉⑩!

【注释】

①鲜衣怒马:美服壮马。谓服饰豪奢。
②恒舞酣歌:沉湎于饮酒歌舞。恒,经常。语出《书·伊训》:"敢有恒舞于宫,酣歌于室,时谓巫风。"后以"恒舞酣歌"形容纵情歌舞,耽于声色。
③沾体涂足:身体沾湿,足涂污泥。状农田劳动的辛苦。
④粜(tiào):卖出谷物。
⑤"惟土"句:语出《书·酒诰》:"惟曰我民迪小子,惟土物爱,厥心臧。"孔传:"惟土地所生之物,皆爱惜之,则其心善。"
⑥持筹:手持算筹。
⑦仓庾:贮藏粮食的仓库。
⑧浪掷:随便抛弃,随意花费。
⑨深居简出:待在家里很少出门。
⑩泥沙委之:像丢弃泥沙一样浪费物力。委,抛弃,舍弃。

田产无忧

　　天下货(才)[财]所积,则时时有水火、盗贼之忧,至珍异之物,尤易招尤速祸①。草野之人②,有十金之积,则不能高枕而卧③。独有田产,不忧水火,不忧盗贼。虽有强暴之人,不能竟夺尺寸;虽有万钧之力④,亦不能负之而趋⑤。千顷万顷,可以值万金之产,不劳一人守护。即有兵燹离乱⑥,背井去乡⑦,事定归来,室庐畜聚⑧,一无可问。独此一块土,张姓者仍属张,李姓者仍属李,芟夷垦辟⑨,仍为殷实之家⑩。呜呼,举天下之物不足较其坚固,其可不思所以保之哉!

【注释】

①招尤速祸:招尤,招致他人的怪罪或怨恨。速祸,招致祸害。

②草野之人:指平民百姓。

③高枕而卧:安然而卧,谓无所顾虑。

④万钧之力:形容力量很大。钧,古代重量单位之一,三十斤为一钧。

⑤负之而趋:把它(土地)背着走。

⑥兵燹(xiǎn):战争造成的焚烧破坏等灾害。

⑦背井去乡:远离家乡,流落他方。

⑧室庐畜聚:房屋和积聚的财物。

⑨芟(shān)夷垦辟:芟夷,除草。垦辟,开垦。

⑩殷实之家:富裕的人家。

切勿弃田经商

予与四方之人，从容闲谈，则必询其地土物产之所出，以及田里之事①。大约田产出息最微②，较之商贾不及三四。天下惟山右、新安人善于贸易③，彼性至悭啬④，能坚守，他处人断断不能⑤，然亦多覆蹶之事⑥。若田产之息，月计不足，岁计有馀；岁计不足，世计有馀。尝见人家子弟，厌田产之生息微而缓，羡贸易之生息速而饶，至鬻产以从事⑦，断未有不全军尽没者。余身试如此，见人家如此，千百不爽一。无论愚弱者不能行，即聪明强干者亦行之而必败，人家子弟万万不可错此著也⑧。

【注释】
①田里之事：有关田地和乡里的事情。
②出息：得利。
③山右：山西的别称。因其在太行山之右而名。新安：徽州自古以新安称。新安人指徽商。
④悭啬：吝啬。
⑤断断：绝对。用于否定式。
⑥覆蹶：挫败，失败。
⑦至鬻产以从事：以致卖掉田产去从事商业贸易。
⑧错：通"措"，施行。著：围棋下子。亦谓招数，比喻计策或手段。

取财于人不若取财于天地

人思取财于人，不若取财于天地。余见放债收息以及典质人之田产者①，三年五年，得其息如其所出之数，其人则哓哓有词矣②。不然，则怨于心，德于色③，浸假而并没其本④。间有酷贫之士⑤，得数十金可暂行于一时，稍裕则不能矣。惟地德则不然，薄植之而薄收，厚培之而厚报，或四季而三收，或一岁而再种。中田以种稻麦⑥，旁畦馀陇以植麻菽、衣棉之类。有尺寸之壤，则必有锱铢之入⑦，故曰"地不爱宝"，此言最有味。

始而养其祖、父，既而养其子、孙。无德色，无倦容，无竭欢尽忠之怨，有日新月盛之美。受之者无愧怍⑧，享之者无他虞。虽多方以取而无罔利之咎⑨，上可以告天地，幽可以对鬼神⑩。不劳心计，不受人忌疾。呜呼，天下更有物焉能与之比长絜短者哉⑪！

【注释】

①典质：以物为抵押换钱，可在限期内赎回。
②哓(xiāo)哓：吵嚷。
③德于色：自以为对人有恩德而表现出来的神色。
④浸假(jiǎ)：逐渐的意思。
⑤酷贫：极其贫困。
⑥中田：谓田中。
⑦锱铢：比喻微小的数量。
⑧愧怍：惭愧。语出《孟子·尽心上》："仰不愧于天，俯不怍于人。"
⑨罔利：犹渔利。趁机谋取不正当的利益。
⑩幽：暗。此指迷信观念中的阴间鬼神世界。
⑪比长絜(xié)短：比较长短优劣。絜，衡量。

居家简要可久之道

余既言田产之不可鬻，而世之鬻产者①，比比而然，聪明者亦多为之，其根源则必在乎债负②。债负之来，由于用度不经③，不知量入为出。至举息既多，计无所出，不得不鬻累世之产。故不经者，债负之由也；债负者，鬻产之由也；鬻产者，饥寒之由也。欲除鬻产之根，则断自经费始。居家简要可久之道，则有陆梭山"量入为出"之法④在。其法：合计一岁之所入，除完给公家而外，分为三份。留一份为歉年不收之用，其二份，分为十二份，一月用一份。若岁常丰收，则是古人耕三馀之一法⑤。值一岁歉，则以一岁所留补给；连岁歉，则以积年所留补给。如此，始无举债之事。若一岁所入，止给一岁之用，一遇水旱，则产不可保矣！此最目前可见之理，而人不之察。陆梭山之法最详，即百金之产，亦行此法。使必富饶而后可行，则大误矣。且其法于十二份，又分三十小份，余恐其太烦，故止作十二份。要知古人之意，全在小处节俭。大处之不足，由于小处之不谨；月计之不足，由于每日之用过多也。若能从梭山每月三十分之，更为稳实⑥。一月之中，饮食应酬宴会，稍可节者节之。以此一月之所馀，另置一封，以周贫乏亲戚些小之急，更觉心安意适⑦。此专言费用不经，举债而鬻产之由。此外则有赌博、狭斜、侈靡⑧，其为败坏者，无论矣。更有因婚嫁而鬻业者，绝为可哂⑨。夫有男女则必有婚嫁，只当以丰年之所积，量力治装⑩，奈何鬻累世仰事俯育之具⑪，以图一时之华美？岂既婚嫁后，遂可不食而饱，不衣而温乎？呜呼，亦愚之其矣！

【注释】

①鬻产：出卖田产。

②债负：债务负担。

③不经：不得法、不合理。

④见本书第31页注⑥。

⑤耕三馀之一：耕种三年积余一年的粮食。

⑥稳实：犹可靠。

⑦心安意适：内心感到安稳舒畅。

⑧狭斜：小街曲巷。多指妓院。古乐府有《长安有狭斜行》，述少年冶游之事。后称娼妓居处为"狭斜"。侈靡：奢侈糜烂。

⑨可哂：可笑。

⑩治装：置办衣物。

⑪仰事俯育：同"仰事俯畜"。《孟子·梁惠王上》："是故明君制民之产，必使仰足以事父母，俯足以畜妻子。"后因以"仰事俯畜"谓对上侍奉父母，对下养育妻儿。泛指维持全家生活。"仰事俯育之具"，指田产。

千辛万苦守先业

吾既言产之断不可鬻，虽然，鬻产之家，岂得已哉！其平时费用不经,以致举债而鬻产,吾既详言之矣。处承平之日①,行"量入为出"之法,自不致狼狈困顿②而为此。独是一遇兵燹,则必有水旱,水旱则必逃亡,逃亡则田必荒芜,荒芜则谷入必少,此时赋税必多,而旋急数端相因而至③,乃必然之理。有田之家,其为苦累较常人更甚,此时轻弃贱鬻,以图免追呼④,实必至之势也。然天下乱离日少⑤,太平日多⑥。及至平定,而产业既鬻于人,向时富厚之子⑦,今无立锥矣⑧。此时当大有忍力,咬定牙根,平时少有积畜,或鬻衣服,或鬻簪珥⑨,或鬻臧获⑩,藉以完粮⑪。打叠精神⑫,招佃辟垦,乘间投隙⑬,收取些须⑭,以救旦夕。谷食不足,充以糟糠,凡百费用,尽从吝啬。千辛万苦,以保守先业⑮。大约不过一二年,过此凶险,仍可耕耘收获,不失为殷厚之家⑯,此亦予所目击者。譬如熬过隆冬冱寒⑰,春明一到⑱,仍是柳媚花明矣。此际全看力量,其更有心计之人,于此时收买贱产,其益宏多⑲,吾乡草野起家之人⑳,多行此法。

【注释】

①承平:太平。

②狼狈困顿:艰难窘迫。

③"旋",底本作"且",误。现据光绪刻本作改。数端:这里指上面提及的鬻产、举债等。相因:相承。这里是"相继"之意。

④追呼:谓吏胥到门号叫催租,逼服徭役。

⑤乱离:因遭战乱而流离失所。

⑥太平:指社会平安,安宁。

⑦向时:昔时。富厚:谓物质财富雄厚。

⑧无立锥矣:没有插立锥尖的地方。这里谓生活窘迫至极。立锥,插立锥尖。形容地方极小。

⑨簪珥:发簪和耳饰。古代多为高贵妇女的首饰。

⑩臧获:奴婢。

⑪藉以:谓凭借某种事物或手段以达到某一目的。

⑫打叠:振作。

⑬乘间投隙:乘间,利用机会。投隙,乘隙,伺机。宋陆游《雀啄粟》诗:"乘时投隙自谓才,苟得未必为汝福。"

⑭些须:少许,一点儿。

⑮先业：先人的事业。这里指家业。
⑯殷厚：殷实，富裕。
⑰隆冬冱寒：隆冬，深冬。冱（hù）寒，寒气凝结。谓极为寒冷。
⑱春明：春光明媚。这里指春天或春季。
⑲宏多：很多。
⑳草野：指平民百姓。

良田不如良佃

　　吾既极言产之不可鬻矣①，虽然，守之有道，不可不讲。不善经理，付之僮仆之手②，任其耗蠹③，积日累月，沃者变而为瘠，润者化而为枯，稍瘠者化而为石田④。田瘠而亩不减，入少而赋不轻，平时仅可支持，一遇水旱催科，则立槁矣⑤！是田本为养生之物，变而为累身之物，且将追怨祖、父，留此累物以贻子、孙。予见此亦不少矣。然则如之何而可哉？欲无鬻产，当思保产；欲保产，当使尽地利。尽地利之道有二：一在择庄佃⑥；一在兴水利。谚云："良田不如良佃，"此最确论。主人虽有气力心计，佃惰且劣，则田日坏。譬如父母虽爱婴儿，却付之悍婢之手，岂能知其疾苦乎？良佃之益有三：一在耕种及时；一在培壅有力⑦；一在畜泄有方⑧。古人言"农最重时"，早犁一月有一月之益，故冬最良，春次之；早种一日有一日之益，故晚禾必在秋前一日。至培壅，则古人所云"百亩之粪"，又云"凶年粪其田而不足"⑨，《诗》云："荼蓼朽止，黍稷茂止。"⑩用力如此，一亩可得两亩之入。地不加广，亩不加增，佃有馀而主人亦利矣。畜水用水，最有缓急先后，当抹则抹⑪，当待则待，当弃则弃，惟有良农老农知之。劣农之病有三：一在耕稼失时；一在培壅无力；一在畜泄无方。若遇丰稔之年，雨泽应时而降⑫，惰农、劣农亦卤莽收获⑬，隐藏其害而不觉。一遇旱干，则彼之优劣立见矣。凶年主人得一石可值两石，而受此劣佃之害，悔何及哉！

　　人家僮仆管庄务，每喜劣佃而不喜良佃，良佃则家必殷实有体面⑭，不肯诂媚人⑮,且性必梗直朴野⑯,饮食必节俭,又不听僮仆之指使。劣佃则必惰而且穷,诂媚僮仆,听其指使,以任其饕餮⑰。种种情状不同,此所以性喜劣佃而不喜良佃。至主人之田畴美恶,彼皆不顾。且又甚乐于水旱,则租不能足额,而可以任其高下。此积弊陋习⑱,安可不知?且良佃所居,则屋宇整齐,场圃茂盛⑲,树木葱郁⑳,此皆主人僮仆力之所不能及,而良佃自为之,劣佃则件件反是。此择庄佃为第一要务也。禾在田中,以水为命,谚云:"肥田不敌瘦水。"虽有膏腴㉑,若水泽不足,则亦等石田矣。江南有塘有堰,古人开一亩之田,则必有一亩之水以济之。后人狃于多雨之年㉒,塘堰都不修治,堰则破坏不畜水,塘则浅且漏不容水。每岁方春时,必有洪雨数次,任其横流而不收。入夏亢旱㉓,束手无策,仰天长叹而已。人家僮仆管理庄事,以兴塘几石,修屋几石,为开帐时浮图合尖之具而已㉔,何尝有寸土一锸及于塘堰乎㉕?夫塘宜深且坚固。余曾过江宁南乡㉖,其田最号沃壤,其塘甚小,不及半亩。询之土人,知其深且陡,有及二丈者,故可以溉数十亩之田而不匮㉗。吾乡塘最多,且大有数亩者、有数十亩者,然浅且漏,大雨后亦不满,稍旱则露底。田待此为命,其何益之有哉!向后兴塘筑堰㉘,必躬自阅视㉙,若有雨之年,塘犹不满,其为渗漏可知,急加培筑。大抵劣农之性惰而见识浅陋,每侥幸于岁之多雨而不为预备㉚。僮仆既以此开入花帐㉛,又不便向主人再说。一遇亢旱,田禾立槁,日积月累,田瘠庄敝,租入日少,势必鬻变,此兴水利为第一要务也。若不知务此,而止云保守前业,势岂能由己哉!

【注释】

①极言:竭力陈说。
②僮仆:仆役。僮,奴婢。
③耗蠹:耗费损害。
④石田:贫瘠的田地。
⑤催科:催收租税。租税有科条法规,故称。立槁:立即死亡。这里谓无法生活。
⑥庄佃:庄农与佃户。
⑦培壅:于植物根部堆土以保护其根系,促其生长。引申为养护。

⑧畜泄:指存水与放水。畜,通"蓄"。
⑨粪其田:给田施肥。
⑩此句见《诗经·良耜》。荼蓼:荼和蓼。泛指田野沼泽间的杂草。黍稷:黍和稷,为古代主要农作物。亦泛指五谷。
⑪捄(jiù):通"救"。此指用水救苗。
⑫雨洋:雨水。
⑬卤莽:马虎,草率。
⑭殷实:富裕。体面:身份。
⑮诌媚:用卑贱的态度向人讨好。
⑯梗直:刚直,直爽。朴野:朴质无华。
⑰饕餮(tāo tiè):传说中一种凶恶贪食的野兽,常比喻贪婪凶恶的人,此指贪婪地吞食。
⑱积弊陋习:指积久的弊端和不良的习俗。
⑲场圃:农家种菜蔬和收打作物的地方。
⑳葱郁:青翠繁盛的样子。
㉑膏腴:此指肥沃的土地。
㉒狃(niǔ):习惯。
㉓亢旱(kàng—):大旱。
㉔开帐:支付账款。浮图合尖:浮图,即"浮屠"。佛教语。指佛塔。合尖,造塔工程最后一着为塔顶合尖。故以"浮图合尖"比喻克成大功的最后一步工作。
㉕锸(chā):锹。
㉖江宁:府名。历为江南省、江苏省治所。辖境相当于今江苏省南京市。
㉗匮:匮乏,缺乏。
㉘向后:往后。
㉙躬自阅视:谓亲自查看。
㉚侥幸:由于偶然的因素而获得成功或免于不幸。
㉛花帐:虚报的账目。

瘠田贵在经理

予置田千馀亩,皆苦瘠①。非予好瘠田也,不能多办价值,故宁就瘠田。其膏腴沃壤,则大有力者为之②,余不能也。然细思:膏腴之价数倍于瘠田,遇水旱之时,膏腴亦未尝不减。若丰稔之年③,瘠土亦收,而租倍于膏腴矣④！膏腴之所以胜者，鬻时可以得善价，平时度日同此稻谷一石耳，无大差别。且腴田不善经理，不数年变而为中田，又数年变而为下田矣。瘠田若善经理，则下田可使之为中田，中田可使之为上田。虽不能大变，能高一等，故但视后人之能保与不能保，不在田之瘠与不瘠。况名庄胜业，易为势力家所垂涎⑤，子弟鬻田必先鬻善者。予家祖居田甚瘠，在当时兴作尽善，故称沃壤。四世祖东川公卒时⑥，嘱后人葬于宅之左，曰："恐为势家所夺。"由此观之，当时何尝非善地，今始成瘠壤耳！惟视人之经理不经理也。尝见荒瘠之地，见一二土著老农之家，则田畴开辟，陂池修治，禾稼茂郁⑦，庐舍完好⑧，竹木周布，居然一佳产。其仕宦家之田，则荒败不可观而已，汝侪试留心察之⑨。

【注释】

①苦瘠：指土质硗薄。
②大有力者：谓特别有权势或有财力的人。
③丰稔（rěn）：丰熟。
④倍：折半。
⑤垂涎：比喻十分羡慕，极想得到。
⑥四世祖东川公：即张鹏，字腾霄，号东川。
⑦禾稼：谷类作物的统称。
⑧庐舍：房屋，住宅。
⑨汝侪（chái）：你们。

察田庄之道

人家子弟每年春秋，当自往庄细看，平时无事亦可策蹇一往①。然徒往无益也，第一，当知田界。田界不易识也，令老农指视，一次不能记而再三，大约五六次便熟。有疑处便问之，勿以曾经问过嫌于再问，恐被人讥笑，则终身不知矣。第二，当察农夫用力之勤惰，耕种之早晚，畜积之厚薄②，人畜之多寡，用度之奢俭，善治田以为优劣③。第三，当细看塘堰之坚窳浅深④,以为兴作。第四,察山林树木之耗长。第五,访稻谷时值之高下⑤,期于真知确见⑥。若听僮仆之言,深入茅檐,一坐、一饭、一宿,目不见田畴,足不履阡陌⑦。僮仆纠诸佃人环绕喧哗,或借种稻,或借食租,或称塘漏,或称屋倾,以此恫喝主人⑧。主人为其所窘,去之惟恐不速。问其疆界则不知,问其孰勤孰惰则不知,问其林木则不知,问其价值则不知。及入城,遇朋友,则彼揖之曰:"履亩归矣!"⑨此笑之曰:"循行阡陌回矣。"⑩主人方自谓:"吾从村庄来,劳苦劳苦!"呜呼,何益之有哉!此予少年所身历者,至今悔之。大约人家子弟,最不当以经理田产为俗事鄙事而避此名⑪,亦不当以为故事而袭此名⑫。细思此等事,较之持钵求人⑬,奔走嗫嚅⑭,孰得孰失,孰贵孰贱哉?

【注释】

①策蹇:系"策蹇驴"的省称。乘跛足驴。
②畜积:积储。厚薄:多少。
③治田:这里谓种田。
④窳(yǔ):败坏。
⑤时值:当时价格。
⑥真知确见:真正知道,确实看见。
⑦履:踏勘。阡陌:纵横交错的田间小道。
⑧恫喝(—hè):恐吓。
⑨履亩:谓实地观察田地。
⑩循行(—xíng):巡视。循,通"巡"。
⑪俗事鄙事:低下而被人看不起的事。
⑫故事:旧事,旧业。袭:沿袭。
⑬持钵:佛教语,托钵。
⑭嗫嚅:欲言又止貌。

乡城耕读,相为循环

人家"富""贵"两字,暂时之荣宠耳。所恃以长子孙者,毕竟是"耕"

"读"两字。子弟有二三千金之产,方能城居。何则①？二三千金之产,丰年有百馀金之入,自薪炭、蔬菜、鸡豚、鱼虾、醯醢之属②,亲戚人情应酬宴会之事,种种皆取办于钱。丰年则谷贱,歉年谷亦不昂,仅可支吾③,或能不致狼狈④。若千金以下之业,则断不宜城居矣！何则？居乡则可以课耕数亩⑤,其租倍入,可以供八口。鸡豚畜之于栅,蔬菜畜之于圃,鱼虾畜之于泽,薪炭取之于山,可以经旬屡月,不用数钱。且乡居则亲戚应酬寡,即偶有客至,亦不过具鸡黍⑥。女子力作⑦,可以治纺绩⑧,衣布衣,策蹇驴,不必鲜华⑨。凡此皆城居之所不能。且耕且读,延师训子⑩,亦甚简静。囊无馀畜,何致为盗贼所窥？吾家湖上翁子弟甚得此趣⑪。其所贻不厚,其所度日皆较之城中数千金之产者,更为丰腴⑫。且山水间,优游俯仰⑬,复有自得之乐而无窘迫之忧,人苦不深察耳。果其读书有成,策名仕宦⑭,可以城居,则再入城居。一二世而后宜于乡居,则再往乡居。乡城耕读,相为循环,可久可大,岂非吉祥善事哉！况且世家之产,在城不过取其额租⑮,其山林湖泊之利,所遗甚多,此亦势不能兼。若贫而乡居,尚有遗利可收⑯,不止田租而已,此又不可不知也。

【注释】

①何则:为什么。多用于自问自答。

②醯醢(xī hǎi):用鱼肉制成的酱。因调制肉酱必用盐醋等作料,故称。

③支吾:应付。

④狼狈:喻艰难窘迫。

⑤课耕:谓督促耕作。

⑥具:准备。鸡黍:指饷客的饭菜。

⑦力作:努力劳作。

⑧纺绩:把丝麻等纤维纺成纱或线。古代纺指纺丝,绩指缉麻。

⑨鲜华:鲜艳华丽。

⑩延师训子:聘请老师教导子女。

⑪湖上翁:张载,字子容,号晋斋,诸生,赠山西太平知县。年四十隐居不仕。居今桐城嬉子湖镇境内的松山,门临大湖,群峰环绕,三十年足迹不入城市。因隐居湖旁,故称湖上翁。因姓张,故曰"吾家"。

⑫丰腴：丰裕富厚。
⑬优游俯仰：一举一动都悠闲自得。
⑭策名仕宦：谓科试及第做官。
⑮额租：规定数目的租金。
⑯遗利：未尽其用的利益。

鬻田穷而保田裕

予仕宦人也，止宜知仕宦之事，安能知农田之事？但余与四方英俊交且久①，阅历世故多。五十年来，见人家子弟成败者不少，鬻田而穷，保田而裕，千人一辙。此予所以谆谆苦口为汝辈陈说②。先大夫戊子年析产③，予得三百五十馀亩。后甲辰年再析予一百五十馀亩④。予戊戌年初析爨⑤，始管庄事。是时，吾里田产正当极贱之时。人问曰："汝父析产有银乎？"予对曰："但有田耳。"⑥问者索然⑦，予时亦曰："田非不佳，但苦急切难售耳！"⑧及丁未后⑨，予以公车有称贷⑩，遂卖甲辰年所析百五十亩。予四十以前，全不知田之可贵，故轻弃如此。后以予在仕宦，又不便向人赎取。至今始悟析产正妙在无银⑪，若初年宽裕，性既习惯，一二年后，所分既尽，怅怅然失其所恃矣⑫！田之妙，正妙在急切难售，若容易售，则脱手甚轻矣！此予晚年之见，与少年时绝不相同者也，是皆予三折肱之言⑬，其思之毋忽。

【注释】

①英俊：才智出众的人。
②谆谆苦口：反复告诫，不辞烦劳地再三规劝。陈说：陈述叙说。
③先大夫：犹先父，亡父。戊子年：即1648年。析产：分割财产。指分家。这句话是说1648年张英父亲分割家产之事。
④甲辰年：即1664年。
⑤戊戌年：即1658年。析爨（一cuàn）：分立炉灶。指分家。
⑥但：只，只有。
⑦索然：毫无意味或毫无兴致的样子。

⑧急切:短时间。

⑨丁未:即1667年。

⑩公车:汉代以公家车马递送应征的人,后因以"公车"为举人应试的代称。称贷:举债。向人告贷。

⑪妙:精美,精彩。

⑫怅怅然:失意不快貌。

⑬三折肱:语出《左传·定公十三年》:"三折肱,知为良医。"本谓多次折断手臂,就能懂得医治断臂的方法。后用以比喻对某事阅历多,富有经验,自能造诣精深。

饭有十二合说

民族十二个故事

一之稻

古称饭之美者,则有"元山之禾"①"精凿白粲"②,昔人所重。吾乡稻有三种:有早熟者,有中熟者,有晚熟者。早晚所熟,皆不及中熟之佳。蔡邕《月令章句》③云:"时在季秋,谓之半夏稻,滋味清淑,颐养为宜。"颂曰:

诗称香稻④,如雪流匙⑤。辨种尝味,迟熟攸宜⑥。益脾健胃,百福所基⑦。

【注释】

①元山之禾:古代传说产自玄山的嘉禾。《吕氏春秋·本味》:"饭之美者,玄山之禾,不周之粟。"宋周邦彦《汴都赋》:"其中则有玄山之禾,清流之稻。"元山,即"玄山",此处系避康熙帝之讳。

②精凿白粲:精凿,舂去谷物的皮壳。亦指舂过的净米。白粲,白米。

③蔡邕(133—192):东汉文学家、书法家。字伯喈。陈留郡圉(今河南杞县南)人。官至左中郎将,世称"蔡中郎"。博学多才,通经史,知音律,善辞章。后人辑有《蔡中郎集》。

④香稻:稻的一种。

⑤流匙:古代舀食物的器具。

⑥攸(you):是。

⑦百福:犹多福。基:事物的基础,根本。

二之炊

朝鲜人善炊饭,颗粒朗然而柔腻香泽①,倘所谓中边皆腴者耶②!又闻之静海励先生炊米③,汁勿倾去,留以蕴酿则气味全。火宜缓,水宜减,盖有道焉。鲁莽灭裂,是与暴殄天物者等也④。颂曰:

释之溲溲,蒸之浮浮⑤。炊我长腰⑥,质粹香留⑦。谨视火候⑧,丹鼎功侔⑨。

【注释】

①朗然:明亮的样子。柔腻香泽:柔软细腻而有香气。

②倘:可能。中边:内外,表里。腴:谓滋味美厚。

③静海励先生:励杜讷,静海人。字近公。善书。康熙间举鸿博,授编修。官至刑部右侍郎。前后疏奏,多所建白。居宪职详谳刑狱。无所瞻徇,朝野推为正人。卒谥文恪。炊米:煮饭。

④暴殄天物:任意糟蹋东西。

⑤释之溲溲(sou),蒸之浮浮:语出《诗经·大雅·生民》。释之,淘米。溲溲,象声词。蒸,用蒸汽加热。浮浮,气上升貌。

⑥长腰:即"长腰米"。亦称"长腰铃"。稻米的品名。宋苏轼《和文与可洋州园池》之十二:"劝君多拣长腰米,消破亭中万斛泉。"赵次公注:"长腰米,汉上米之绝好者。"李贺《始为奉礼忆昌谷山居》诗"长铃江米熟",清姚文燮集注:"汉上呼米为长腰铃。"亦省称"长腰"。

⑦粹:纯美。

⑧火候:烹饪时火力的强弱和时间的长短。

⑨丹鼎:炼丹用的鼎。侔(móu):相当。

三之肴

《礼》曰：居山不以鱼鳖为礼，居泽不以麋鹿为礼①。食地之所产，则滋味鲜而物力省。近见人家宴会，每以珍错为奇②，不知鸡豚鱼虾，本有至味。《内则》所载养老人"八珍"③，皆寻常羊豕，特烹炮异耳④，何尝广搜异味哉！且每食一荤，则肠胃不杂，而得以尽其滋味之美；山海罗列⑤，腥荤杂进，既为伤生侈费⑥，亦乖颐养之道⑦，所当深戒者也。颂曰：

甘脆芳鲜⑧，是为侯鲭⑨。脾宽则化，腹虚则灵⑩。戒尔饕餮，视此鼎铭⑪。

【注释】

①《礼》曰：居山不以鱼鳖为礼，居泽不以麋鹿为礼：语出《礼记·礼器第十》。原文为："居山以鱼鳖为礼，居泽以鹿豕为礼，君子谓之不知礼。"麋（mí）鹿：麋和鹿。

②珍错："山珍海错"的省称。泛指珍异食品。

③《内则》：《礼记》篇名。内容为妇女在家庭内必须遵守的规范和准则。《礼记·内则》题注孔颖达疏："郑玄目录云：'名曰《内则》者，以其记男女居室事父母舅姑之法。此于《别录》属子法。'以闺门之内，轨仪可则，故曰内则。"八珍：俗以龙肝、凤髓、豹胎、鲤尾、鸮炙、猩唇、熊掌、酥酪蝉为八珍。这里泛指珍馐美味。

④特：只。烹炮（páo）：烧煮熏炙。

⑤山海：指山珍海味。山间海中出产的珍异食品。泛指珍美丰盛的肴馔。

⑥伤生侈费：伤生，伤害生命。侈费，奢侈浪费。

⑦乖（guāi）：违背。

⑧甘脆芳鲜：甘脆（cuì），美味，佳肴。脆，通"脆"。芳鲜，味美新鲜。也指新鲜美味的食物。

⑨侯鲭（zhēng）：精美的荤菜。鲭，鱼和肉合烹而成的食物。

⑩灵：美好。

⑪鼎铭：鼎上铸刻的铭文。

四之蔬

古人称："早韭晚菘，山厨珍味①。"城中鬻蔬者，采摘非时，复为风日所损，真味漓矣②。自种一亩蔬，时其老稚而取之，含露负霜③，甘芳脆美④，诗人所谓"有道在葵藿"耶⑤。颂曰：

蔓青芦菔⑥，其甘如饴。美胜粱肉⑦，晚食益奇。菜根不厌，百事可为。

【注释】

①韭：韭菜。菘(sōng)：蔬菜名。通常称白菜。山厨：山野人家的厨房。珍味：珍奇贵重的食物。

②漓：同"离"。丧失。

③含露负霜：含露，带着露水。负霜，带霜。

④甘芳脆美：甘芳，甜美芳香。指美味。脆美，爽脆甘美。

⑤葵藿：指葵与藿。均为菜名。

⑥蔓青：即芜菁。植物名，又名蔓菁。块根肉质，花黄色。块根可做蔬菜。俗称"大头菜"。芦菔：即萝卜。

⑦粱肉：粱肉。泛指美食佳肴。粱，通"粱"。

五之脩

古称脯脩①，亦所以佐匕箸②。山雉泽凫③，鹿脯鱼鲞④，昔人往往见之篇什⑤，徂取一种可以侑食⑥，毋为侈靡奇巧。颂曰：

饱尝世味⑦，如彼鸡肋⑧。聊资醢脯⑨，以妥家食。炮炙肥甘⑩，腑胃之贼。

【注释】

①脯脩：干肉。

②匕箸(bǐ zhù)：指饮食。

③山雉：鸟名。俗称"野鸡"。泽凫(fú)：生长于水泽地区的野鸭。

④鹿脯：鹿肉干。鱼鲞(kǎo)：即鱼鲞。剖开晾干的鱼。

⑤篇什(shí)：《诗经》的"雅"和"颂"以十篇为一什，所以诗章又称"篇什"。

⑥徂(qū)：但。侑(yòu)食：劝食，侍奉尊长者进食。

⑦世味：人世滋味。

⑧鸡肋：比喻乏味但又舍不得丢弃的东西。谓食之无味，弃之可惜。
⑨醢脯：肉酱和干肉。
⑩炮炙：烧烤。肥甘：指肥美的食品。

六之菹①

盐豉寒菹②，古人所谓"旨畜以御冬也"③，以清脆甘芳为贵。食既而嚼，口吻爽隽④，为益多矣。颂曰：

甫里幽居⑤，爱赋杞菊⑥。红姜紫茄⑦，青笋黄独⑧。告我妇子，储备宜夙⑨。

【注释】

①菹(zū)：腌菜。
②盐豉(chǐ)寒菹：盐豉，食品名。即豆豉。用黄豆煮熟霉制而成。常用以调味。寒菹，泛指腌渍的菜蔬。
③旨畜：贮藏的美好食品。《诗经·邶风·谷风》："我有旨蓄。亦以御冬。"畜，通"蓄"。
④爽隽：肥美爽口，味道好。
⑤甫里：古地名。即今江苏吴县东南甪直镇。唐文学家陆龟蒙曾居此，自号甫里先生。
⑥杞菊：枸杞与菊花。其嫩芽、叶可食。菊或说为菊花菜，即茼蒿。唐陆龟蒙《杞菊赋》序："天随子宅荒，少墙屋，多隙地，著图书所前后皆树杞菊。夏苗恣肥日，得以采撷之，以供左右盃案。"
⑦姜：多年生草本植物。根茎肥大，呈不规则块状，灰白色或黄色，有辛辣味，是常用的调味品。茄：茄子。植物名。一年生草本植物。叶椭圆形，花紫色，果实为倒卵形或长圆形，色紫，亦浅绿色或白色，是普通的蔬菜。
⑧青笋黄独：青笋，新笋，春笋。黄独，植物名。蔡梦弼引别注云：黄独，岁饥土人掘以充粮，根唯一颗而色黄，故谓之黄独。
⑨夙：早。

七之羹

古人每饭，羹左食右，又曰："若作和羹，尔惟盐梅。"①羹之为用，宜备

五味②,以宣泄补益③,由来尚矣④。古人饭而以汤沃之,曰"飧"⑤,言取饱也。老者易于哽咽,于羹尤宜。颂曰:

新妇执馈⑥,爰作羹汤⑦。和以芍药⑧,椒芬馝香⑨。以代祝哽⑩,祗奉高堂⑪。

【注释】

①"若作"句:语出《书·说命下》。孔传:"盐,咸;梅,醋。羹须咸醋以和。"和羹,配以不同调味品而制成的羹汤。羹,用肉类或菜蔬等制成的带浓汁的食物。

②五味:指酸、甜、苦、辣、咸五种味道。

③宣泄:排放,疏通。补益:裨补助益。

④由来:自始以来。尚:久远。

⑤飧(sūn):用汤水泡饭,表示已吃饱。

⑥执馈:从事烹调。馈,烹调。

⑦爰作羹汤:爰,助词。无义。用在句首,起调节语气作用。羹汤,用肉菜等做成的汤。

⑧芍药:多年生草本植物。五月开花,花大而美丽,有紫红、粉红、白色等多种颜色,供观赏,根可入药。

⑨馝(bì):食物的香气。亦指芳香的食物。

⑩祝哽:系"祝哽祝噎"之省。古代帝王接养三老、五更,以示仁惠。当进餐时,使人在前后祝祷他们不要哽噎。

⑪祗奉高堂:敬奉父母。高堂,父母。

八之茗

食毕而茗,所以解荤腥,涤齿颊①,以通利肠胃也。茗以温醇为贵②。芥片③、武夷、六安三种最良,松萝近刻削④,非可常饮。石泉佳茗⑤,最是清福⑥。颂曰:

松风既鸣⑦,蟹眼将沸⑧。月团手烹⑨,以涤滞郁⑩。丹田紫关⑪,香气腾拂。

【注释】

①齿颊:牙齿和腮颊。

②温醇：淳朴敦厚。

③岕(jiè)片：即岕茶。产于浙江省长兴县境内的罗岕山，故名。为茶中上品。

④松萝：亦作"松罗"，茶名。因产于安徽省休宁县松萝山，故名。刻削：雕刻。这里指做工讲究。

⑤石泉：山石中的泉流。

⑥清福：清闲之福。

⑦松风：指茶。

⑧蟹眼：亦作"蟹眼"。茶的一种。

⑨月团：团茶的一种。

⑩滞郁：凝聚，凝结。

⑪丹田：人体部位名。道教称人体有三丹田：在两眉之间为上丹田，在心下者为中丹田，在脐下者为下丹田。

九之时

人所最重者,食也。食所最重者,时也①。山梁雌雉②,子曰:"时哉!时哉!"固有珍膳当前而困于酒食者③,失其"时"也。有葵藿而欣然一饱者,得其"时"也。樊笼之鸟,饲以稻粱,而羽毛铩敝;山豀之鸟,五步一饮,十步一啄,而飞鸣自得者,"时"与"不时"之异也。当饱而食,曰"非时";当饥而不食,曰"非时";适当其可谓之"时"。噫!难为名利中人言哉。颂曰:

晨起腹虚,载游樊圃④。容与花间,香生肺腑。思食而食,奚羡华膴⑤?

【注释】

①时:适时,合于时宜。
②山梁雌雉:语出《论语·乡党》:"山梁雌雉,时哉!时哉!"后遂以"山梁"借指雉。
③珍膳:珍贵的食物。
④载:通"再"。樊圃:有篱的园圃。
⑤华膴(wǔ):美衣丰食。

十之器

器以磁为宜①,但取精洁②,毋尚细巧③。磁太佳则脆薄,易于伤损,心反为其所役而无自适之趣矣④。予但取其中等者。颂曰:

绳床栲几⑤,净埽无尘⑥。花磁莹润⑦,参伍以陈⑧。陋彼金玉⑨,萦扰心神⑩。

【注释】

①磁:指瓷器。磁,同"瓷"。
②精洁:精致洁净。
③细巧:细致精巧。
④役:使被吸引而不由自主。引申指牵缠,羁束。

⑤绳床棐(fěi)几:绳床,一种可以折叠的轻便坐具。以板为之,并用绳穿织而成。棐几,用棐木做的几桌,亦泛指几桌。

⑥净埽:埽,古通"扫"。打扫干净。

⑦莹润:晶莹润泽。

⑧参伍:参,通"三"。伍,通"五"。或三或五,指变化不定的数。

⑨陋:轻视。金玉:黄金与珠玉。珍宝的通称。

⑩萦扰:纠缠搅扰。

十一之地

吁,食岂易言哉!冬则温密之室,焚名香,然兽炭①;春则柳堂花榭;夏则或临水,或依竹,或荫乔林之阴,或坐片石之上;秋则晴窗高阁②,皆所以顺四时之序。又必远尘埃,避风日,帘幙当施③,则围坐斗室;轩窗当启④,则远见林壑。斯餐香饮翠,可以助吾藜藿鸡黍之趣⑤,故曰:"食岂易言哉!"颂曰:

食以养生,以畅为福。相彼阴阳,时其凉燠⑥。以适我情,以果我腹。

【注释】

①然(rán):燃烧。《墨子·备穴》:"以须炉火之然也。"后来写作"燃"。兽炭:做成兽形的炭。亦泛指炭或炭火。唐张南史《雪》诗:"千门万户皆静,兽炭皮裘自热。"

②晴窗高阁:晴窗,明亮的窗户。高阁,高大的楼阁。

③帘幙:用于门窗处的帘子与帷幕。

④轩窗:窗户。

⑤藜藿:泛指粗劣的饭菜。鸡黍:指饷客的饭菜。

⑥凉燠(yù):凉热。指冷暖,寒暑。

十二之侣

独酌太寂①,群餐太嚣。虽然非其人则移床远客,不如其寂也!或良友同餐,或妻子共食,但取三四人,毋多而嚣。颂曰:

肃然以敬,雍然以和。不淫不佟②,不烦不苟③。式饮式食④,受福孔多⑤。

【注释】

①独酌:独饮。

②不淫不佟:不淫,不乱。不佟,不浮夸。

③不烦不苟:不烦,不急躁。不苟,不随便。

④式:句首语气词。

⑤孔多:很多。

澄怀园语

【自序】

先公诗文集外①,杂著内有《聪训斋语》二卷以示子孙,廷玉终身诵之。雍正戊申、己酉间②,扈从西郊③,蒙恩赐居"澄怀园"④,五侄筠随往⑤,课两儿读书。予退直之暇⑥,谈论所及⑦,侄逐日纪录,得数十条,曰:"此可继《聪训斋语》,曰《澄怀园语》也。"予闻之,惭恧不胜⑧,而又不欲违其请,第裒集有限⑨,未为完书。自是厥后⑩,凡意念之所及⑪、耳目之所经与典籍之所载⑫,可以裨益问学⑬,扩充识见者,辄取片纸书之⑭,纳敝箧中。而日用纤细之事亦附及焉。十数年,日积月累,合之遂得二百五十余条,因厘为四卷⑮。不分门类,但就日月之先后以为次序,命曰《澄怀园语》,从侄筠之请也。

窃念通籍而后牵于官守⑯,职务繁多,比年精力惫顿⑰,常有意所欲书而倏忽遗忘者⑱,不可胜数。且自知学识短浅,文辞拙陋⑲,较之《聪训斋语》,不啻霄壤⑳。又随手掇拾㉑,本无所爱惜,不过藏之家塾,俾子孙辈读之㉒,知我立身行己㉔、处心积虑之大端云尔㉕。然有能观感兴起者㉖,是则是效㉗,不视为纸上空谈,未必无所裨补㉘,或不负老人承先启后之意也夫㉙!

乾隆丙寅冬十月澄怀居士张廷玉谡㉚。

【注释】

①先公:指其父张英。
②雍正戊申、己酉:即1728年、1729年。
③扈从:指随驾护从。扈(hù),侍从。

④澄怀园：雍正三年(1725)，张廷玉五十四岁时，忆起康熙五十二年(1713)扈从塞外，康熙皇帝御书"澄怀"二字以赐。以此名园。所居之地"碧水涟漪，不染尘滓"，张廷玉于是以"澄怀园"作为自己京城居所的园名。《宸垣识略》："'澄怀园'在海淀，为大学士张廷玉赐园。"

⑤五侄筠：即张筠(1693—1766)，字渭南，号瓯舫，雍正十年(1732)中举人。乾隆二年(1737)，授内阁中书。乾隆十七年(1752)，升内阁典籍。

⑥退直：亦作"退值"。这里指退朝。

⑦谈论：谈说议论。

⑧惭恧(—nù)：惭愧。

⑨第：只是。裒(póu)集：辑集。

⑩厥：助词。之。

⑪意念：思虑。

⑫典籍：这里泛指古今图书。

⑬裨(bì)益：补益。问学：犹学问。

⑭辄(zhé)：立即，就。

⑮厘：整理。

⑯通籍：古时指把官吏姓名、身份等登记在宫门外，以便出入时核查。后指初次做官，朝中有了名籍。牵于官守：牵，牵累。官守，官位职守，官吏的职责。

⑰比年：近年。惫顿：疲乏，困顿。

⑱倏(shū)忽：很快地。

⑲拙陋：浅陋。

⑳不啻(chì)：无异于，如同。霄壤：本指天和地，这里指相去极远，差别很大。

㉑掇拾：拾取。

㉒家塾：旧时请老师到家里教授自己子弟的私塾。

㉓俾(bǐ)：使。

㉔立身行己：指处世为人，立身行事。

㉕处心积虑：千方百计地盘算。

㉖观感兴起：观感，观看而引起感动。兴起，因感动而奋起。

㉗是则是效：以之为准则，以之为仿效。

㉘裨补：增加补益。

㉙老人：年老长辈的自称。这里是张廷玉自称。

㉚乾隆丙寅：即乾隆十一年，1746年。譔(zhuàn)：同"撰"。撰录，撰述。

【卷一】

心之安危

凡人得一爱重之物,必思置之善地以保护之。至于心,乃吾身之至宝也①。一念善②,是即置之安处矣③;一念恶,是即置之危地矣。奈何以吾身之至宝,使之舍安而就危乎?亦弗思之甚矣!

一语而干天地之和④,一事而折生平之福⑤。当时时留心体察,不可于细微处忽之。

【注释】

①至宝:最珍贵的宝物。
②念:念头,想法。
③安处:平安之处。
④干:冲犯。
⑤折:减损。

穷通得失,天命既定

昔我乂端公①,时时以"知命"之学训子孙②。晏闲之时③,则诵《论语》,曰"不知命,无以为君子也"。盖穷通得失④,天命既定,人岂能违?彼营营扰扰⑤,趋利避害者,徒劳心力,坏品行耳,究何能增减毫末哉!先兄宫詹公⑥,习闻庭训⑦,是以主试山左⑧,即以"不知命"一节为题。惜乎!能觉悟之人少也。

【注释】

①文端公：指其父张英。张英谥文端。
②知命：谓懂得事物生灭变化都由天命决定的道理。
③晏闲：安闲。引申为闲居。晏，同"宴"。
④穷通：困厄与显达。
⑤营营扰扰：营营，往来不绝的样子。扰扰，纷乱的样子。意谓人整天为趋利避害而奔波不止。
⑥先兄：已死的兄长。宫詹公：宫詹，官名，即太子詹事，属东宫詹事府。张廷瓒，字卣臣，号随斋，张英长子。康熙十八年(1679)进士，由编修累官至少詹事。
⑦庭训：父亲的教诲，也泛指家教。
⑧山左：特指山东省，因在太行山之左(东)，故称。据《桐城耆旧传》载：张廷瓒于康熙二十六年(1687)典试山东，所选拔者皆宿学士。

宽处山东盗案

康熙庚子冬①，山东贩盐奸民，聚众劫掠村庄。渠魁六七人②，各率匪类数百人，昼夜横行，南北道路，几至阻隔。又有青州生员鞠士林者③，倡率邪教④，招集亡命，肆行不法⑤。巡抚总兵官竭力捕治⑥，擒获一百五十余人。时余为刑部侍郎⑦，圣祖仁皇帝命同都统陶赖⑧、学士登德前往济南⑨，会同该抚镇严行审讯。并谕曰："伊等俱系妄称伪将军名号，谋为不轨之人，若照例由部科覆奏请旨⑩，则致迟误，又恐别生事端。尔等可审讯明确，其应正法者⑪，即在济宁正法；应发遣者⑫，带至京师发遣。⑬"余奉命惴惴⑭，深以不称任使为惧⑮，且同事二公，皆属初交，恐有意见参差、猜疑掣肘之患⑯。途中偕行，以诚信相与⑰，颇无间言⑱。抵东之日，昼夜检阅卷案，廉得其概⑲。因于大庭广众，谓同事诸公曰："此盗案，非叛案也⑳！"诸公皆曰："若何？"余曰："伊等口供内有仁义王、无敌将军之称，又有义勇王、飞腿将军之称。观'飞腿'二字，不过市井混名耳㉑！凡所谓伪号者，皆道路讹传，不足深究矣！"诸公皆曰："然。"已而一一研诘㉒，作盗案归结。即时正法者七人，发遣者三十五人，割断脚筋者十八人，因残废疾病而免罪者七十二人，审系无干㉒，即行释放者二十五人。先是盗首供某名下有四百人，某名下有五百人，合讯之，已不下二千余人之众。因思罪在首恶，若将胁从附和之辈一概株连㉔，非所以仰体皇仁也㉕。于是止就臬司械送之一百五十余人审讯归结㉖，外此，未曾拘拿一人。即到案众犯中，有供系某姓佃户者，有供系某姓家人者，有供系某乡绅富户家佣工，或赁居房屋者㉗，亦概不究问㉘。至于失察、疏纵之罪㉙，通省文武官，自抚、镇至典史㉚、千把总㉛，无一人得免者。因录其捕贼之功，予以免议，亦体圣主宽大之盛心也㉜。此案谳狱将定㉝，本地文武官进而言曰："公等如此治狱㉞，宽则宽矣！第若辈党羽甚众㉟，未到案者，尚有数千人，若不加以严惩，使之畏惧，公等还朝后，仍复蠢动㊱，恐有经理不善之咎㊲，奈何？"余笑曰："我等但知宣布皇上如天好生、罪疑惟轻之至德㊳。若为地方有司思患豫防㊴，草菅民命㊵，甚非鞫狱初意㊶。且以用法宽而得咎，恐无此天理，诸公不必为余过虑。"既而余回京，后访察山左情形，知匪党渐次解散，并无萑苻之警㊷。盖圣主德化之感人㊸，而治狱之不宜刻核也如此㊹。大凡乌合之众，必有一二巨恶为之倡率，果能歼厥渠魁㊺，则胁从者，皆可使之革面革心㊻，不必以多杀为防患之计也。此案爰书定自余手㊼，愿举以告天下之治狱者。

【注释】

①康熙庚子：康熙五十九年（1720）。

②渠魁：大头目，首领。《书·胤征》："歼厥渠魁，胁从罔治。"孔传："渠，大。魁，帅也。"后因谓贼之首领为渠魁。

③青州：府名。明初改益都路置。治所在益都。清辖境较唐州境少，辖今潍坊市、潍县、昌邑等县地，增辖今诸城、安丘、五莲等县地。生员：国学及州、县学在学学生。后指经本省各级考试取入府、州、县学学习者，通称"秀才"。

④倡率：率先从事、引导。

⑤肆行：任意横行。

⑥巡抚：官名。清沿明制，巡抚为省级地方长官，总揽一省军事、吏治、刑狱、民政等。总兵：官名。清沿明制，在各省置总兵，掌一镇军政，统辖本标官兵，位在提督之下，分防等事，

皆听提督。故总兵俗称"总镇""镇台"。捕治:逮捕治罪。

⑦侍郎:古代官名。明清两代是政府各部的副长官,地位次于尚书。

⑧圣祖仁皇帝:即康熙皇帝。都统:官名。清朝末年定武官九等,一是正都统,二是副都统,三是协都统。不设将军的地区,都统就是该地区的最高行政长官。

⑨学士:官名。魏晋六朝时,征文学人士,掌典礼、编辑、撰述等事,通称学士。清代内阁有学士,掌敷奏;大学士,掌钧国政,赞诏命,议大礼大政。

⑩部科:清代中央机关有六部。部下以工作性质不同设若干科。覆奏:查核上奏。

⑪正法:特指执行死刑。

⑫发遣:流放。

⑬京师:《诗经·大雅·公刘》:"京师之野,于时处处。"马瑞辰通释:"京为豳国之地名……吴斗南曰:'京者,地名;师者,都邑之称,如洛邑亦称洛师之类。'其说是也。""京师"之称始此。后世因以泛称国都。

⑭惴惴:忧惧戒慎貌。

⑮任使:差遣,委用。

⑯参差:不一致。猜疑:怀疑,起疑心;对人对事不放心。掣肘:拉住胳膊,比喻牵制或干扰别人做事。

⑰相与:相处。

⑱间言:有分歧、有隔阂的话,异议。

⑲廉:少。

⑳盗案:盗劫之案,以抢掠钱财为目的的案件。叛案:叛逆之案,以背叛朝廷、推翻政府为目的的案件。

㉑市井:指城市中流俗之人。混名:绰号。

㉒研诘:深入盘问。

㉓无干:无干系,没有牵连。

㉔株连:谓一人有罪而牵连多人。

㉕仰体:谓体察上情。皇仁:皇帝的仁德。

㉖臬(niè)司:宋代提点刑狱司简称臬司。明清为按察使之别称。

㉗赁居:谓租用房屋居住。

㉘究问:追究查问。

㉙失察:疏于督察。清制,属吏有罪,上官未及发觉者,例得失察处分。疏纵:纵容,不加约束。

㉚抚:官名。巡抚的简称。镇:清代总兵的别称。一镇为一万二千人,由总兵统辖,故称总兵为"镇"。典史:官名。始于元代,明清沿置。为知县的属官,职掌公文出纳。清代又以

典史主县署的监狱和缉捕,故称典史为"县尉",未入流,其办事机构称"捕厅"。

㉛千把总:指千总和把总。千总:官名,清代各省提督属官有千总,位在把总上。步兵营九门提督属下有门千总。把总:官名。低级武官。始设于明朝。位次于千总。清代定为正七品,其下有"外委把总",简称"外委"。

㉜盛心:深厚美好的情意。

㉝谳(yàn)狱:审理诉讼。

㉞治狱:审理案件。

㉟第:但。若辈:这些人,这等人。

㊱蠢动:指坏人进行活动。

㊲经理:治理。

㊳"罪疑惟轻":语出《书·大禹谟》:"罪疑惟轻,功疑惟重。"好生:爱惜生灵,不嗜杀。至德:盛德。

㊴有司:官吏。古代设官分职,各有专司,故称。豫防:谓事先防备。《易·既济》:"君子以思患而豫防之。"

㊵草菅民命:视民命如草芥而任意残害。

㊶鞫(jū)狱:审理案件。

㊷萑(huán)苻:指盗贼。

㊸德化:谓以德行感化。

㊹刻核:苛刻。

㊺歼厥渠魁:语出《书·胤征》:"歼厥渠魁,胁从罔治。"谓灭杀其主要首领,胁从者不治罪。

㊻革面革心:比喻彻底悔改。

㊼爰(yuán)书:古代记录囚犯供词的文书。后用以指判决书。

多言不吉

《周易》曰："吉人之辞寡。"①可见多言之人，即为不吉，不吉，则凶矣。趋吉避凶之道，只在矢口间②。朱子云："祸从口出③。"此言与《周易》相表里④。黄山谷曰⑤："万言万当，不如一默。"⑥当终身诵之。

一言一动，常思有益于人，惟恐有损于人。不惟积德，亦是福相。

【注释】

①语见《易·系辞下》。吉人：善良的人，亦指有福之人。
②矢口：犹开口、随口。常表示不用思索或敏捷。
③《朱子语类》卷七一："谚有'祸从口出，病从口入'，甚好。"后多用以强调言语必须谨慎。
④表里：谓补充。
⑤黄山谷：即黄庭坚，字鲁直，号涪翁。宋代文学家、诗人。与苏轼并称"苏黄"。游潜皖山山谷寺石牛洞，乐其泉石之胜，因自号山谷道人。
⑥"万言"句：即使说一万句都正确，也不如沉默寡言好。

座右联语

文端公对联曰①："万类相感以诚，造物最忌者巧。"②又曰："保家莫如择友，求名莫如读书。"姚端恪公对联曰③："常觉胸中生意满，须知世上苦人多。"又《虚直斋日记》曰④："我心有不快而以戾气加人⑤，可乎？我事有未暇，而以缓人之急⑥，可乎？"均当奉为座右铭。

【注释】

①文端公：指张廷玉的父亲张英。
②相感：相互感应。造物：这里是"造物者"的省称，指创造万物的神。
③姚端恪公：即姚文然。见本书第22页注①。姚文然任刑部尚书时，书悬此联于刑部壁间，以自警，至光绪时犹存。
④《虚直斋日记》：应为《虚直轩日记》。清姚文然撰。
⑤戾气：邪恶之气。加，《姚端恪公外集》卷十六《虚直轩日记摘抄》作"迎"。
⑥未暇：谓没有时间顾及。"之"后，《姚端恪公外集》卷十六《虚直轩日记摘抄》有"所"字。

天下之道，宽则能容

向日读书设小几①，笔砚纵横，卷帙堆积②，不免跼蹐之苦③；及易一大几，则位置绰有余地，甚觉适意④。可知天下之道：宽则能容，能容则物安，而己亦适。虽然，宽之道亦难言矣！天下岂无有用宽而养奸贻患者乎⑤？大抵内宽而外严，则庶几矣⑥！

【注释】

①向日：往日。
②卷帙(zhì)：书籍。帙，书画的封套，用布帛制成。
③跼蹐(jú jí)：形容因地方狭小而行为困顿窘迫。跼，曲身弯腰。蹐，小步行路。
④适意：愉快满意。
⑤养奸贻患：谓纵容奸邪，留下祸害。
⑥庶几：差不多。

庸医与命

凡人病殁之后，其子孙家人，往往以为庸医误投方药之所致①，甚至有衔恨终身者②。余尝笑曰："何其视我命太轻，而视医者之权太重若此耶！"庸医用药差误③，不过使病体缠绵④，多延时日，不能速痊耳。若病至不起，是前数已定⑤，虽卢扁岂能为功⑥？乃归咎于庸医用药之不善，不亦冤哉！

【注释】

①方药：处方和药物。
②衔恨：怀恨。
③差误：错误，差错。
④缠绵：谓病久不愈。
⑤前数(shù)：迷信谓前生命定。

⑥卢扁：即古代名医扁鹊。因家于卢国（今山东省济南长清区一带），故又名"卢扁""卢医"。医道精湛，擅长各科，名闻天下。

避灾免祸之道

雍正八年八月①，京师地动，儿辈恐惧忧煎②，觉宇宙间无可置身处。余谓之曰："天变当惧，理所宜然。惟是北方陆居之地震与南方舟行之风涛，皆出于不及觉，何从预知而逃避之？尔等惟有慎持此心：若果终身不曾行一恶事，不曾存一恶念，可以对衾影即可以对神明③，断无有上天谴罚而加以奇殃者④。方寸之间，我可自主，以此为避灾免祸之道，最易为力。"

【注释】

①雍正八年：即1730年。

②忧煎：忧愁到极点。

③衾影：语出北齐刘昼《新论·慎独》："独立不惭影，独寝不愧衾。"后来指没有做亏心事。神明：天地间一切神灵的总称。

④谴罚：谴责惩罚。

不必过于算计

世之有心计者①，每行一事，必思算无遗策②。夫使犹有遗策，则多算何为？不过招刻核之名③，致众人怨恨而已。若果算无遗策，则上犯造物之怒，其为不祥莫大焉！

【注释】

①心计：心数、计谋。

②算无遗策：谓谋划周密，从不失误。遗策，失策。

③刻核：苛刻。

宜以义命自安

凡事当极不好处,宜向好处想;当极好处,宜向不好处想。

人生荣辱进退,皆有一定之数,宜以义命自安①。余承乏纶扉②,兼掌铨部③,常见上所欲用之人,及至将用时,或罹参罚④,或病或故,竟不果用⑤。又常见上所不欲用之人,或因一言荐举而用,或因一时乏材而用。其得失升沉,虽君上且不能主,况其下焉者乎?乃知君相造命之说⑥,大不其然。

【注释】

①义命:指天命。
②承乏:继承空缺的职位。多用作任官的谦词。纶扉,犹内阁。明清时称宰辅所在之处为"纶扉"。
③铨部:主管选拔官吏的部门。历代吏部职掌官吏铨选,故常以"铨部"指吏部。
④罹(lí):遭遇。参罚:弹劾与惩罚。
⑤不果:没有成为事实。
⑥君相造命:君相,国君与国相。造命,掌管命运。

为善以端品行

为善,所以端品行也①。谓为善必获福,则亦尽有不获福者。譬如文字好则中式②,世亦岂无好文而不中者耶?但不可因好文不中,而遂不作好文耳!

制行愈高③,品望愈重④,则人之伺之益密,而论之亦愈深,防检稍疏则身名俱损⑤。昔闻人言:有一老僧,道力甚坚⑥,精勤不怠⑦。上帝使神人察之曰:"其勤如初,则可度世⑧;苟不如前,则诈伪欺世之人⑨,可击杀之。"神伺之久,不得间⑩。一日,僧如厕,就河水欲盥手⑪。神曰:"余得间矣。"将下击,僧忽念曰:"此水人所饮食也,奈何以手污之。"因以口就水,吸而涤手。神于是出拜曰:"子之心坚矣,吾无以伺子矣⑫!"向使不转念⑬,则神鞭一击,不且前功尽弃耶!语虽不经⑭,亦可借以自警。

【注释】

①品行:人品德行。
②中式:指科举考试被录取。
③制行:此指德行。
④品望:品德和声望。
⑤防检:防范和检束。
⑥道力:教徒修行的功夫。
⑦精勤:专心勤勉。
⑧度世:犹出世。谓超脱尘世为仙。
⑨诈伪:巧诈虚伪。
⑩间:这里指空子,可乘的机会。
⑪盥(guàn)手:洗手。
⑫无以:谓没有什么可以拿来,无从。伺:窥探。
⑬向使:假使,如果。
⑭不经:缺乏依据。

公尔忘私,国尔忘家

余近来事务益繁,虽眠餐俱不以时,何暇复问家务?乃知古人所称"公尔忘私,国尔忘家"者①,非有意忘之也,亦其势不得不忘耳!况受恩愈深,职任愈重,即本无私心,而识浅才疏②,尚恐经理之未当③。若再存私意于胸中,是乃有心之过④,岂不得罪于鬼神哉!

【注释】

①"公尔忘私"句:谓一心为公而忘却私事,一心为国而忘却其家。语出汉贾谊《陈政事疏》:"故化成俗定,则为人臣者,主耳忘身,国耳忘家,公耳忘私。"
②识浅才疏:见识短浅,才学浅薄。多作谦词。
③经理:犹处理。
④有心之过:此指有意犯下的错误。

公正自矢

　　大臣率属之道①：非但以我约束人，正须以人约束我。我有私意，人即从而效之，又加甚焉。如我方欲饮茶，则下属即欲饮酒；我方欲饮酒，则下属即欲肆筵设席矣②。惟有公正自矢③，方不为下人所窥④。一为所窥，则下僚无所忌惮⑤，尚望其遵我法度哉？

【注释】

　　①率属：统领僚属。
　　②肆筵设席：布置宴会、设置酒席。
　　③自矢：犹自誓。立志不移。
　　④下人：下属。窥（kuī）：看透，觉察。
　　⑤下僚：下属。忌惮：顾忌畏惧。

事贵慎密

凡事贵慎密①,而国家之事尤不当轻向人言。观古人不言"温室树"可见②。总之,真神仙必不说上界事,其轻言祸福者,皆师巫邪术③,惑世欺人之辈耳④!

【注释】

①慎密:谨慎保密。
②温室树:《汉书·孙光传》:"光周密谨慎,未尝有过。沐日归休,兄弟妻子燕语,终不及朝省政事。或问光:'温室省中树何木也?'光嘿不应。"后以"温室树"泛指宫廷中的花木,亦借指宫禁中的事。
③师巫:巫师。
④惑世:迷惑世人。

忠厚仁慈福无穷

"入宫见妒","入门见嫉"①,犹云同居共事则猜忌易生也。至于与我不相干涉之人,闻其有如意之事,而中心怅怅②;闻有不如意之事,而喜谈乐道之,此皆忌心为之也。余观天下之人,坐此病者甚多③。时时省察防闲④,恐蹈此薄福之相⑤。惟我两先人⑥,忠厚仁慈出于天性。每闻人忧戚患难之事,即愀然不快于心⑦,只此一念,便为人情之所难,而贻子孙之福于无穷矣。

【注释】

①"入宫见妒","入门见嫉":两句为被动句。见妒、见嫉:被妒忌。汉邹阳《狱中上书自明》:"故女无美恶,入宫见妒;士无贤不肖,入朝见嫉。"
②怅怅:失意不快貌。
③坐:犹犯。
④防:堤也,用于制水。闲:圈栏也,用于制兽。防闲:指防备和禁阻。
⑤蹈(dǎo):踏上。
⑥两先人:指自己(张廷玉)的父母。
⑦愀(qiǎo)然:忧愁貌。此谓悲伤。

"盛满"当谨慎

古人以"盛满"为戒①。《尚书》曰:"世禄之家,鲜克由礼。"②盖席丰履厚③,其心易于放逸④,而又无端人正士⑤、严师益友为之督责匡救⑥,无怪乎流而不返也⑦。譬如一器贮水盈满,虽置之安稳之地,尚虑有倾溢之患;若置之欹侧之地⑧,又从而摇撼之,不但水至倾覆,即器亦不可保矣。处"盛满"而不知谨慎者,何以异是?

【注释】

①盛满:盛极,满盈。
②"世禄"句:语出《尚书·毕命》。意谓:世代享有爵禄之家,很少能够遵循礼教。世禄:古代有世禄之制,贵族世代享有爵禄。鲜,少。克,能。由礼,遵循礼教。
③席丰履厚:形容家产丰厚,生活非常优裕。
④放逸:放纵逸乐。
⑤端人正士:品德端庄、行为正直的人士。
⑥督责匡救:督察责罚,匡正补救。
⑦流而不返:放纵而不愿回头。
⑧欹(qī)侧:倾斜。

静之时义大

吾人进德修业①,未有不静而能有成者。《太极图说》②曰:"圣人定之以中正仁义而主静。"《大学》曰:"静而后能安,安而后能虑。"③且不独学问之道为然也,历观天下享遐龄④、膺厚福之人⑤,未有不静者,静之时义大矣哉⑥!

【注释】

①进德修业:谓增进道德与建立功业。
②《太极图说》:宋代哲学著作。北宋周敦颐作。根据道士陈抟的修炼图,周敦颐加以改制,把它说成宇宙发生的基本图式,本文是对所绘太极图的说明。《太极图说》全文250余字,阐述精神性实体太极(即无极)产生阴阳,阴阳产生五行,五行产生万物的过程。后朱熹

加以发挥,使之成为宋明理学的理论基础。

③《大学》:书名。本为儒家经典《礼记》中篇名,传为孔子学生曾子所作。南宋朱熹认为其中"经"部分是"孔子之言而曾子述之","传"部分是"曾子之意而门人记之";将它与《论语》《孟子》《中庸》合并作注,代表由孔子经过曾参、子思传到孟子这一儒家道统。这句话的意思是:心不妄动则能安于所处,安于所处就能周到地思考谋划。

④遐龄:高寿。

⑤膺:承受。厚福:多福,大福。

⑥时义:犹现实意义。

心之真乐

人生乐事,如宫室之美,妻妾之奉①,服饰之鲜华②,饮馔之丰洁③,声技之靡丽④,其为适意皆在外者也,而心之乐不乐不与焉⑤。惟有安分循理⑥,不愧不怍⑦,梦魂恬适⑧,神气安闲⑨,斯为吾心之真乐。彼富贵之人,穷奢极欲⑩,而心常戚戚⑪、日夕忧虞者⑫,吾不知其乐果何在也?

【注释】

①"宫室"句:语出《孟子·告子上》。美,华美。奉,侍奉。

②鲜华:鲜艳华丽。

③饮馔:饮食。馔(zhuàn),食物,菜肴。丰洁:丰盛洁净。

④声技:指歌舞等技艺。靡丽:精美华丽。

⑤不与焉:不在其中。

⑥安分循理:安守本分,遵循规律。

⑦不愧不怍:形容做事光明磊落,问心无愧。《孟子·尽心上》:"仰不愧于天,俯不怍于人。"

⑧梦魂恬适:睡梦中的魂灵也能安静舒适。古人以为人的灵魂在睡梦中会离开肉体,故称"梦魂"。

⑨神气安闲:神情气态,安逸闲适。

⑩穷奢极欲:形容极端奢侈,尽情享受。

⑪戚戚:忧惧貌。

⑫忧虞:忧虑。

时时慎疾

余自幼体羸弱多疾①,精神减少,步行里许,辄困惫不能支②。两先人时以为忧。余因此谨疾益力③,慎起居,节饮食,时时儆惕。至二十九岁通籍后④,气体稍壮。三十二岁,蒙圣祖仁皇帝召入南书房,辰入戌出⑤,岁无虚日。塞外扈从凡十一次⑥,夏则避暑热河⑦,秋则随猎于边塞辽阔之地,乘马奔驰,饮食多不以时,而不觉其劳。犹记丁亥秋⑧,圣祖仁皇帝以外蕃诸君长望幸心切⑨,车驾远临,遍历蒙古诸部落。穷边绝漠⑩,余皆珥笔以从⑪,计一百余日不离鞍马,而此身勉强支持,不至委顿⑫。及世宗宪皇帝即位⑬,叨荷殊恩⑭,委任綦重⑮。雍正五六年以后,以大学士兼管吏部、户部尚书,翰林院掌院学士,皆极繁要重大之职,兼以晨夕内直⑯,宣召不时⑰,昼日三接⑱,习以为常。而西北两路,军兴旁午⑲,遵奉密谕,筹划经理,羽书四出⑳,刻不容缓。每至朝房或公署听事㉑,则诸曹司及书吏抱案牍于旁者㉒,常百数十人,环立更进㉓,以待裁决㉔。坐肩舆中㉕,仍披览文书。入紫禁城乘马㉖,吏人辄随行于后,即以应行应止者告之。总裁史馆书局㉗,凡十有余处,纂修诸公,时以所疑相质问㉘,亦大费斟酌,不敢草率。每薄暮抵寓,燃双烛以完本日未竟之事,并办次日应奏之事。盛暑之夜,亦必至二鼓始就寝㉙,或从枕上思及某事某稿未妥,即披衣起,亲自改正,于黎明时,付书记缮录以进㉚。每蒙圣慈洞察㉛,垂悯再三㉜,因谕曰:"尔事务繁多至此,一日所办竟至成帙,在他人十日尚未能也,恐尔眠食之时俱少矣!嗣后切宜爱惜,精神勿过劳,以负朕念。"圣恩如此,益不敢不努力图报于万一。窃思五十岁以后之情形㉝,与三十岁以前迥乎不同㉞。此皆仰赖天地祖宗之默佑㉟,而戒谨恐惧㊱、时时慎疾之一念,亦未尝无功焉!

【注释】

①羸(léi)弱:瘦弱。

②困惫:困乏疲倦。

③谨疾益力:谓慎重对待疾病以增强体质。

④通籍:谓记名于门籍,可以进出宫门。

⑤"辰入"句:每天早上辰时上朝,直到晚上戌时退朝,一年没有一天空闲的日子。这里极言公务繁忙。辰、戌均为十二时辰之一,分别为早上7时至9时,下午19时至21时。

⑥扈从:随从皇帝出巡。

⑦热河:厅名。清康熙四十二年(1703)建避暑山庄于热河西岸,此后皇帝经常至此避暑。康熙五十二年(1713)筑城,雍正元年(1723)置厅。治所在今河北承德市。乾隆四十三年(1778)改置承德府。

⑧丁亥秋:即康熙四十六年(1707)秋天。

⑨圣祖仁皇帝:指清圣祖爱新觉罗·玄烨。外藩:诸属国。望幸:谓臣民、妃嫔希望皇帝临幸。

⑩穷边绝漠:荒僻的边远地区,极远的沙漠地带。

⑪珥(ěr)笔:古代史官、谏官上朝,常插笔冠侧,以便记录,谓之"珥笔"。珥,插。

⑫委顿:疲倦乏力,没有精神。

⑬世宗宪皇帝:即清世宗胤禛。年号为雍正。在位13年。

⑭叨(tāo):表示承受之意。常用作谦词。殊恩:特别恩宠。常指帝王的恩宠。

⑮綦(qí):极,很。

⑯内直:在宫内值勤。

⑰宣召:谓帝王召见臣下。

⑱昼日三接:一日之间三次接见。形容深受宠爱礼遇。

⑲军兴旁午:军兴,军事行动的开始。旁午,交错纷繁。这里指战争不断。

⑳羽书:古代插上鸟羽的军事文书,表示紧急,必须迅速传递。

㉑朝房:大臣上朝时等待朝见的地方。公署听事:公署,旧指公务人员的办公处所。听事,厅堂。官府治事之所。听,通"厅"。

㉒曹司:吏目。书吏:承办文书的吏员。案牍:官府文书。

㉓环立:立于四周。更:轮流。

㉔裁决:经过考虑,作出决定。

㉕肩舆:轿子一类的代步工具。

㉖紫禁城:指北京市内城中央的故宫城区。建于明代。城内即明清两代皇帝的宫殿。

㉗总裁:官职名。明清中央编纂机构的主管官员。史馆:官修史书的官署名。北齐时设立,唐太宗时始由宰相兼领,以后沿为定制。书局:官府编书的机构。

㉘质问:询问以正其是非。

㉙二鼓:二更天。

㉚书记：从事公文、书信工作的人员。亦专指担任抄写工作的人员。缮录：誊写。

㉛圣慈：圣明慈祥。对皇帝或皇太后的谀称，这里指皇帝。

㉜垂悯：赐予怜悯。

㉝窃思：私下思忖，暗想。

㉞迥乎不同：谓差别很大，完全不同。

㉟默佑：暗中保佑。

㊱戒谨：小心谨慎。

耳目亦随血气盛衰

凡人耳目听睹，大率相同①。若能神闲气静②，则觉有异人处。雍正癸卯、甲辰间③，予与高安朱文端公两主会试④，每坐衡鉴堂阅文⑤，予伏案握管⑥，未尝停批，而四座同考官彼此互相谈论⑦，或开龙门时⑧，外场御史向内帘御史通问讯⑨，予皆闻之，向朱公一一叙述。朱公曰："古称有五官并用者，予未遇其人，今于君见之矣！"予曰："公言太过，予何敢当，此不过偶然耳。"今年逾六十，迥不如前⑩，可知耳目之用，亦随血气为盛衰也！

【注释】

①大率（shuài）：大抵。

②神闲气静：神气悠闲安静。

③雍正癸卯、甲辰间：即雍正元年、二年（1723、1724）。

④高安：今江西省高安市。朱文端公：即朱轼，清高安人。字若瞻，一字可亭。康熙进士。知潜江县，有惠政，行取授刑部主事。累官文华殿大学士兼吏部尚书。卒谥文端。

⑤衡鉴堂：科举考试考官所居厅堂名"衡鉴堂"。取公平清明之义。

⑥握管：执笔。谓书写或作文。

⑦同考官：官名。元明清皆有。清代同考官，位在正副主考官之下，负责分房阅卷。会试、乡试都有。

⑧龙门：科举考场的正门。

⑨外场：清制武举会试分内场、外场。外场试武艺，内场试武经。御史：官名。春秋战国时期列国皆有御史，为国君亲近之职，掌文书及记事。汉以后，御史职衔累有变化，职责则专

司纠弹,而文书记事乃归太史掌管。内帘:古代科举考试,在乡试和会试时,为防舞弊,试官在帘内阅卷,阅毕才允许撤帘回家,故称试官为"内帘"。问讯:打听。

⑩迥:形容差别很大。

文端公谨俭

余近蒙圣恩,赐以广厦名园①,深愧过分。昔文端公官宗伯时②,屋止数楹。其后洊登台辅③,数十年不易一椽,不增一瓦,曰:"安敢为久远计耶!"其谨如此,其俭如此,其刻刻求退如此④。我后人岂可不知此意,而犹存见少之思耶⑤!

【注释】

①广厦名园:雍正三年(1725)赐西安门外宅第给张廷玉,张廷玉以康熙五十二年(1713)康熙帝赐御书"澄怀"二字作为园名。

②文端公:指其父张英。英卒谥文端。宗伯:官名。掌邦礼,佐王和邦国。周置。秦称奉常,汉景帝时更名太常。后代改称礼部,故称礼部尚书为大宗伯,礼部侍郎为小宗伯。张英曾任礼部侍郎、尚书职,故称。

③洊登(jiàn—):举拔。台辅:三公宰辅之位。

④刻刻:时时刻刻。求退:准备引退。

⑤见少:觉得少。

谨言慎行求乐境

大聪明人当困心衡虑之后①,自然识见倍增,谨之又谨,慎之又慎。与其于放言高论中求乐境②,何如于谨言慎行中求乐境耶③?

【注释】

①困心衡虑:语出《孟子·告子下》:"困于心,衡于虑,而后作。"谓心意困苦,忧虑满胸。

②放言高论:谓毫无顾忌地大发议论。乐境:快乐的境地。

③谨言慎行:说话做事都谨慎小心。

公正自守，毁誉不计

人臣奉职①，惟以公正自守②，毁誉在所不计③。盖毁誉皆出于私心，我不肯徇人之私④，则宁受人毁，不可受人誉矣！

【注释】

①奉职：任职。
②自守：自坚其操守。
③毁誉：诋毁和赞誉。
④徇（xùn）人：曲从他人。

药石之言

他山石曰①:"万病之毒,皆生于浓。浓于声色②,生虚怯病③;浓于货利④,生贪饕病⑤;浓于功业⑥,生造作病⑦;浓于名誉,生矫激病⑧。吾一味药解之,曰:'淡。'"吁,斯言诚药石哉⑨!

【注释】

①他山石:他山之石可以成玉,比喻微不足道的经验,自己可以吸取过来并得到很大的帮助。这里是借言之。

②声色:指淫声和女色。

③虚怯:身体虚弱。

④货利:货物财利。

⑤贪饕:贪得无厌。

⑥功业:功勋事业。

⑦造作:做作。

⑧矫激:犹诡激。奇异偏激,违逆常情。

⑨药石:古时指药和砭石。此泛指治病的药物。

早断妄念积阴德

人以必不可行之事来求我,我直指其不可而谢绝之,彼必怫然不乐①。然早断其妄念②,亦一大阴德也。若犹豫含糊,使彼妄生觊觎③,或更以此得罪,此最造孽④。

【注释】

①怫然:愤怒貌。

②妄念:指不切实际或不正当的念头。

③觊觎(jì yú):非分的希望或企图。

④造孽:佛教语。做坏事。

处事留有馀地

人之精神力量,必使有馀于事而后不为事所苦。如饮酒者,能饮十杯,只饮八杯,则其量宽然有馀;若饮十五杯,则不能胜矣。

天下万事,莫逃乎命

天下万事,莫逃乎命。命有修短①,非药石所能挽②。文端公常言仁和顾山庸先生③,曾患疽发背④,医药数百金而愈。同时有邻居贫人,亦患此病,无医药,日饮薄粥,亦愈。其愈之月日与公同。以此知命有一定,不系乎疗治也⑤。

【注释】

①修短:长短。

②挽:扭转。

③仁和:旧县名,治所在今浙江省杭州市。顾山庸:人名,不详。

④疽(jū)发背:生于背部肿胀坚硬的毒疮。

⑤疗治:医治,治疗。

迁居不择日

余迁居不择日。或问之,余曰:"天下人无论贫富贵贱,莫不择吉日者,莫如婚娶①。然其间寿夭穷通不齐者甚多②,可知日辰之不足凭③,而吾生自有定命也,择日何为乎④?"

【注释】

①莫如:犹"莫若",莫过于。

②寿夭:长命与夭折。穷通:困厄与显达。

③日辰:日子和时辰。

④何为:干什么。用于询问。

节制饮食

余生来体弱,每食不过一瓯①,肥甘之味②,略尝即止。然生平未尝患疟痢③,亦由不多饮食之故。世之以快然一饱而致病者④,岂少哉!

【注释】

①瓯(ōu):杯、碗之类的器皿。
②肥甘:指肥美的食品。
③疟痢:疟,疟疾。痢,泄泻,亦指肠道传染病。
④快然:痛快的样子。

进退自解

处顺境则退一步想,处逆境则进一步想,最是妙诀①。余每当事务丛集②、繁冗难耐时③,辄自解曰④:"事更有繁于此者,此犹未足为繁也。"则心平而事亦就理。即祁寒溽暑⑤,皆作如是想,而畏冷畏热之念,不觉潜消⑥。

【注释】

①妙诀:灵妙的诀窍。
②丛集:聚集,汇集。
③繁冗:繁琐庞杂。
④自解:自我慰解。
⑤祁寒:严寒。《书·君牙》:"冬祁寒,小民亦惟曰怨咨。"蔡沈集传:"祁,大也。"溽(rù)暑:指盛夏气候潮湿闷热。《礼记·月令》:"[季夏之月]土润溽暑,大雨时行。"
⑥潜消:暗中消除。

为官第一要"廉"

为官第一要"廉"。养廉之道,莫如能忍。尝记姚和修之言,曰:"有钱用钱,无钱用命。"① 人能拼命强忍不受非分之财,则于为官之道,思过半矣②!

【注释】

①"有钱"句:意谓有钱就用钱,没钱用就听从命运的安排,不能苟取非分之财。

②思过半:谓已领悟大半。语出《易·系辞下》:"知者观其彖辞,则思过半矣。"孔颖达疏:"思虑有益,已过半矣。"

事君报恩之道

臣子事君,能供职者①,以供职为报恩;不能供职者,即以退休为报恩。盖奉身而退②,使国家无素餐之人③,贤才有登进之路④,亦报恩之道也。

【注释】

①供职:任职。

②奉身:尽职。

③素餐:不劳而食。多指无功受禄。

④登进:提拔、上进。

安葬先人

人之葬坟,所以安先人也。葬后子孙昌盛,可以卜先人坟地之吉祥。若先存发福之心以求吉地,则不可。

非道非义,一介不取

"货悖而入者,亦悖而出。"① 平生锱铢必较②,用尽心计,以求赢馀③,造物忌之,必使之用若泥沙,以自罄其所有④。夫劳苦而积之于平时,欢忻鼓舞而散之于一旦⑤,则贪财果何所为耶?所以古人非道非义⑥,一介不取⑦。

【注释】

①"货悖"句:语出《礼记·大学》:"言悖而出者,亦悖而入,货悖而入者,亦悖而出。"悖(bèi),违背,违反正道。

②锱铢必较:锱铢,比喻微小的数量。较,计较。指对很少的钱或很小的事都十分计较。

③赢馀:多余,剩余。

④罄(qìng):本指器中空。引申为尽、竭。

⑤欢忻:欢欣。

⑥非道非义:不合乎道义。

⑦一介不取:语出《孟子·万章上》:"一介不以与人,一介不以取诸人。"后以"一介不取"谓一丝一毫亦不苟取。

戒好声伎古玩

人家子弟承父祖之馀荫①,不能克家②,而每好声伎③,好古玩④。好声伎者,及身必败⑤;好古玩,未有传及两世者。余见此多矣,故深以为戒。

【注释】

①馀荫:比喻前辈惠及子孙的恩泽。
②克家:本谓能承担家事。《易·蒙》:"纳妇吉,子克家。"后亦指能继承家业。
③声伎:古代宫廷和贵族、官僚家中专门唱歌跳舞的女子,亦作"声妓"。
④古玩:可供玩赏的古代器物。
⑤及身:到其自身。指在自己这一辈子中。

约与诚

昔人以《论》《孟》二语,合成一联,云:"约,失之鲜矣;诚,乐莫大焉。"①余时佩服此十字。

【注释】

①"约""诚"二句分别出自《论语·里仁》《孟子·尽心上》。原文分别为:"以约失之者,鲜矣",意谓用礼来约束自己,再犯错误的人就少了。"反身而诚,乐莫大焉",意谓反躬自问(我所认识的一切),都是诚实无欺的,所以非常快乐。

升迁罢斥之缘故

予在仕途久,每见升迁罢斥事①,稍出人意外者,众必惊相告曰:"此中必有缘故②。"余笑曰:"宇宙间安得有许多缘故?"而人往往不信。予曰:"细思之,却有缘故。何也?命数如此③,非缘故而何?"

【注释】

①罢斥:罢免斥退。
②缘故:原因。
③命数:犹命运,命中注定。

读书须选择

夏月退食之暇①,阅《津逮秘书》②,颇足忘暑,且可为博物洽闻之助③。但其中鄙俚秽亵之语④，往往而有，可知古人著书轻率下笔，亦是大病，读者不可不择也。

【注释】

①夏月：夏天。退食：臣子退朝就餐，此指退朝休息。

②《津逮秘书》：丛书名。明崇祯间毛晋校刊。晋取胡震亨辑刻未成的《秘册汇函》残版，增补以所藏秘籍辑成。全书15集，144种，752卷。

③博物洽闻：见多识广，知识渊博。

④鄙俚秽亵：鄙俚，庸俗。秽亵，言行下流肮脏。今多指淫秽。

古之避讳

古来帝王避讳甚严①。唐明皇讳隆基②，则刘知几改名③；宋钦宗讳桓④，则并嫌名丸字避之⑤；高宗讳构⑥，则并勾字避之，至改勾龙氏为缑氏⑦。惟我朝此禁甚宽。世宗宪皇帝时⑧，见臣工奏事有避嫌名者⑨，辄怒。曰："朕安得有许多名字？非朕名而避，是不敬也。"至乾隆元年⑩，今上御极特降谕旨⑪："二名不偏讳。"⑫即御名本字亦不避矣。圣人度量识见超越千古，即此一事可见。

【注释】

①避讳：封建时代对于与君主、尊长名字相同的字，必须避免直接说出或写出，称"避讳"。

②唐明皇：即唐玄宗李隆基。因谥号为"至道大圣大明孝皇帝"，故称。

③刘知几(661—721)：唐徐州彭城人，字子玄。睿宗时因避太子李隆基讳，以字行，年二十举进士。累迁凤阁舍人，兼修国史。著《史通》内外四十九篇。

④宋钦宗：北宋皇帝赵桓。宋徽宗长子。在位仅一年四个月。北宋灭亡被俘于金，后死于五国城(今黑龙江依兰)。

⑤嫌名：与人姓名字音相近的字。古礼臣子避君父名讳时，不讳声音相近的字。后世讳法加严，讳同字亦讳嫌名。

⑥高宗：指宋高宗赵构，南宋皇帝。宋徽宗第九子。金兵俘徽、钦二帝北去，其即帝位于南京(今河南商丘)。后迁临安(今杭州)建都。史称南宋。

⑦勾龙:复姓。
⑧世宗宪皇帝:即清世宗胤禛。年号为雍正。
⑨臣工:群臣百官。奏事:向皇帝陈述事情。
⑩乾隆元年:即1736年。
⑪御极:登基。
⑫二名不偏讳:语出《礼记·曲礼上》。孔颖达疏:"谓两字作名,不一一讳也。"二名,两个字的名字。名字有两个字的,偏举其中的一个字,也要避讳,称"偏讳"。

大事不可糊涂,小事不可不糊涂

宋太宗谓吕端①:"小事糊涂,大事不糊涂。"②西林相国谓③:"大事不可糊涂,小事不可不糊涂。若小事不糊涂,则大事必致糊涂矣。"斯言最有味,宜静思之。

【注释】

①宋太宗:北宋皇帝。即赵炅,赵匡胤之弟。曾赐名光义。参与拥立赵匡胤"黄袍加身"。宋初为殿前都虞侯。开宝六年(973)封晋王。九年(976)即位。吕端:宋代人,字易直。太祖时为太常丞。太宗时释户部侍郎,平章事。端为相,持重识大体,以清简为务。卒赠司空,谥正惠。

②"小事"句:语出《宋史·吕端传》:"太宗欲相端,或曰端为人糊涂,太宗曰:'端小事糊涂,大事不糊涂。'决意相之。"后以"吕端大事不糊涂"形容人在重大问题上能明辨是非,坚持原则。

③西林相国:鄂尔泰,清满洲镶蓝旗人。姓西林·觉罗氏,字毅庵,康熙举人,任云南巡抚时,上疏主张改土归流。迁云南、贵州、广西三省总督,多次镇压云、贵苗族起义。官至保和殿大学士兼兵部尚书,封襄勤伯,谥文端。有《西林遗稿》。

清世宗之恭俭仁厚

世宗宪皇帝时,廷玉日直内廷①,上进膳时②,常承命侍食③。见上于饭颗饼屑④,未尝弃置纤毫⑤。每燕见臣工⑥,必以珍惜五谷为训,暴殄天物为戒⑦。又尝语廷玉曰:"朕在藩邸时⑧,与人同行,从不以足履其头影,亦从不践踏虫蚁。"圣人之恭俭仁厚⑨,谨小慎微,固有如是者!

【注释】

①内廷:内朝。对外廷而言。清代内廷指乾清门内,皇帝召见臣下、处理政务之所。军机处、南书房等重要机构均设于此。

②进膳:犹进食。

③承命:受命。侍食:陪侍尊长进食。

④饭颗:指饭粒。

⑤纤毫:比喻极其细微之物。

⑥燕见:古代帝王退朝闲居时召见或接见臣子。亦泛指公余会见。臣工:群臣百官。

⑦暴殄(—tiǎn)天物:原指任意残害灭绝天生万物。后亦指任意糟蹋东西。

⑧藩邸:藩王之第宅。

⑨恭俭仁厚:恭谨谦逊,仁爱宽厚。

陆诗乃化工之笔

昔人言陆放翁诗①:"吐纳众流,浑涵万有,神明变化,融为一气。"②予自幼读陆诗,数十年来,不离几案。其妙处不可殚述③。即如七言绝句中《游近村》一首曰:"斜阳古柳赵家庄,负鼓盲翁正作场。死后是非谁管得,满村听说蔡中郎。"④又《夜食炒栗》一首曰:"齿根浮动叹吾衰,山栗炮燔疗夜饥。唤起少年京辇梦,和宁门外早朝时。"⑤以眼前极平常之事,而出之以含蓄蕴藉⑥,令人百回读之不厌,真化工之笔也⑦。

【注释】

①即宋代诗人陆游。

②吐纳:犹吞吐。吐出与吞进。浑涵:包藏。神明:天地间一切神灵的总称。

③殚述:详尽叙述。多用于否定句。

④《游近村》:诗题为《小舟游近村舍舟步归》,见《剑南诗稿》卷三十三。原诗四首,此为其四。负鼓:击鼓。负,通"掊"。作场:民间艺人表演曲艺说唱故事都称"作场"。蔡中郎:即汉代蔡邕。字伯喈。侍父母至孝。董卓执政时曾任左中郎将,因称。南宋时,南戏中演蔡邕故事,谓其最终抛弃父母妻室而为天雷打死,与历史上蔡邕本事不符。故陆有"死后是非谁管得"之叹。

⑤《夜食妙栗》:原题为《夜食炒栗有感》,见《剑南诗稿》卷五。炮燔:烧烤。京辇:指国都。

⑥蕴藉:谓含蓄而不露。

⑦化工:自然形成的工巧。

诗之微言精义

"三百篇"为诗之祖①,人共知之,而不知微言精义有在"三百篇"之前者②。《虞书》曰:"诗言志,歌永言。声依永,律和声。"③吾人用功于诗数十年,果能心领神会此十二字④,则诗自臻妙境⑤,不可以语言文字传也。

【注释】

①三百篇:相传《诗经》三千余篇,经孔子删订仅311篇,内6篇有目无诗,实有诗305篇。举其成数称三百篇。后即以"三百篇"为《诗经》代称。

②微言精义:指精微的语言中所包含的精深独到的含义。微言,精深微妙的言辞。

③《虞书》句:《虞书》为《尚书》的一部分,包括《尧典》《皋陶谟》,古文尚书又增《舜典》《大禹谟》《益稷》合为5篇。"诗言志"四句见于《舜典》,意思是:诗表达人的情感,歌吟咏人的心声。乐声之高低抑扬随歌咏而变化。

④心领神会:内心深刻地领会。

⑤臻(zhēn):达到。

西林相国评杜甫《胡马》诗

西林相国曰①:"杜少陵《胡马》诗云:'所向无空阔,真堪托死生。'②此二语人知其妙,而不知其所以妙。盖良马蹀躞奔腾之时③,步步著实,所以说'无空';又步步不越尺寸,所以说'无阔';惟其如此,所以'堪托死生'也。"余扈从久,见良马甚多,深知西林确论④,能发杜诗之神髓也⑤。

【注释】

①西林相国:指鄂尔泰。

②杜少陵:即杜甫。唐代诗人。字子美,尝自称"少陵野老"。曾任节度参谋、检校工部

员外郎,后人又称"杜工部"。《胡马》诗全名为《房兵曹胡马》。这两句是虚写马的品格和气概。死生:偏义复词。这里指生命。

③蹀躞(dié xiè):马行貌。

④确论:精当确切的言论。

⑤神髓:精神与骨髓。比喻精粹。

《虞书》载德化之盛

《虞书》言乐作而"百兽率舞","凤凰来仪"①。此史臣极言德化之盛②,不必实有其事也。

【注释】

①语见《书·益稷》:"箫韶九成,凤凰来仪。夔曰:'於。予击石拊石,百兽率舞。'"百兽率舞:谓音乐和谐之声感动群兽相率起舞。凤凰来仪:凤凰来舞,仪表非凡。指吉祥之兆。

②史臣:主管文书、典籍,并负责修撰前代史书和搜集记录当代史料的官员。极言:竭力陈说。德化:谓以德行感化。

先公言《摽梅》诗

先公言《摽梅》之诗①,乃女子父母作,非女子自作也。昔人曾有此解,当从之,朱注非也②。

【注释】

①摽梅:《诗经·召南·摽有梅》:"摽有梅,其实七兮;求我庶士,迨其吉兮。"摽梅,谓梅子成熟而落下。后以"摽梅"比喻女子已到结婚年龄。

②朱注:指朱熹对《诗经》的注解。朱熹注《诗经》,认为《摽梅》是女子自作。张廷玉认为其父张英的见解是正确的,而朱熹的注解是错误的。

先公解古诗之妙

先公曰:"'民之失德,干糇以愆'①,乃古人自检之密②,非轻量天下之人③。"此解,玉服膺不忘④。非此,则诗人之语病不小矣!

【注释】

①"民之"句:语出《诗经·小雅·伐木》:"民之失德,干糇以愆。"失德,指失去朋友的交谊。干糇(hóu),本指干粮,此泛指普通的食品。愆(qiān),过错。此句指因一点饮食小事而失和。

②自检:自我检点约束。

③轻量(liáng):小看。

④玉:指张廷玉自己。服膺:铭记在心。

读陶渊明《五柳先生传》

余二十岁时,读陶渊明《五柳先生传》①,以为此后人代作,非先生手笔也。盖篇中"不慕荣利"、"忘怀得失"、"不戚戚于贫贱"、"不汲汲于富贵"诸语②,大有痕迹,恐天怀旷逸者③,不为此等语也。此虽少年狂肆之谈④,由今思之,亦未必全非。

【注释】

①陶渊明:东晋著名诗人。字元亮,又名陶潜,私谥靖节。因父早逝,家境衰落。早年所作《五柳先生传》,即其自身写照。任彭泽县令,仅80余日,以"不为五斗米折腰"而毅然归隐,躬耕自资,晋末,征为著作佐郎,不就,以诗酒为乐。隐居20年,现存诗125首。有《陶渊明集》传世。

②皆见于《五柳先生传》。忘怀:不介意。戚戚:忧惧貌。汲汲:心情急切貌。

③天怀旷逸:天怀,出自天性的情怀。旷逸,谓心胸开阔,性情超脱。

④狂肆:肆意,放肆。

前人好句零落多

余向来所作诗,多毁于火,儿辈言及,往往以为憾。一日读《竹坡诗话》①,曰:"杜牧之尝为宣城幕②,游泾溪水西寺③,留二诗。其一曰:'三日去还往,一生焉再游。含情碧溪水,重上粲公楼④。'此诗今榜壁间,而集中不载,乃知前人好句零落者,多矣。"余读至此,呼若霭⑤,示之曰:"古名人尚如此,何况于余?"为之一笑。

【注释】

①《竹坡诗话》:宋宣城人周紫芝撰。紫芝,字少隐,绍兴中登第,历官右司员外郎,知兴国军。自号竹坡居士。

②杜牧之:即杜牧。唐代诗人。字牧之。京兆万年(今陕西西安市)人。文宗大和二年(828)进士。大和四年(830),沈传师为宣、歙观察使,辟牧为从事,因为宣城幕。官至中书舍人。牧之工诗能文,与李商隐齐名,世称"小李杜"。有《樊川文集》20卷。

③泾溪水西寺:在安徽泾县西南五里的水西山。林壑邃密,下临赏溪,循溪而上,有坞曰水溪坑,最幽胜,相传唐宣宗尝游此。

④此诗后人补于《樊川诗补遗》,"三日去还往"作"三日去还住"。

⑤若霭:即廷玉长子张若霭。字景采,号晴岚,雍正十一年(1733)进士,官至内阁学士。工书善画,所仿《五元章疏影寒香图》,列为中国名作之一,收藏于故宫博物院。乾隆十一年(1746)卒。有《蕴真阁集》。

文端公梦迁居

昔先文端公祈梦于吕仙祠①,梦迁居新室,家人荷砚一担。玉感其祥,因以砚斋为号②,并刻图章二:上则"砚斋",下则"以钝为体,以静为用"八字,盖取唐庚《古砚铭》中语③,以自勉也。

【注释】

①祈梦:向神祈求从梦境中预知祸福。吕仙祠:祭祀传说中的仙人吕洞宾之祠宇。

②砚斋:张廷玉,字砚斋,意出于此。

③唐庚(1070—1120):字子西,眉州丹棱(今属四川)人。绍圣进士。受知张商英,擢提举京畿常平。商英罢相,庚贬惠州,会赦北归,道病卒。文采风流,有"小东坡"之称。有《唐子西集》《唐子西文录》。《古砚铭》乃唐庚以砚为题所作的铭文。

评高丽纸

偶读明人《杂记》曰:"今高丽镜面笺①,中国无及之者。"吴越钱氏时②,浙江温州作蠲纸③,洁白坚滑,大略类高丽纸。供者免其赋税,故曰"蠲纸"。至和年间④,方入贡,以权贵索取浸广⑤,而纸户力不能胜,遂止之。今京中所用高丽纸⑥,质虽粗而坚厚异常,远胜内地者。至高丽镜面笺,则不可得,惟于董宗伯墨迹中见之⑦。本朝以来,彼国王用作表笺⑧,市肆中则无从购觅矣。

【注释】

①高丽:朝鲜历史上的王朝(918—1392),后曾用指朝鲜。

②吴越钱氏:指五代十国时钱镠在今江浙一带建立的吴越国(907—978)。

③蠲(juān)纸:唐宋时杭州、温州等地所造纸名,纸质洁白莹滑。这里指吴越钱氏时,供此纸者蠲其赋役,故号"蠲纸"。蠲,除去、免除。

④至和:宋仁宗赵祯年号。

⑤浸:副词。逐渐。

⑥高丽纸:用绵茧或桑皮制成的白色棉纸,质地坚韧。

⑦董宗伯:即董其昌(1555—1636)。明松江华亭人。字玄宰,号香光。万历十七年

(1589)进士,累官至南京礼部尚书,古人称礼部尚书为大宗伯,故称。其昌工诗文,尤精书画。所著有《画禅室随笔》《容台文集》等。《明史》有传。

⑧表笺:表文用笺。笺,信札。

学诗者应知诗语工妙

《竹坡诗话》曰①:"凡诗人作语,要令事在语中而人不知。予读太史公《天官书》②:'天一、枪、棓、矛、盾动摇③,角大,兵起。'杜少陵诗云:'五更鼓角声悲壮,三峡星河影动摇④。'盖暗用迁语,而语中乃有用兵之意。诗至此,可以为工也。"予偶检书见此,指以示儿辈。古人作诗之妙,读诗之妙,并见于此,学诗者不可不知也。

【注释】

①《竹坡诗话》:宋宣城人周紫芝撰。

②太史公:西汉时太史令之通称。司马迁在《史记·太史公自序》中称其父司马谈及自称皆为太史公。这里指司马迁。《天官书》:《史记》篇名。《史记》共有书8篇,《天官书》是其中第五篇。专门记载天文学知识、天象、天文事件和星占。因以星座比附人间的官曹列位,故称《天官书》。

③天一:星名。《史记·天官书》:"前列直斗口三星,随北端兑,若见若不,曰阴德,或曰天一。"枪(chēng)、棓、矛、盾:分别指天枪星和天棓星、招摇星、天锋星。

④杜少陵:即杜甫。"五更鼓角"句:出自杜甫七律《阁夜》。二句写夜中所闻所见。

韩琦和平忠厚

偶阅韩魏公《别录》①,公尝曰:"内刚不可屈,而外能处之以和者,所济多矣②。"又曰:"以之遇则可以成功③,以之不遇则可以免祸者,其惟晦乎④?"又曰:"知其为小人,便以小人处之,更不须校也⑤。"又曰:"人能扶人之危,赒人之急⑥,固是美事,能勿自谈,则益善矣。"又曰:"寡欲自事简。"公因论待君子小人之际,曰:"一当以诚。但知其为小人,则浅与之接耳。"凡人至于小人欺己处,不觉则已,觉必露其明以破之⑦。公独不然,明足以照小人之欺,然每受之而不形也⑧。尝说到小人忘恩背义欲倾己处⑨,辞和气平,如说平常事。以上数则,语虽浅近,而一段和平忠厚之意,千载而下,犹令人相遇于楮墨间⑩。因命儿辈抄录,以备观览。

【注释】

①韩魏公:北宋大臣韩琦(1008—1075),字稚圭,封魏国公。

②济:成功,成就。《尚书·周书·君陈》:"必有忍,其后有济。"

③遇:遇合。

④晦:愚昧。

⑤校(jiào):计较。

⑥赒(zhōu):同"周"。接济。

⑦觉:觉察。露其明:把它揭露出来。

⑧不形:不显露。

⑨忘恩背义:犹忘恩负义。忘掉他人对己的恩德,做出背信弃义的事情。宋赵善璙《自警篇·器量》:"唯韩魏公不然,更说到小人忘恩背义,欲倾己处,辞气和平,如道寻常事。"倾己:排斥自己。

⑩楮(chǔ)墨:这里借指书籍文字。

"君陈篇"新解

《周书·君陈》篇曰①:"尔有嘉谋嘉猷,则入告尔后于内,尔乃顺之于外,曰:'斯谋斯猷,惟我后之德。'"②此数语,自宋儒以来,多有以为成王失言者,余谓不然。周公迁殷顽民于下都③,公自监之,公殁,成王命君陈代公④。是时,顽民习染已深,非动其尊君亲上感恩戴德之心⑤,不能望其潜消逆志⑥。故令君陈宣布朝廷德意,以为化民成俗之助⑦,非以颂飏谄谀倡导臣工也⑧。观下文曰:"殷民在辟,予曰辟,尔惟勿辟;予曰宥,尔惟勿宥,惟厥中。"⑨其以忠直匡正望君陈者⑩,与大舜"予违汝弼"之心又何间哉⑪?

【注释】

①《周书》：《尚书》组成部分之一。相传是记载周代史事之书。今本包括《牧誓》《洪范》《金縢》等32篇，其中《泰誓》《武成》《君陈》等13篇是伪古文尚书。

②"尔有"句：见《尚书·周书·君陈》。大意是：你有高明的经国谋略，则入内廷告诉君上，而你则顺行之于外，并且说：这些善谋善道都是君上德行的结果。嘉谋，高明的经国谋略。嘉猷，治国的好规划。后，君主。

③顽民：指殷代遗民中不服从周朝统治的人。下都：即陪都。西周都镐京，以洛邑（今河南洛阳故城）为下都。

④君陈：人名。周公旦之子。《尚书·周书·君陈序》："周公既没，命君陈分正东郊成周，作《君陈》。"孔颖达疏："周公迁殷顽民于成周。顽民既迁，周公亲自监之。周公既没，成王命其臣名君陈代周公监之，分别居处，正此东郊成周之邑。"

⑤尊君亲上：《礼记·王制》："尊君亲上，然后兴学。"尊君，尊崇国君。亲上，亲近国君。

⑥潜消逆志：逐渐消除叛逆的念头。

⑦德意：布施恩德的心意。化民成俗：教化百姓，使形成良好的风尚。

⑧颂飏谄谀：歌功颂德、阿谀奉承。臣工：群臣百官。

⑨"殷民"句：见《尚书·周书·君陈》。意思是：殷民有罪触犯了刑法，我说"治罪"，你不要治罪；我说"赦免"，你不要赦免。要中正评断。"在辟"之"辟"指刑法，这里作动词用。"勿辟"之"辟"指治罪。宥：赦免。

⑩忠直匡正：指以忠诚正直之心辅佐君王。匡正，扶正。

⑪"予违汝弼"：见《尚书·益稷》："予违汝弼，汝无面从，退后有言。"大意是：我有了错，你要以正确的意见辅正我，不要当面顺从我的错误，下去后又说我不可辅正。这是舜对禹说的一段话，所以张廷玉认为《君陈》中的话与舜之心没有什么区别。弼，辅正，辅佐。

古圣盛德

《虞书·皋陶》曰①：帝德罔愆，临下以简，御众以宽，罚弗及嗣，赏延于世。宥过无大，刑故无小。罪疑惟轻，功疑惟重。与其杀不辜，宁失不经。②以上盛德，古今来仁厚恭俭之主③，尚庶几能之④。至于"好生之德，洽于民心，兹用不犯于有司"⑤，则所谓过化存神⑥，上下与天地同流者，此固非帝舜不足以当之。然亦必有此数语，始足以见盛德之至，与大圣人功用之全也⑦。予故曰：唐太宗纵囚而囚归⑧，此太宗之所以为太宗也；虞帝好生,而民不犯于有司,此虞帝之所以为虞帝也。

【注释】

①《虞书》：《尚书》的一部分,包括《尧典》《皋陶谟》,古文尚书又增《舜典》《大禹谟》《益稷》合为5篇。皋陶(gāo yáo)：传说虞舜时的司法官。《尚书·舜典》："帝曰：'舜有天下,选于众,举皋陶,不仁者远矣。'"

②这段话出自《尚书·大禹谟》。罔愆：没有过失。罔(wǎng),无,没有。"临下"二句：以简省凝静治理下属,用宽松的政策去统治百姓。"罚弗"二句：惩罚不株连后代,封功奖赏却荫及子孙。嗣,子孙,后代。"罪疑"二句：意谓定罪,要是可轻可重,就从轻处理；论功,要是可轻可重,就从重奖赏。疑,不分明,难以确定。"与其"二句：与其滥杀无辜,宁愿放走(个别)犯罪之人。不辜,指无罪之人。辜,孔传"辜,罪"。不经,不合常法。

③仁厚恭俭：仁厚,仁爱宽厚。恭俭,恭谨谦逊。

④庶几：差不多。

⑤"好生"三句：见于《尚书·大禹谟》。大意是：君王爱惜生灵的美德,感化着老百姓,因此,老百姓都自觉维护法律条文。好生,爱惜生灵,不嗜杀。洽,浸润。兹用,因此。兹、用均作连词。有司,指官吏。古代设官分职各有专司,故称。

⑥过化存神：谓圣人所到之处,人民无不感化,而永远受其精神影响。

⑦大圣人：指帝王。功用：指修养。

⑧"唐太宗"句：唐太宗李世民,高祖李渊次子,唐代杰出的政治家。在位期间唐朝开始强盛,出现"贞观之治"。贞观六年(632)十二月,太宗亲录天下死囚三百九十人,纵使归家,期以来秋来就死。次年九月,所纵之囚犯,无人督率,皆如期自诣朝堂,无一人亡匿者。太宗尽赦之。见《新唐书·刑法志》。

尊敬父祖以服习教训为先

偶读《韩蕲王传》①,公尝戒家人曰："吾名世忠,汝曹毋讳'忠'字②,讳而不言,是忘忠也。"余名玉字,易用而难避。生平见属吏门人皆戒其勿以犯触为嫌③,后世子孙当知此意。果能尊敬其父祖,当以服习教训为先④,岂在此区区末节乎⑤!

【注释】

①韩蕲王：即韩世忠(1089—1151),南宋名将。字良臣,延安(今属陕西)人。18岁入伍,

勇冠三军。力主抗金,反对议和,又以岳飞冤狱,面诘秦桧。后解职居杭州西湖,号清凉居士。死后封蕲王。《宋史》有传。

②汝曹:你们。

③属吏门人:属吏,下属官吏。门人,弟子。

④服习教训:服习,熟悉。教训,教导训诫。

⑤区区:小。形容微不足道。末节:细节,小节。

记诵同人好诗句

向见同人诗中好句①,辄能记诵,历久不忘。今老矣,迥不如前②,所记者不过十之一二而已。如院长揆公叙《咏白杜鹃花》曰③:"三更枝上月如霜。"查悔馀慎行《咏金丝桃》曰④:"偶分处士篱边色,仍是仙人洞口花。"鄂西林(尔泰)《咏枣花》曰⑤:"林端暖爱初长日,叶底香怜最小花。"赵横山大鲸《赋得柳桥晴有絮》曰⑥:"雪点朱阑暖未消。"⑦此皆咏物之工者。又见朝鲜诗集中,载其国人《咏渔父绝句》,有曰:"人世险巇君莫笑⑧,自家身在急流中。"亦自隽永可味⑨。

【注释】

①向:从前。

②迥(jiǒng):形容差别很大。

③院长:清乾隆三十一年(1766)将书院山长改名为院长,后仍复用旧名。揆叙:清满洲正白旗人。字恺功,号惟实居士。康熙时官至左都御史。卒谥文端。著有《隙光亭杂识》等。

④查慎行:清海宁人。初名嗣琏,字夏重。后更今名,字悔馀。号初白,又号查田。少受学黄宗羲。好游山水,所得一托于吟咏,故篇什最富。康熙时以举人特赐进士。官编修,后告归家居。卒年七十有八。著有《敬业堂集》。金丝桃:花名。亦名金丝海棠。丛生灌木,花似桃,心有黄须,若金丝,故名。

⑤鄂西林:即鄂尔泰。见本书第143页注③。

⑥赵横山:即赵大鲸。清仁和人,字横山,别字学斋。雍正进士。官至左副都御史。

⑦朱阑:即"朱栏"。朱红色的围栏。

⑧险巇(xī):崎岖险恶。巇,险恶、险峻。

⑨隽永:指诗文意味深长。

君子可欺以其方

君子可欺以其方①,若终身不被人欺,此必无之事。倘自谓"人不能欺我",此至愚之见,即受欺之本也。

【注释】

①语出《孟子·万章上》。欺:欺骗。其方:合乎情理的方法。比喻小人用合乎情理的方法欺骗君子。

静之妙

天下有学问、有识见、有福泽之人①,未有不静者。

【注释】

①福泽:犹恩泽。

挫折未必非福

天下矜才使气之人①,一遇挫折,倍觉人所难堪②。细思之,未必非福。

【注释】

①矜才使气:夸耀自己的才能,凭意气用事。
②难堪:承受不了。

中庸难为

凡人好为翻案之论①,好为翻案之文,是其胸襟褊浅处②,即其学问偏僻处③。孔子曰:"中庸,不可能也。"④请看一部《论语》,何曾有一句新奇之说?

【注释】

①翻案:指推翻前人的论断,别立新说。

②胸襟:胸怀。褊浅:心地狭隘、目光短浅等。

③偏僻:偏颇,不公正。

④"中庸"句:语出《礼记·中庸》:"子曰:'天下国家可均也,爵禄可辞也,白刃可蹈也,中庸不可能也。'"孔子把中庸看作最高的道德标准,他认为天下可以分人,爵禄可以辞去,锋利的刀刃也可以踩踏,只有中庸之道难上加难。

【卷二】

清世宗之仁

雍正丙午秋①,蒋文肃公主顺天乡试②,时太夫人高年在堂。世宗宪皇帝恐其悬念起居③,命余索其平安信,于降旨之便传入闱中④,以慰其心。圣主锡类之仁⑤,优待大臣之恩谊⑥,至于如此,千古所未有也。

【注释】

①雍正丙午:即雍正四年(1726)。
②蒋文肃公:蒋廷锡,清常熟人,字扬孙,号西谷,一号南沙。康熙举人,赐进士,官至文华殿大学士。工诗,善画花卉。卒谥文肃。顺天:府名。治所在今北京市。明永乐元年(1403)建于北京,改北平府为顺天府。清因之。乡试:明清两代在省城举行的科举考试,每三年一次,考中的称举人。
③悬念:挂念。起居:指饮食寝兴等一切日常生活状况。
④闱:科举的考场。
⑤锡类:语出《诗经·大稚·既醉》:"孝子不匮,永锡尔类。"毛传:"类,善也。"谓以善施及众人。锡(xī),赐予。
⑥恩谊:恩德情谊。

居官清廉乃分内之事

居官清廉乃分内之事①。每见清官多刻②,且盛气凌人③,盖其心以清为异人之能④,是犹未忘乎货贿之见也⑤。至诚而不动者,未之有也。问如何著力⑥,曰:"言忠信,行笃敬。"⑦

【注释】

①居官：担任官职。
②刻：刻薄。
③盛气凌人：骄横傲慢的气势逼人。
④异人之能：与他人不同的才能。
⑤货贿之见：财利的观点。
⑥著力：尽力。著（zhuó），同"着"。
⑦语出《论语·卫灵公》。说话忠诚信实，行为笃厚敬肃。

有道之言

孝昌程封翁汉舒《笔记》曰："人看得自己重，方能有耻。"又曰："人世得意事，我觉得可耻，亦非易事。"此有道之言也。

《论语》至简

读《论语》，觉得《孟子》太繁①，且甚费力。读《孟子》，又觉诸子之书费力矣②，不可不知。

【注释】

①《孟子》：儒家经典之一，战国时孟轲及其弟子万章等著。一说是孟子弟子、再传弟子言行的记录。书中记载了孟子的政治活动、政治学说以及哲学伦理教育思想等，是研究孟子思想最重要的文献。南宋朱熹将其列为"四书"之一。
②诸子：指先秦至汉初的各派学者。

治家训子弟之药石

程封翁汉舒曰："一家之中，老幼男女，无一个规矩礼法①，虽眼前兴旺，即此便是衰败景象。"又曰："小小智巧②，用惯了，便入于下流而不觉。"此二语乃治家训子弟之药石也③。

【注释】

①规矩礼法：行为规则和礼仪法度。
②智巧：机谋与巧诈。
③药石：古时指药和治病的石针。这里比喻上述规劝之言。

"恕"之道

凡人看得天下事太容易，由于未曾经历也。待人好为责备之论①，由于身在局外也。"恕"之一字②，圣贤从天性中来；中人以上者，则阅历而后得之；姿秉庸暗者③，虽经阅历，而梦梦如初矣④。

【注释】

①责备：以尽善尽美要求人。
②恕：用自己的心推想别人的心。《论语·卫灵公》："子贡问曰：'有一言可以终身行之者乎？'子曰：'其恕乎！己所不欲，勿施于人。'"
③姿秉庸暗者：天赋不好的人。姿，通"资"。姿秉，天资，天赋。庸暗，平庸而不明事理。
④梦梦(méng méng)：形容昏乱糊涂。

闲话占卜

"人而不仁,疾之已甚,乱也。"①熟读全史,方知此语之妙。

乾隆五年正月灯节②,家庭闲话之际,长男若霭曰:"凡占卜星相之事③,若深信而笃好之,其人必有受累处,但大小或有不同耳。"余闻之甚喜。盖余几经阅历而后知之,不意若霭少年④,能见及此也。

【注释】

①"人而不仁"句:语出《论语·泰伯》。意思是:对于不仁的人憎恨过分了,(使他无地自容)也必然会出乱子。疾,憎恨。已甚,过分。

②乾隆五年:即1740年。灯节:元宵节。

③占卜星相:占卜,古代用龟甲、蓍草等,后世用铜钱、牙牌等推断吉凶祸福。星相,星命和相术的合称。

④不意:不料,意想不到。

位居满尚书之前

本朝定制:各部满尚书在汉尚书之前。廷玉以大学士管吏部、户部事,特命在满尚书之前。雍正六年①,公富尔丹管部务②,富以公爵兼尚书③,非他人可比。玉逊让再四④,上仍命余居前。又朝会班次⑤:大学士在领侍卫内大臣之下⑥。上命玉在公侯领侍卫内大臣之上。皆异数也⑦。

【注释】

①雍正六年:1728年。

②富尔丹(1680—1752):清满洲镶黄旗人,瓜尔佳氏。开国功臣费英东孙。初袭三等公,任都统,领侍卫内大臣。历任振武将军、靖边大将军等职,乾隆十三年(1748)署川陕总督,参赞军事。卒于黑龙江将军任。

③公爵:中国古代五等爵位之第一等。

④逊让再四:谦逊辞让多次。

⑤朝会班次:(大臣)上朝时的次序。朝会,古谓诸侯、臣属及外国使者朝见天子。班次,官员按品级排列的位次。

⑥领侍卫内大臣：官名。武官正一品，为武职最高衔。清置，掌董帅侍卫亲军、扈从侍卫。清设侍卫处，其主官即领侍卫内大臣，内大臣为其副，下属官员有散秩大臣、主事、笔帖式、协理、侍卫领班等。

⑦异数(shù)：特殊的礼遇。

文端公安心之法

先文端公《聪训斋语》曰："予自四十六七以来，讲求安心之法。凡喜怒哀乐、劳苦恐惧之事，只以五官四肢应之，中间有方寸之地，常时空空洞洞、朗朗惺惺，决不令入①，所以此地常觉宽绰洁净。予制为一城，将城门紧闭，时加防守，惟恐此数者阑入。亦有时贼势甚锐，城门稍疏，彼间或阑入，即时觉察，便驱之出城外，而牢闭城门，令此地仍窗绰洁净。十年来渐觉阑入之时少，不甚用力驱逐。然城外不免纷扰，主人居其中，尚无浑忘天真之乐。倘得归田遂初，见山时多，见人时少，空潭碧落，或庶几矣！"②此先公生平得力处，故言之亲切若此。玉常举以告人，无论行者不可得，即解者，亦复寥寥③。吁，难矣哉！

【注释】

①康熙四十三年(1704)《聪训斋语》刻本"令"后有一"之"字。

②此段文字及其注释见本书第38页。

③寥寥：形容数量很少。

慎解古人诗文

注解古人诗文者，每牵合附会以示淹博①，是一大病。古人用事用意②，有可以窥测者③，有不可窥测者，若必欲强勉着笔，恐差之毫厘，失之千里，不可不慎也。

【注释】

①牵合附会:犹言牵强附会,生扯硬拉,把不相关或关系不大的事物凑合在一起。淹博:渊博。

②用事用意:用事,指文学作品中引用典故。用意,犹立意。

③窥测:窥探揣测。

欧阳修论诗

欧阳公论诗曰①:状难写之景,如在目前;含不尽之意,见于言外,然后为工。②此数语,看来浅近③,而义蕴深长④,得诗家之三昧矣⑤。

【注释】

①欧阳公:即欧阳修。见本书第10页注⑤。

②"状难"句:出自欧阳修的《六一诗话》。这里张廷玉引文稍有出入。原文为:"圣俞尝语余曰:'……必能状难写之景,如在目前;含不尽之意,见于言外,然后为至矣。'"

③浅近:浅显,不深奥。

④义蕴深长:义蕴,精深的含义。深长,精深。

⑤诗家之三昧:作诗的诀窍。三昧,佛教语,谓屏除杂念、心不散乱、专注一境。此用以指(诗家)悟入之境。

忧患皆从富贵中来

忧患皆从富贵中来,阅历久而后知之。

不虞之誉,求全之毁

"有不虞之誉,有求全之毁。"①在《孟子》则两者平说②。究竟不虞之誉少,而求全之毁多,此人心厚薄所由分也③。孔子曰:"如有所誉者,其有所试矣。"④是圣人之心,宁偏于厚,其异乎常人者正在此。

【注释】

①"有不虞"句：语出《孟子·离娄上》。意谓行为不足以受赞扬反而受到赞扬，欲求完美反招致诋毁。吕氏注："行不足以致誉而偶得誉，是谓不虞之誉。求免于毁而反致毁，是谓求全之毁。言毁誉之言未必皆实，修己者不可以是遽为忧喜，观人者不可以是轻为进退。"

②平说：这里指《孟子》对毁誉评判相等。

③厚薄：犹好坏。

④语出《论语·卫灵公》："如有所誉者，其有所试矣。"意思是：假若我对人有所称誉，必然是曾经考验过他的。

徐祯稷箴言

馀斋《耻言》曰①："名谏者②，忠之贼也。因他人之过以市名③，长厚者不为④，矧君子乎⑤？"又曰："实二而名一，则名立而不毁矣。行五而言三，则言出而寡尤矣⑥，斯之谓有馀地。"又曰："有家者，莫患乎昧大体而听小言⑦，夫衅启于背语⑧，而祸烈于传构⑨。若能结妇妾之口⑩，锢仆婢之唇⑪，宜家将过半矣⑫。"又曰："士大夫在乡，使乡之人敬之，其次爱之，若人可侮焉，末矣⑬，然犹贤于使人惴惴而莫或敢侮者⑭。"又曰："仁，生理也。故卉木实中之含生者，命之仁。实即诚也，物之终始也，故卉木之既结而又传生者，命之实。"馀斋，徐姓，祯稷其名也，江南华亭人，明末官至副宪⑮。

【注释】

①馀斋：指徐祯稷。明代江南华亭人。字厚源。万历进士。历官四川副使，在蜀年久，以清惠见恩。蜀人遇清风宜人，辄称为徐公风。有《耻言》及《明善堂诗稿》。

②名谏：以谏取名。

③市名：犹邀名，卖名声。

④长厚：恭谨宽厚。

⑤矧(shěn)：而况。

⑥寡尤：少犯过错。

⑦昧大体：不识有关大局的道理。大体，重要的义理。听小言：听信闲言碎语。

⑧衅：嫌隙。启：开始。背语：背后议论。

⑨烈：甚，厉害。传构(gòu)：散布诬语，构陷。

⑩结：使闭结。
⑪锢：使禁锢。
⑫宜家：《诗经·周南·桃夭》："之子于归，宜其室家。"朱熹集传："宜者，和顺之意。室者，夫妇所居；家，谓一门之内。"这里指家庭和睦。
⑬末：末位。这里指更次一等。
⑭惴惴(zhuì)：忧惧戒慎貌。莫或：没有。
⑮副宪：都察院副长官左副都御史的别称。

开卷有益

开卷有益，此古今不易之理。犹记余友姚别峰有诗曰①"掩书微笑破疑团"，尤得开卷有益自然而然之乐境也②，余深爱之。

【注释】

①姚别峰：清桐城人。陕西阶州知州姚文熊之子。名士陛，号别峰，康熙三十二年(1693)举人，有才名，早卒。著有《空明阁诗集》4卷。
②自然而然：谓出于自然之势，不经人力干预而收到预期的成效。

公正无私选人才

后世取士舍科目①,更无良法,但在主考同考官公与明耳②!虽所得之士,不能尽备国家之用,而司其柄者,能公正无私,使天下士子安于义命③,则士心自静,士品自端,于培养人才,不无裨补④。余自通籍以来⑤,累蒙三朝圣主委任⑥,三与会闱分校⑦,一典顺天乡试⑧,三为会试总裁⑨。不敢云鉴别无爽⑩,而秉公之念,则恪遵先人之训⑪,可以对天地神明耳!

【注释】

①舍(shè):置。科目:指唐代以来分科选拔官吏的名目。

②主考、同考官:主考官,明清两代科举考试中,主持乡试的官员。负责批阅试卷、核定名次、向朝廷呈奏录取名单及试卷等。同考官,明清乡试、会试中协同主考、总裁阅卷的官员。因分房阅卷,故又称房官。

③义命:指正道;天命。

④裨补:弥补。

⑤通籍:古时把官吏姓名、身份等登记在宫门处,以便出入时核查。后指初次做官,朝中有了名籍。

⑥三朝圣主:这里指康熙、雍正、乾隆三个皇帝。

⑦与:参与。会闱:会试考场。分校:科举时校阅试卷的各房官,也称分校。

⑧典:主持。

⑨总裁:明清主持会试的官员。

⑩无爽:没有差错。

⑪恪遵:恭谨地遵循。

训女至言

《女论语》曰①:"凡为女人,先学立身。立身之本,惟务清贞②。清则身洁,贞则身荣。行莫回头,语莫露齿。坐莫动膝,立莫摇裙。喜莫大笑,怒莫高声。内外各处,男女异群。莫窥外壁,莫出外庭。居必掩面,出必藏形。男非眷属③,莫与通名。女非善淑④,莫与相亲。立身端正,方可为人。"此训女至言也⑤！凡为父母者，当书一通于居室中⑥。

【注释】

①《女论语》：唐女学士宋若莘撰，其妹若昭注释订正。10篇。仿《论语》。以晋韦逞母宣文君宋氏比孔丘，以东汉班昭等比颜渊、闵损，用问答体，四字一句。后来将《女诫》《女训》《女范》《女论语》合刻，称"闺阁四书"。

②清贞：清白坚贞。

③眷属：亲属。

④善淑：善良贤惠。

⑤至言：极高明的言论。

⑥一通：表数量。犹一篇、一幅。用于文章、书信等。

先公谕写日记

康熙壬午春①，先公予告归里②，谕廷玉曰："嗣后可写日记寄归，俾知汝起居近况③，以慰老怀。"玉遵命，每日书之。甲申四月④，奉命入直南书房⑤。仰蒙圣祖仁皇帝恩谊稠渥⑥，锡赉便蕃⑦，不啻家人父子⑧。且每岁扈从避暑塞外⑨，凡口外山川形胜⑩，风土人物，以及道里之远近，气候之凉燠⑪，草木之华实，饮食日用之微，游览登眺，寓目适情之趣⑫，悉载日记中。越数日，邮寄数纸，以博堂上之一笑⑬。先公每接到，辄命小胥缮录之⑭，积之既久，遂成四帙⑮。因以抄本及原稿寄廷玉，曰："好藏之，他日载之集中，亦著述中一种也。"廷玉受而藏之箧笥⑯，后因室庐不戒于火，遂成灰烬。每念先公汇集邮寄之意，辄为泫然⑰！而曩时所历之境⑱，已阅三十馀年，静中思之，不过得其仿佛，欲举以笔之于书，不能矣！抚今追昔，慨惜曷胜⑲。

【注释】

①康熙壬午：康熙四十一年(1702)。

②予告：汉代二千石以上有功官员依例给以在官休假的待遇，谓之"予告"。告，休假。后代凡大臣因病、老准予休假或退休的都叫予告。归里：回故乡。

③起居：指日常饮食寝兴等生活情况。

④甲申:康熙四十三年(1704)。

⑤入直:亦作"入值"。谓官员入宫值班供职。南书房:在北京故宫乾清宫西南隅,本清康熙帝早年读书处。后选调翰林或翰林出身之官员到里面当值,除应制撰写文字外,并遵照皇帝旨意起草诏令,一度成为发布政令的地方。军机处成立后,即专司文辞书画之事。

⑥恩谊稠渥:谓恩德情谊浓厚。

⑦锡赉便蕃:赏赐频繁。便蕃,频繁。

⑧不啻:无异于。

⑨扈从:随从护驾。

⑩口外:泛指长城以北地区。也称口北。

⑪凉燠(yù):冷暖。

⑫寓目:过目。适情:顺适性情。

⑬堂上:本指父母居住的地方。这里引申指父母。

⑭小胥:旧时专门负责誊写的小吏或称被雇用的抄写者。缮录:抄写。

⑮帙(zhì):卷册。

⑯箧笥(qiè sì):收藏东西的竹器。

⑰泫(xuàn)然:流泪貌。这里指流泪。

⑱曩时:往时。

⑲慨惜:慨叹惋惜。曷胜:何胜。用反问语气表示不胜。

雍正皇帝从善如流

雍正十年①,山东省奏销上年正赋②,绅士欠粮不完者③,例应褫革④,该部照例具奏⑤。上以问同官⑥,同官曰:"法当如此。不褫,无以警众。"上复问廷玉,廷玉对曰:"绅士抗粮,罪固应褫。第山东连年荒歉⑦,输将不给⑧,情有可原,尚与寻常抗玩者有间⑨。可否邀恩⑩,宽限一年,俟来岁不完,然后议处,以昭法外之恩。"上恻然曰⑪:"尔言诚是!"遂降宽限三年之恩旨。此次得免褫革者,进士及举贡生监凡一千四百九十七人⑫。上之矜恤士类⑬,从善如流如此⑭。偶举一端,以见如天之德,诚古今所莫及云。

【注释】

①雍正十年:1732年。

②奏销:清代各州县每年将钱粮征收的实数报部奏闻,叫奏销。正赋:主要的赋税。指地丁税。

③绅士:指旧时地方上有势力、有功名的人。

④褫(chǐ)革:革除功名,剥夺冠服。

⑤具奏:备文上奏。

⑥同官:在同一官署任职的人,同僚。

⑦第:只是。

⑧输将不给:指缴纳赋税供不上。输将,指缴纳赋税。

⑨抗玩:玩忽抗命。有间:有区别。

⑩邀恩:本谓谋求恩赏。这里指请皇上恩准。

⑪恻然:哀怜貌,悲伤貌。

⑫举贡生监:举,举人,明清两代乡试录取者。贡,贡生,考选府、州、县生员(秀才)送到国子监(太学)肄业的。生,生员,国学及州、县学在学学生。后指经本省各级考试取入府、州、县学学习者,通称秀才。监,监生,在国子监肄业者,统称监生。

⑬矜恤:怜悯抚恤。士类:文人、士大夫的总称。

⑭从善如流:听从正确的意见如水从高处流下那样的迅速和顺当。

闱中慎独

余授馆职后①,丙戌科②,奉命分校春闱③。在闱中,有同事人以微词探余者④,余逆知其意⑤,因作《闱中对月绝句》四首,中有云:"帘前月色明如昼,莫作人间暮夜看。"⑥其人览之,怀惭而退。撤棘后⑦,士林颇传诵之⑧。

【注释】

①馆职:统称唐宋于昭文馆(唐时又称弘文馆)、史馆、集贤院等处担任修撰、编校等工作的官职。此指康熙四十二年(1703)散馆授检讨职。

②丙戌科:康熙四十五年(1706)的科举考试。

③分校:科举考试中校阅试卷的各房官。春闱:唐宋礼部试士和明清京城会试,均在春季举行,故称春闱。犹春试。

④微词:委婉的言辞。此指其人欲贿其舞弊的婉转之辞。

⑤逆知:预知。

⑥暮夜:东汉杨震任东莱太守,上任途中有往年曾被其举荐的昌邑令王密,深夜怀金十斤对其行贿。震曰:"故人知君,君不知故人,何也?"密曰:"暮夜无知者。"震曰:"天知、地知、我知、子知,何谓无知!"密惭而退。事见《后汉书·杨震传》。这两句诗,以明月喻明镜,用"暮夜怀金"之典故,表明自己如明镜高悬、不受贿徇私的心志。

⑦撤棘:科举时代称考试工作结束。因放榜日关闭贡院,并于门口设置荆棘,以防落第者闯入喧闹,放榜后始撤去,故称。

⑧士林:指文人、士大夫阶层。

忆姚夫人之谨肃

《聪训斋语》曰:"治家之道,谨肃为要。《易经·家人卦》,义理极完备,其曰:'家人嗃嗃,悔、厉、吉;妇子嘻嘻,终吝。''嗃嗃'近于烦填,然虽厉而终吉。'嘻嘻'流于纵轶,则始宽而终吝。余欲于居室,自书一额,曰'惟肃乃雍',常以自警,亦愿吾子孙共守也。"①先公之家训如此,因忆先室姚夫人②,幼奉端恪公之教③,长而于归④。能体两先人之心,不苟言⑤,

不苟笑,一举一动,悉遵矩矱⑥。于"肃"之一字,庶几近之。惜乎享年不永⑦,不能令子女辈亲见而取法也⑧。

【注释】

①此段引文见《聪训斋语》卷二,原文及注释见本书第59页。
②先室:死去的妻子。姚夫人:指姚文然之女,张廷玉之妻姚氏。
③端恪公:即姚文然。见本书第22页注①。
④于归:出嫁。《诗经·周南·桃夭》:"之子于归,宜其室家。"朱熹集传:"妇人谓嫁曰归。"
⑤不苟:不随便。
⑥矩矱(yuē):规则。
⑦享年:敬辞。称死者活的寿数。不永:谓寿命不长久。
⑧取法:效法。

谈精力

凡人精神智虑①,少壮之时,则与年俱进;渐衰之后,则与年递减。世宗宪皇帝初登大宝时②,玉年五十有一。日侍左右,凡训谕臣民之旨,缠绵剀恻③,委曲宛转④,为千古帝王之所未发。玉恭聆之下⑤,敬谨嘿识⑥,退而缮录,于次日进呈御览。少者数百言,多者至数千言,皆与原降之旨,无少遗漏,屡蒙先帝嘉奖逾量⑦。同朝共事之人,咸以为难。乃五十五岁以后,记性渐不如前。至六十以外,又不如五十七八时。今则六十有九,又不如六十一二岁时矣。精力日益衰颓⑧,而担荷重任不能为引年退休之计⑨,可愧亦可惧也。

【注释】

①智虑:智谋,才智谋略。
②初登大宝:刚刚登上帝位,大宝,《易·系辞下》:"圣人之大宝曰位。"后因以"大宝"指帝位。
③缠绵剀恻:情意深厚,哀婉恳切。剀(kǎi),中肯。
④委曲宛转:指文辞委婉而含蓄。

⑤恭聆：恭敬地听。
⑥敬谨：恭谨。嘿识(—zhì)：默默地记住。
⑦嘉奖逾量：过分嘉奖。逾量(—liàng)，超过限度。
⑧衰颓：衰弱。
⑨担荷：承当。引年：本谓对年老而贤者加以尊养。此称年老辞官。

天理人情是一体

天理人情是一件，不得分而为二。《论语》曰："父为子隐，子为父隐，直在其中矣！"①律文有"得相容隐"之条②，即从《论语》中来。细玩夫子"某也幸，苟有过，人必知之"数语③，其妙处不可以言传矣！至《孟子》"父子相夷"数句④，则不免语病⑤。

【注释】

①"父为"句：语出《论语·子路》。隐，隐讳，隐瞒。朱熹注："父子相隐，天理人情之至也。故不求为直，而直在其中。"
②律文：法律条文。得相容隐：得以互相包庇隐瞒。
③"细玩"句：语出《论语·述而》。"某"应为"丘"字。幸，幸运。过，过失。细玩，仔细品味。意思为我真幸运，如果有错，人家一定知道。说明孔子德性、修养高超。
④"父子相夷"数句：《孟子·离娄上》："夫子教我以正，夫子未出于正也。则是父子相夷也。父子相夷，则恶矣。"夷，伤，伤害。朱熹注："父既伤其子，子之心又责其父曰：'夫子教我以正道，而夫子之身未自行正道。'则是子又伤其父也。"父子相伤害，就不好了。因此张廷玉认为"父子相夷"有失偏颇。
⑤语病：措辞失当。

读《韩魏公遗事》

《韩魏公遗事》曰①："公判京兆②，日得侄孙书，云田产多为邻近侵占，欲经官陈理③。公于书尾题诗一首云：'他人侵我且从伊，子细思量未有时④。试上含(光)[元]殿基看⑤，秋风秋草正离离⑥。'其后子孙蕃衍⑦，历

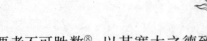

华要者不可胜数⑧,以其宽大之德致然也。"先文端公日以逊让训子孙,《聪训斋语》往复数千言,剀切缠绵⑨,即是此意。从今日观之,从前让人,无纤毫亏损,而子姓荣显⑩,颇为海内所推,孰非积德累仁之报哉⑪!韩魏公判相州⑫,因祀宣尼⑬,省宿⑭,有偷儿入室,挺刃曰:"不能自济⑮,求济于公。"公曰:"几上器具,可值百千,尽以与汝。"偷儿曰:"愿得公首以献西人⑯。"公即引领⑰,偷儿稽颡曰⑱:"以公德量过人⑲,故来相试。几上之物,已荷公赐,愿无泄也。"公曰"诺!"终不以告人。其后,为盗者以他事坐罪⑳,当死于市中,备言其事㉑,曰:"虑吾死后,公之遗德不传于世也。"此魏公遗事,载于《别录》者㉒。

【注释】

①韩魏公:即韩琦。宋代人。字稚圭,自号赣叟,天圣中进士。历官将作监丞、枢密直学士、陕西经略安抚招讨使、右仆射、司徒兼侍中。曾封魏国公。卒谥忠献。《韩魏公遗事》,又名《韩忠献公遗事》,宋人强至撰,正本1卷,补遗1卷。

②判:署理。唐宋官制,以大兼小,即以高官兼较低职位的官也称判。京兆:官名。汉代管辖京兆地区的行政长官,职权相当于郡太守。后因以称京都地区的行政长官。

③经官陈理:通过官府说理。

④思量:考虑,忖度。

⑤含元殿:唐宫殿名。高宗时所建,本名蓬莱宫,宋时已毁。遗址在今陕西省西安市。

⑥离离:浓密貌。

⑦蕃衍:繁盛众多。

⑧华要:指高贵显要的官职。

⑨剀切缠绵:恳切规劝,情意深厚。

⑩子姓:指子孙、后辈。荣显:荣华显贵。

⑪积德累仁:积累善德、多行仁义。

⑫相州:古州名,唐宋时治所在今河南省安阳市。

⑬宣尼:汉平帝元始元年追谥孔子为褒成宣尼公,后因称孔子为宣尼。

⑭省:官署名称。

⑮自济:犹自给。

⑯西人:宋代称西夏人。

⑰引领:伸长脖子。

⑱稽颡(qǐ sǎng)：跪拜，以头碰地，是居丧答拜或请罪、投降时行的礼。
⑲德量：德行和胆识。
⑳以：因为。坐罪：获罪。
㉑备言：详说。
㉒《别录》：指《宋忠献韩魏王忠臣相遇别录》一书。

范镇肺腑之言

范景仁曰①："君子言听计从，消患于未萌，使天下阴受其赐，无智名，无勇功②。吾独不得为此，使天下受其害，而吾享其名，吾何心哉？③"此数语，乃古今纯臣肺腑之言也④！

【注释】

①范景仁：即范镇。宋华阳（今四川成都）人，字景仁。举进士第一。仁宗时知谏院，后为翰林学士。因论新法与王安石不合而辞去官职。累封蜀郡公，卒谥忠文。有文集及《东斋记事》等百余卷。
②无智名，无勇功：没有智谋之名，没有勇敢作战立下的赫赫战功。
③范镇与王安石不合辞官后，苏轼往贺曰："公虽退而名益重矣。"范镇感慨系之，说了上述一番话语。见《宋史》本传。
④纯臣：忠纯笃实之臣。

欧阳修不改宋公文

欧阳文忠公之子，名发①，述公事迹有曰："公奉敕撰《唐书》②，专成《纪》《志》《表》，而《列传》，则宋公祁所撰③。朝廷恐其体不一，诏公看详④，令删为一体。公虽受命，退而曰：'宋公于我为前辈，且各人所见不同，岂可悉如己意。'于是一无所易。"余览之，为之三叹⑤。每见读书人，于他人著作，往往恣意吹求⑥，以炫己长。至于意见不同，则坚执己见，百折不回，此等习气，虽贤者不免。览欧公遗事，其亦知古人之忠厚固如是乎！

【注释】

①欧阳文忠公：即北宋文学家欧阳修。其子欧阳发，字伯和，宋太常博士胡瑗之弟子。赐进士出身，官至殿中丞，年四十六卒。

②奉敕：奉皇帝的命令。《唐书》：即《新唐书》。宋欧阳修、宋祁等撰。225卷。由于《旧唐书》颇受时论讥议，宋仁宗因命欧阳修、宋祁重撰。至嘉祐五年（1060）成书。欧撰本纪、志、表，宋撰列传。作者自称"事增于前，文省于旧"。

③宋祁：北宋安州安陆（今属湖北）人，字子京。天圣进士。官累迁翰林学士。庆历中，仁宗诏修《唐书》时，为刊修官。至和元年（1054）与欧阳修撰《唐书》，他撰列传150卷，书成，迁左丞，进工部尚书，卒谥景文。

④看详：审核。

⑤三叹：多次感叹，形容慨叹之深。

⑥恣意吹求：肆意寻找毛病。

"扑缘"与"缘扑"

《庄子》曰①："爱马者，以筐盛矢，以蜃盛溺。适有蚊虻扑缘，而拊之不时，则缺衔毁首碎胸。"②东坡诗曰："莫将诗句惊摇落，渐喜樽罍省扑缘。"③欧阳公《憎蚊》诗曰："难堪尔类多，枕席厌缘扑。"④是"扑缘"二字颠倒皆可用，想欧公有所本也，姑识之以俟考⑤。

【注释】

①庄子：名周。战国思想家、文学家，道家学派代表人物。宋国蒙（今河南商丘东北）人。政治上主张绝对"无为"。今存《庄子》一书。

②语出《庄子·人间世》。大意是：爱马的人用筐子盛马屎，用大蛤的壳接马尿。恰好有只蚊虻附着在马身上，但扑打得不是时候，惊了马，就会挣毁络头，对人造成伤害。矢：通"屎"。蜃(shèn)：大蛤。此指大蛤的外壳。溺(niào)：尿。蚊虻：一种危害牲畜的虫类。以口尖利器刺入牛马等皮肤，使之流血，并产卵其中。扑缘：附着。

③东坡：即苏轼。此二句语出苏轼《次韵王诲夜坐》诗。见《苏轼诗集》卷六。摇落：指秋季。樽罍：两种盛酒器。

④欧阳公：即欧阳修。《憎蚊》诗见《居士集》卷三。

⑤姑：姑且。识：记。俟考：等待考证。

持论不可以过刻

余二十岁时,见钱牧斋笺注杜工部《洗兵马》①,以为隐刺肃宗②,即大以为不然。盖肃宗此时收复两京③,再造唐室,故少陵作此诗,以志庆幸④。岂逆料其将来有失子道,而为讥刺之语耶⑤?近见注杜诸家,俱痛贬牧斋之说,与余意同。可见人心之公,而持论不可以过刻也⑥。

【注释】

①钱牧斋:即钱谦益。明末清初文学家,藏书家。字受之,号牧斋,自称牧翁,常熟(今属江苏)人。万历三十八年(1610)进士,官礼部右侍郎,充《明史》副总裁。著有《初学集》《有学集》。所注《杜工部集》称为《钱注杜诗》。杜工部:即唐代诗人杜甫。《洗兵马》:约759年春二月,杜甫在洛阳时所作,表现了杜甫强烈的爱国主义和现实主义精神。钱谦益在他的《钱注杜诗》中称此诗:"刺肃宗不能尽子道,且不能信任父之贤臣以致太平。"这种观点的确有不近人情、违反诗的基本情调之处。

②肃宗:即唐肃宗。唐玄宗第三子。名亨。为皇太子时,安禄山反,玄宗奔蜀,至马嵬,父老遮道请留太子讨贼。乃还至灵武,继皇帝位,尊玄宗为上皇天帝,命郭子仪收复两京,在位七年崩。庙号肃宗。

③两京:唐代指长安和洛阳。长安为西京,洛阳为东京,因称两京。安史之乱为叛军所占,肃宗至德二年(757)九月至十月先后为唐军收复。

④庆幸:可喜的幸事。

⑤"岂逆料"二句:杜甫诗中有"鹤驾通霄凤辇备,鸡鸣问寝龙楼晓"二句,这里鹤驾,钱谦益以为指肃宗,所以得出"不欲其成乎为君(不把他当皇帝看)也"的结论,这恐怕非杜甫本意。后来注家多以为"鹤驾"是指皇太子李俶,"凤辇"是指肃宗。如浦起龙就认为这二句是指:"鹤驾既来,凤辇已备,父子相随以朝寝门,欢然多忻,龙楼(玄宗所居)待晓,岂不休哉。"逆料,预料。子道,子女对父母应遵循的道德规范。讥刺,讥笑讽刺。

⑥过刻:过于刻薄。

甚惜古人著作散逸

《全唐诗》内①,载郭汾阳《乐章》二篇②,外此,无他吟咏。汾阳功业,照耀古今,不必以诗文见长。即此二章,料亦后人重公而为此附会之纪载耳,非公手制也。又《全唐诗》内,载李邺侯诗三首③。邺侯,一代大文人,其诗篇岂止于此?可见古名人著作散逸而不传者④,不知其凡几也⑤。

【注释】

①《全唐诗》:诗集名。清康熙间彭定求、曹寅等奉敕编次校刻。900卷,又总目12卷。收录全唐五代诗人2200余家,诗48900余首。为唐诗集大成之最重要总集。

②郭汾阳:即郭子仪。字子仪。唐大将,华州郑县(今陕西华县)人。以武举异等累迁朔方节度使。平安史之乱,战功显赫。升中书令,进封汾阳王。永泰初仆固怀恩纠合吐蕃、回纥分道攻唐,子仪驰骑说服回纥军,联回纥军大破吐蕃。德宗时赐号尚父,进太尉中书令。卒谥忠武。世称郭汾阳,亦称郭令公。

③李邺侯:唐大臣李泌,字长源,京兆(今陕西西安)人,玄宗时为皇太子供奉官,历仕肃宗、代宗、德宗三朝,位至宰相。封邺侯。《全唐诗》卷109录其诗4首。

④散逸:散失。

⑤凡几(—jǐ):共计多少。

评杜甫白居易诗

余常与同人论诗,戏为粗浅之语曰:"杜少陵诗,一团温厚沉着之气①,冬月读之令人暖。白香山诗,一派潇洒爽逸之气②,夏月读之令人凉。"同人颇以为确,不以为粗浅而哂之也③。

【注释】

①温厚沉著:指杜诗风格温和浑厚,沉雄着实。

②白香山:即白居易。潇洒爽逸:洒脱不拘、豪放超逸。

③哂(shěn):讥笑。

余性最嗜茶

欧阳公《归田录》曰①:"腊茶出于剑、建②,草茶出于两浙③。两浙之品,日注为第一④。自景祐以后⑤,洪州双井、白芽渐盛⑥,近岁制作尤精。囊以红纱,不过一二两,以常茶十数斤养之。用辟暑湿之气⑦。其品远出日注上,遂为草茶第一。"欧公纪载如此。余性最嗜茶,四方士大夫以此相饷者颇多⑧。仰蒙世宗皇帝颁赐佳品,一月之中必数至,皆外方精选入贡者。种类亦甚多,器具亦极精致,可谓极茗饮之大观矣⑨!然不闻有囊以红纱、养以常茶之说,而暑湿不侵、色香如故。想古法不必行于今日也。

【注释】

①欧阳公:指欧阳修,见本书第10页注⑤。《归田录》:书名,2卷,为欧阳修晚年辞官居颍州时作。所记为朝廷逸闻及士大夫的琐事、议论等,大多是亲身经历、见闻,史料翔实可靠。

②腊茶:茶的一种。腊,取早春之义。以其汁泛乳色,与溶蜡相似,故也称蜡茶。剑:地名,四川剑山的简称。建:地名,指古建州,今属福建省。

③草茶:烘烤而成的茶叶。相对于加工方法不同的团茶而言。宋代称江南所产茶为草茶,与建茶(建安茶)相对而言。两浙:浙东和浙西的合称。

④日注:即日铸。茶名。产于浙江省绍兴县日铸山,山以产茶著称,茶亦以"日铸"为名。

⑤景祐:宋仁宗赵祯年号,1034—1037年。

⑥双井、白芽:茶叶名。宋代洪州(今江西南昌市)所产。

⑦辟:躲开,避免。

⑧饷:赠送。

⑨茗(míng)饮:饮茶。

蔡绦评陶渊明

蔡绦《西清诗话》曰①:"诗家视陶渊明,犹孔门视伯夷。"②此最为确论。

【注释】

①蔡绦(tāo):北宋蔡京之子,字约之,自号百衲居士,官至徽猷阁待制,颇能文。蔡京年老,绦曾代其决事入奏。京败,绦流白州死。著有《西清诗话》《铁围山丛谈》。

②"诗家"句:此语是蔡绦评陶渊明《问来使》诗,原为"渊明意趣,真古清淡之宗,诗家视渊明,犹孔门视伯夷也"。孔门,指儒家。伯夷,商末孤竹君长子。与其弟叔齐均不愿继承其父孤竹国国君之位而双双逃到周国。武王伐纣,伯夷、叔齐扣马而谏,未从,后不食周粟而死。封建社会把他们当作抱节守志的典范。

读元好问《五岁德华小女》诗

元好问《五岁德华小女》诗①:"牙牙姣女总堪夸,学念新诗似小茶。"②注曰:唐人以茶为小女美称。

【注释】

①元好问:金文学家,字裕之,号遗山。太原秀容(今山西忻县)人,兴定进士,仕至行尚书省左司员外郎。金亡不仕,诗文为一代宗工。晚年尤以著作自任。有《遗山集》《中州集》。

②此诗原题是《德华小女五岁能诵余诗数首以此诗为赠》:"牙牙姣女总堪夸,学念新诗似小茶。好个通家女兄弟,海棠红点紫兰芽。"小茶:对幼女的美称。

香山何以用杜句

杜少陵《观公孙大娘弟子舞剑器行》曰"先帝侍女八千人"①,白香山《长恨歌》曰"后宫佳丽三千人"②,所谓"八千""三千"者,盖言其多耳,非实指其数也,合观二诗可见。少陵诗"夜足沾沙雨,春多逆水风"③,香山诗"巫山暮足沾花雨,陇水春多逆浪风"④,不知香山何以全用杜句,但改五言为七言耳！此亦古人之不可解者。

【注释】

①杜少陵：即杜甫。《观公孙大娘弟子舞剑器行》是大历二年(767)十月杜甫在夔州见公孙大娘弟子舞剑器，忆及童年在郾城亲见公孙大娘舞剑器时，抚今思昔而作的一首七言歌行。侍女：古代宫中侍奉君王后妃的女子。

②《长恨歌》是元和元年(806)白居易在盩厔县(今陕西周至)任县尉时，与友人同游仙游寺，有感于唐玄宗、杨贵妃的爱情悲剧而创作的长篇叙事诗。佳丽：美女。

③"夜足"两句：见杜甫《老病》诗。沾沙雨，沾湿沙滩的雨。逆水，与水流方向相反。

④"巫山"两句：见白居易《入峡次巴东》诗。沾花雨，浸湿花草的雨。陇水，河流名。源出陇山，因名。

古诗互见欠检点

尝读高青邱《梅花》诗①，有曰："春后春前曾独探，江南江北每相思。"又曰："拟折赠君供寂寞，东风无那欲残时。"②又曰："春愁寂寞天应老，夜色朦胧月亦香。"此数句集中皆两见。又元遗山诗中③，用古人成语甚多，不以为嫌。至其人自为诗句，重见集中者，更不一而足。想古人才思横逸繁富④，不暇检点⑤，以致彼此互见耳⑥。

【注释】

①高青邱：明代诗人高启，字季迪，元末隐居吴淞青邱，自号青邱子。明洪武初，召修《元史》，为翰林院国史编修。有《高太史大全集》。

②无那：无奈，无可奈何。

③元遗山：即元好问。

④横逸：纵横奔放，不受拘束。繁富：繁多。

⑤不暇检点：没有时间查点。

⑥互见(xiàn)：交互出现。

最巧者岁月

偶与同人谈古今最巧者何事。余曰："《尧典》中载之矣！"①客问何事,余曰:"以闰月定四时成岁②。千古节候,被他算定不差纤毫。非天下之至巧乎?"同人大笑。

【注释】

①《尧典》:《尚书》第一篇。记载尧舜禅让的事迹。大概由周代史官根据传闻编写,又经春秋战国时儒家补订。

②"以闰月"句:语出《尚书·舜典》:"帝曰:'咨。汝羲暨和,期。三百有六旬有六日,以闰月定四时成岁。'"农历一年较回归年相差约十日二十一时,故须置闰,即三年闰一个月,五年闰两个月,十九年闰七个月。每逢闰年所加的一个月叫闰月。

玉延即山药

《广雅》曰①:"玉延,藷蕷、薯蓣也。"②《本草》③:"薯蓣生于山者名山药,秦楚之间名玉延。"朱子《山药》诗曰:"欲赋玉延无好语,羞论蜂蜜与羊羹④。"

【注释】

①《广雅》:训诂书。三国魏张揖撰。10卷。是仿照《尔雅》体裁编纂的一部训诂学汇编,因增广《尔雅》所未备,故称。

②"玉延"句:语出《广雅·释草》。玉延,薯蓣的别名,也叫山药。

③《本草》:《神农本草经》的省称,古代著名药书。因所记各药以草类为多,故称《本草》。

④朱子:南宋理学家朱熹。羊羹:一种用赤小豆、琼脂和糖做的点心。

与其信梦不如信数

人情好言梦,而梦之征验不爽者①,尤喜谈而乐道之,遂成信梦之癖。余曰:"是逐末而忘其本矣!人之祸福,既预见于梦,可见有一定之数,非人之所能逃矣。与其信梦,不如信数②。营营扰扰者,又何为乎?高青邱《志梦》一篇③,读之可以增长道心。"

【注释】

①征验不爽:应验而无差错。

②数(shù):必然性。
③高青邱:见本书第179页注①。《志梦》:载《高青邱集·凫藻集》卷五《杂著》。写高青邱与同郡谢玄懿几次做梦应验之事。

修起居之沿革

宋制:以内夫人六人轮日修起居①,至暮,封付史馆;明时则内监纪之②。今则仍明朝之旧也。

【注释】

①内夫人:唐宋时宫廷女官名。侍帝左右,记其起居。
②内监(-jiàn):太监。

古人以名为字

郭子仪①,字子仪。其父敬之②,字敬之。可见古人之以名为字者,不少也。

【注释】

①郭子仪:郭汾阳。
②郭敬之:郭子仪之父,华州郑县(今陕西华县)人,历绥、渭、桂、寿、泗五州刺史。

明人纪"雷"所起处

明少师刘健①,登青柯坪②,顾其下,白雾涨如大海,时见雾中作烟突状③,高低不一;而仰视,赤日当天。下山,始知大雷霹雳,骤雨如注。所见烟突,即雷也。每思雷所起处,得此豁然。此见之明人纪载者。

【注释】

①少师:官名。明清作为荣衔,列为从一品,无职事。刘健:即刘文靖。明洛阳人,字希贤。从事伊洛之学,举天顺进士。累迁少詹事。孝宗时进文渊阁大学士,代徐溥为首辅。武宗时刘瑾等导帝盘游,健屡入谏不听。遂辞官归,瑾复以他事矫诏削籍为民。瑾诛,复官。嘉靖中卒,谥文靖。

②青柯坪:在陕西省华山谷口内约10公里。自谷口至青柯坪,两侧石壁崭然,中间一道萦回。至青柯坪,谷道已尽,四周豁然开朗。

③烟突:烟囱。

余素不信星命之说

余素不信星命之说①。偶读高青邱文②,曰:"韩文公诗有'我生之初,月宿南斗'之句③,苏文忠公谓公身坐磨蝎宫也④,而己命亦居是宫,故生平毁誉颇相似焉⑤。夫磨蝎即星纪之次⑥,而斗宿所躔也⑦,星家者说身命舍是者⑧,多以文显。以二公观之,其信然乎? 余命亦舍磨蝎,又与文忠皆生丙子⑨。"青邱自记者如此。由今观之,三公皆享文章盛名,而遭值排挤谤毁,甚至不克令终⑩,大概相似。然则星家者说,古人不废,亦未可尽以为渺茫耶。

【注释】

①星命:古代星相家谓星宿的位置和运行能决定某人的命运。

②高青邱:即高启。此指高启《赠钱文则序》一文,见《高青邱集·凫藻集》卷三《序》。

③韩文公:即韩愈。"我生"句:见韩愈《三星行》诗:"我生之辰,月宿南斗。牛奋其角,箕张其口。"南斗,星名。即斗宿,有星六颗。在北斗星以南,形似斗,故称。

④苏文忠公：即苏轼。磨蝎宫：星宿名。旧时星相家言，身、命居此宫者，常多磨难。清李慈铭《越缦堂日记·南濠诗话》："韩诗曰：'我生之初，月宿南斗。'东坡谓公身坐磨蝎宫，而己命亦居是宫，盖磨蝎星纪之次，为斗宿所缠。星家言身命舍是者，多以文显。"

⑤毁誉：诋毁和赞誉。

⑥星纪：星次名。十二次之一。与十二辰之丑相对应，二十八宿中之斗、牛二宿属之。

⑦躔（chán）：日月星辰在黄道上运行。此指斗宿所在的缠次。

⑧星家：星相家。身命：命运。舍：星位所在。

⑨生丙子：出生于丙子年，苏轼生于宋景祐三年（1036）十二月，高启生于元至元二年（1336），于干支皆为丙子，故云。

⑩"三公"以下三句：韩愈是唐代著名散文家、诗人。因上书请求宽免关中受灾地区徭赋，被贬为阴山令。后被提升，但又因上书谏迎佛骨，触怒宪宗，被贬为潮州刺史。苏轼是宋代著名文学家。因反对王安石变法，被贬为杭州通判。后又作诗讽刺变法，被捕下狱。等到旧党执政，被召回，但由于不赞成司马光等人全盘废弃新法而再次外调。绍圣年间，新党重新上台，以"讥谤先朝"罪名，将他远谪惠州、儋州。高启是明初诗人。因擢升户部侍郎，坚辞不受，朱元璋认为他不肯合作，借苏州刺史魏观案件，将他腰斩于南京。三人文学均负盛名，仕途却多有不舛，故张廷玉有是说。三公，指韩愈、苏轼、高启。遭值，犹遇到。不克令终，没有尽天年而寿终。不克，不能。令终，尽天年而寿终。

读《庐山志》

《庐山志》言蛇雉蚯蚓之类穴山而伏①，三十年则化而为蛟。常以夏月乘雷雨去之江湖，三、数年一次（见《筠廊偶笔》②）。

【注释】

①雉：鸟名，通称野鸡。

②《筠廊偶笔》：清人宋荦撰，计2卷。

李伯时画马

《云烟过眼录》曰①："李伯时貌天厩满川花②，放笔而马殂③。盖神魂精魄④，皆为笔端取去，实为异事。"余谓此与张僧繇画龙点睛即飞去事同一理也⑤。

【注释】

①《云烟过眼录》：宋末元初周密撰。4卷。记所见书画古器，略品甲乙，间加赏鉴之语，取苏轼《宝绘堂记》"烟云过眼"语以为书名。又续录1卷，为元汤允谟撰，体例与原书相近，仅39条。旧时附于密书之后。

②李伯时：即北宋画家李公麟。字伯时，号龙眠居士。安徽桐城人。官至朝奉郎。好古博学，善鉴定出土鼎彝，但终为画名所掩。擅画人物、鞍马、山水、花鸟，继承前人的技法传统而敢于创新。传世作品有《五马图》《临韦偃牧放图》。貌：描绘。天厩：皇家养马处。满川花：马名。

③放笔：搁笔。殂（cú）：死。

④神魂精魄：精神魂魄。

⑤画龙点睛：据《神异记》载，张僧繇尝在金陵安乐寺画四条龙，但没有点睛，说点上眼睛龙即飞去。人们不相信，坚决要求他给龙点上眼睛。一会儿，雷电破壁，点睛的两条龙飞走了，而没有点眼睛的两条龙仍在。张僧繇：梁时人，历右将军，吴兴太守，善绘云龙人物。武宗崇饰佛寺，多命僧繇画之。

谨记父训

《聪训斋语》曰："放翁诗：'倩盼作妖狐未惨，肥甘藏毒鸩犹轻。'此老知摄生哉！①"玉谓此二语，可作富贵人座右箴。

《聪训斋语》曰："余性不爱观剧，一席之费，动逾数十金。徒有应酬之劳，而无酣适之趣，不若以其费济困赈急，为人我利溥也。余六旬之期，老妻礼佛时，念及诞日，例当设梨园宴亲友。吾家既不为此，胡不将此费制绵衣袴，以施道路饥寒之人乎？次日为余言，笑而许之。余意归里时，仿陆梭山居家之法：以一岁之费，分为十二股，一月用一分，每日于食用节省。月晦之日，则总一月之所馀，别作一封，以应贫寒之急。能多作好事一两件，其乐逾于日享大烹之奉多矣！但在勉力而行之。"②先公之垂训如此③。玉生平亦不爱观剧，盖天下之乐，莫乐于闲且静。果能领会此二字，不但有自适之趣④，即治事读书，必志气清明，精神完足，无障碍亏缺处。若日事笙歌⑤，喧哗杂遝⑥，神智渐就昏惰⑦，事务必至废弛⑧，多费又其馀事也！至于畜优人于家⑨，则更不可。此等轻儇佻达之辈⑩，日与子弟家人相处，渐染仿效，默夺潜移，日流于匪僻⑪，其害有不可胜言者。余居京师久，见富贵家之畜优人者，或数年，或数十年，或一再传而后必至家规荡弃，生计衰微⑫，百不爽一⑬。呜呼！人情孰不为子孙计，而乃图一时之娱乐，贻后人无穷之患，不亦重可叹哉！

【注释】

①引自《聪训斋语》卷一。原文及注释见本书第12~13页。康熙四十三年(1704)《聪训斋语》刻本"放翁诗"后有"云"字。

②引自《聪训斋语》卷一。原文及注释见本书第31页。张廷玉引文中略有改动。

③垂训：垂示教训。

④自适：悠然闲适而自得其乐。

⑤笙歌：吹笙唱歌，此泛指奏乐唱歌。

⑥喧哗杂遝(tà)：喧嚣嘈杂，杂乱无序。

⑦昏惰：昏昧怠惰。

⑧废弛：废弃懈怠。谓应施行而未施行。

⑨优人：古代以乐舞、戏谑为业的艺人。

⑩轻儇(—xuān)佻达(tiāo tà)：轻浮放荡。

⑪匪僻：邪恶。

⑫生计：赖以度生的资财产业。

⑬百不爽一：犹百不差一，形容绝不会失误。

得便宜与落便宜

邵康节尝诵希夷之语①，曰："得便宜事不可再作②，得便宜处不可再去。"又曰："落便宜处是得便宜。"故康节诗云："珍重至人常有语，落便宜事得便宜。"元遗山诗曰："得便宜处落便宜，木石痴儿自不知。"③此语常人皆能言之，而实能领会其意者，非见道最深之人不足以语此也④。余不敏⑤，愿终身诵之。

【注释】

①邵康节:邵雍(1011—1077),北宋哲学家、文学家。字尧夫,自号安乐先生。祖籍范阳,幼随父迁居共城(今河南辉县),后归隐于苏门山百源之上,故人称百源先生。官府屡召为官,均辞不就。后居洛阳,与富弼、司马光、吕公著等人交游甚密,讲论学问。卒赠秘书省著作郎,元祐中赐谥康节。有《皇极经世》《观物内外篇》《伊川击壤集》等传世。希夷:五代宋初道士陈抟,字图南,自号扶摇子。亳州真源(今安徽省亳州市)人。举进士不第,隐居华山。传得仙人酣睡之方,长睡不起,宋太宗屡召不应,赐号"希夷先生"。著有《太极图》《指玄篇》等。

②便宜事:谓不花代价或花很少代价而得到好处的事。

③见元好问《乐天不能忘情图》诗。木石:比喻无知觉、无感情之物。

④见道:明白道理。

⑤不敏:谦词。犹不才。

人生之乐莫如自适其适

余侍从西郊,蒙世宗皇帝赐居戚畹旧园①。庭宇华敞②,景物秀丽,京师所未有也。寝处其中十余年矣,而器具不备,所有者皆粗重朴野③,聊以充数而已,王公及友朋辈多以俭啬相讥嘲④。余曰:"非俭啬也,叨蒙先帝屡赐内帑多金⑤,办此颇有馀赀⑥。但我意以为:人生之乐,莫如自适其适⑦。以我室中所有之物而我用之,是我用物也;若必购致拣择而后用之⑧,是我为物所用也。我为物用,其苦如何?陶渊明之不肯'以心为形役'者⑨,即此义。况读书一生,身膺重任⑩,于学问政事所当留心讲究者,时以苟且草率多所亏缺为惧,又何暇于服饰器用间,劳吾神智以为观美哉⑪?"

【注释】

①戚畹:犹戚里。帝王外戚聚居的地方。

②庭宇华敞:房舍华丽宽敞。

③朴野:朴质无华。

④俭啬:吝啬。

⑤内帑(-tǎng)：指国库里的钱财。
⑥赀：通"资"，钱财。
⑦自适其适：悠闲自得于自己的满足。语出《庄子·骈拇》："夫适人之适，而不自适其适，虽盗跖与伯夷，是同为淫僻也。"
⑧拣择：挑选。
⑨形役：谓为形骸所拘束、役使。犹言被功名利禄所牵制、支配。语出晋陶潜《归去来兮辞》："既自以心为形役，奚惆怅而独悲？"
⑩膺(yīng)：承当，担当。
⑪观美：外观美。

勿存侈心

小筑园亭，以为游观偃息之所①，亦古贤达人之所不废②。但须先有限制，勿存侈心③。盖园亭之设，大以成大，小以成小。凡一二百金可了者，用至一二千金而犹觉不足，一有侈心，便无止极④，往往如此。白香山《池上篇》云："可以容膝⑤，可以息肩⑥。"何尝不擅美于千古哉⑦！

【注释】

①偃息：睡卧止息。
②贤达：贤明通达。
③侈心：奢侈之心。
④止极：终极，尽头。
⑤容膝：仅能容纳双膝。这里指狭小之地。
⑥息肩：栖止休息。
⑦擅美：独享美名。

【卷三】

读书人之病

凡人借书至日久遂藏匿不还①,或室中所有之书,有所残缺失落,而不及早检点寻觅②,均是读书人之病。

【注释】

①藏匿:藏起来不让人发现。
②检点:查点。

仙岂易言

《五色线》①曰:侯道华好子史②,手不释卷。尝曰:"天上无愚懵仙人③。"予曰:不独此也!自非大智、大仁、大勇不能为仙,仙岂易言哉!

【注释】

①《五色线》:书名。《宋史·艺文志·子部·类书类》著录,1卷,不署作者名。《千顷堂书目·子部·小说类》有邵文伯《浩然翁手钞五色线》2卷。今有《津逮秘书》本。书中采拾百家杂记中新颖奇怪的记述,摘取数字,各为标目,随意割裂,多无条理。
②"侯道华好子史":侯道华,唐芮城(今属山西)人,初为河中永乐道净院使役,有道士邓太玄炼药贮院内。道华好读子史,手不释卷,有人问他读这些书有什么作用,答曰:"天上无愚懵仙人。"问者皆笑之。一日自市饮醉归来,把寺院内的松枝全部砍掉,七日后,自松顶飞升而去。
③愚懵(—měng):愚昧不明。

天下事难成而易败

余二十岁外,披阅书籍,遇赏心怡情及不常经见者①,辄笔之于书,名曰"随手录"。至五十时,得五帙,约计千篇有馀。不意回禄为灾②,遂化为乌有,自后不复再录矣!天下事难成而易败,大抵如此也。

【注释】

①"遇赏心怡情"句:指在读书时碰到那些让人心情欢悦、精神振奋而又不常见到的语句。赏心:心意欢乐。怡情:怡悦心情。经见:本指从经典中见到。这里指常见。

②回禄:本指传说中的火神名。此借指火灾。

嫩芽非"雀舌"

《梦溪笔谈》①曰:"茶芽,古人谓之雀舌②、麦颗③,言其至嫩也。今茶之美者,其质素良,而所植之木又美,则新芽一发,便长寸馀,其细如针。唯芽长为上品,以其质干土力皆有馀故也。如雀舌、麦颗者,极下材耳,乃北人不识,误为品题。④〔余山居有《茶论》〕,《尝茶诗》云:'谁把嫩香名雀舌?定知北客未曾尝。不知灵草天然异⑤,一夜风吹一寸长。'"余性嗜茶,且蒙恩赐络绎,于各省最上之品,无不尝遍。每随俗呼嫩芽为"雀舌",而不知其误也,特书以志之。

【注释】

①《梦溪笔谈》:笔记集。宋沈括著。凡26卷。又《补笔谈》3卷,《续笔谈》1卷。全书以类相从,分故事、辨证、乐律等17门,共609条。记载我国古代政治、社会及自然科学技术的发展和发明创造的情况,内容广泛。引文见《梦溪笔谈》卷二十四。

②雀舌:茶名。以嫩芽焙制的上等茶。

③麦颗:指茶芽。形似麦粒,故称。

④品题:品评,定其高下。

⑤灵草:仙草。

赐品慎用

李峤平日卧青绨帐①,帝以为太俭,赐御用绣罗帐②。峤寝其中,达晓不安,怪而生疾。此等事,人或以为矫③,而以予素性论之,则知其必然。予蒙恩赐衣冠器具之华美者,对之实有踢踏不宁之意④,惟有什袭珍藏⑤,以示子孙,不敢轻自服用也。

【注释】

①李峤:唐赵州赞皇(今属河北)人。字巨山。麟德元年(664)进士,历仕高宗、武后、中宗、玄宗四朝,官至中书令。善诗文,与同乡苏味道齐名,合称"苏李"。又与苏味道、崔融、杜审言合称"文章四友"。青绨(shī)帐:一种青色粗绸床帐。
②绣罗帐:绣花丝罗床帐。
③矫:矫言,假托之辞。
④踢踏:局促不安。
⑤什袭珍藏:谓郑重珍藏。什袭,重重包裹。

刘伯温论"妇有七出"

余幼年见妇有七出之条①,而恶疾与无子亦在应出之列,心窃疑焉。以为恶疾、无子,乃生人之不幸,非失德也,以此被出,殊非情理。祇以载在《礼经》②,不敢轻议,蓄之于心久矣!昨读刘诚意所著《郁离子》③,有曰:"或问于郁离子曰:'在律妇有七出④,圣人之言欤?'曰:'是后世薄夫之所云⑤,非圣人意也。夫妇人从夫者也,淫也、妒也、不孝也、多言也、盗也,五者天下之恶德也,妇而有焉,出之,宜也。恶疾之与无子,岂人之所欲哉?非所欲而得之,其不幸也大矣,而出之忍矣哉?'夫妇,人伦之一也⑥。妇以夫为天,不矜其不幸⑦,而遂弃之,岂天理哉!而以是为典训⑧,是教不仁,以贼人道也⑨!仲尼殁而邪辞作⑩,惧人之不信,而驾圣人以逞其说⑪。呜呼!圣人之不幸而受诬也,甚矣哉!"诚意此论,仁至义尽,实获我心⑫。览之为一大快,特命儿辈录出识之⑬。

【注释】

①七出之条：封建社会丈夫遗弃妻子的七种条款。即：不顺父母、无子、淫僻、嫉妒、恶疾、多口舌、窃盗。七条有一，即可遗弃。见《仪礼·丧服》唐代贾公彦疏。这是封建宗法制度对妇女残酷迫害的借口。

②《礼经》：此指《仪礼》。

③刘诚意：字伯温，元末进士，元末明初诗文作家，明代开国功臣。明初任御史中丞兼太史令，封诚意伯，故称。致仕后，遭胡惟庸构陷，忧愤而死。《郁离子》：刘伯温在明朝建立前写的寓言体散文集。

④律：法律法规。

⑤薄夫：刻薄的人。

⑥人伦：封建礼教所规定的人与人之间的关系。

⑦不矜：不同情。

⑧典训：指准则性的训示。

⑨贼：败坏。

⑩仲尼：即孔子。

⑪"驾圣人"句：意为假托圣人之口兜售自己的观点。驾，托言。

⑫获：本指得到。这里引申为符合。

⑬识(zhì)：记住。

得意失意均须检点言语

凡人于极得意、极失意时,能检点言语,无过当之辞,其人之学问器量,必有大过人处。

欧阳修和杜正献诗

欧阳文忠公出杜正献公之门①。欧阳和杜诗有曰:"貌先年老因忧国,事与心违始乞身。"② 杜甚喜,一时传诵之。见《竹林诗话》③。

【注释】

①杜正献:即杜衍。宋山阴(今浙江绍兴)人。字世昌。大中祥符初擢进士甲科。历知外郡。仁宗特召为御史中丞。后拜枢密使。以太子少师致仕,封祁国公,卒谥正献。

②"欧阳和杜诗"句:此指欧阳修和杜正献诗。杜正献辞官后,欧阳修被贬,二人相处极为投合。杜年已八十,忧国之心慷慨不已,每每忧形于色。欧阳修的两句诗不仅委婉地道出了杜公报国之志,而且描摹出杜公因忧国而衰老的形貌。乞身,古代以做官为委身事君,故称请求辞职为乞身。

③《竹林诗话》:应是《石林诗话》之误。《石林诗话》2卷,系宋人叶梦得撰。叶梦得自号石林居士。所引见该书卷上。

平生不为竭力事

予生平登山游览,只至山半,而不登其巅;入寺登塔,亦止于一二层,而不蹑其顶。盖身体羸弱,不敢为竭力事。且承先人训,时存知足之心,切凛高危之戒也①。不意中年②,受国家厚恩,官阶荣显③,超轶等伦④,尝清夜自思,汗流浃背。叹曰:竟造浮图绝顶,高出云表矣⑤!是岂予之初心哉。

【注释】

①切凛高危之戒也:务须避免位高势危之境的训诫。凛,怕。高危,位高势危。

②不意：不料。
③官阶：官员的等级。
④超轶等伦：远远超过同辈共事的人。雍正间廷玉官至保和殿大学士、军机大臣，故云。超轶，谓高超不同凡俗。等伦，同辈。
⑤"竟造"句：造，达到。浮图，佛教语，俗称宝塔。云表，云外。这句是感叹自己在官阶上竟然达到至高至危的位置。

乐道人善，恶称人恶

"乐道人之善"①，"恶称人之恶"②，皆出《论语》，可作书室对联，触目警心也③。

【注释】

①语出《论语·季氏》。乐道：乐于称道，喜欢谈论。
②语出《论语·阳货》。恶（wù）：讨厌，憎恨。
③触目警心：看到某种情况，心中引起警觉。

居家之药石

明儒吕叔简先生坤曰①："家人之害，莫大于卑幼各恣其无厌之情，而上之人阿其意而不之禁②；尤莫大于婢子造言而妇人悦之③，妇人附会而丈夫信之④。禁此二害，而家不和睦者，鲜矣！"又曰："今人骨肉之好不终⑤，只为看得'尔我'二字太分晓⑥。"此二段语虽浅近，实居家之药石也。

【注释】

①吕叔简：名坤，字叔简，号心吾。明万历进士。历官山西巡抚，擢刑部侍郎。立朝持正，因此为小人所不悦，欲中以奇祸。遂致仕。年八十二卒。有《去伪斋文集》等。
②"卑幼各恣"句：意为晚辈放任自己难以满足的欲望，作为尊长者却曲从晚辈而不加以禁止。卑幼，指晚辈中年龄幼小者。恣，放任。阿，曲从。语出吕坤的《呻吟语》。
③"尤莫大"句：过失没有比女仆造谣更大的了。尤，过失。婢子，使女。造言，制造谣言。

④附会：把根本没有关系或相去甚远的两件事硬扯到一起。
⑤骨肉：比喻至亲。指父母兄弟子女等亲人。
⑥分晓：明白，清楚。

做官都是苦事，为官原是苦人

吕叔简曰："做官都是苦事，为官原是苦人。官职高一步，责任便大一步，忧勤便增一步①。圣贤胼手胝足②，劳心焦思③，惟天下之安而后乐；众人快欲适情④，身尊家润⑤，惟富贵之得而后乐。"予爱其语，书一通于座右。

【注释】

①忧勤：为国事而忧思勤劳。
②胼（pián）手胝（zhī）足：手掌和脚底磨起了老茧。形容极其辛劳。
③劳心焦思：苦思苦想。
④快欲适情：欲望得到满足、心情舒适畅快。
⑤身尊家润：身居尊位、家境丰实。

宋有日应百篇科

宋有日应百篇科①，则一日作诗百首也。太宗时②，得赵国昌一人，然止成数十首，率无可观。帝命赐及第③，后无继者。

【注释】

①百篇科：唐宋时以百篇诗赋取士，谓之"百篇科"。
②太宗：宋太宗（939—997），北宋皇帝。即赵炅，赵匡胤之弟，在位 22 年。
③及第：科举应试中选。因榜上题名有甲乙次第，故名。隋唐只用于考中进士，明清殿试一甲三名称赐进士及第，亦省称"及第"。

读《万历野获编》

明人《万历野获编》云①：正德三年戊辰科场届期②，司天者言③："荧惑守④，文昌不移⑤，闱中应为之备。"甫毕末场，火发于内，力救乃止，遂促出榜，期以二月二十七日揭晓。才毕事而至公堂被烬，星占之验如此。又曰：嘉靖丙辰、己未二科⑥，不选庶常⑦。至壬戌，已定议(馆选)⑧，至期诸进士入内候试。内阁拟题，进呈御览。久之，御札批曰⑨："今年且罢。"盖诸进士贷金于中贵⑩，以赂首揆分宜⑪，为其同侪密奏⑫，故降旨中辍耳⑬。

【注释】

①《万历野获编》：书名。简称《野获编》。明沈德符撰。30卷，补遗4卷，成书于万历三十四年(1606)。取材广泛，内容丰富，凡典章制度、朝廷掌故、山川景物、民间风俗、文人琐闻，乃至戏曲小说等莫不涉及，记事以万历年间为主。

②正德三年：明武宗朱厚照即位第三年，1508年。届期：到预定的日期。

③司天者：负责观察天象等以占断吉凶的人。

④荧惑：古指火星。因其隐现不定，令人迷惑，故名。

⑤文昌：星座名。共六星，在斗魁之前，形成半月形状。

⑥嘉靖丙辰、己未：明世宗朱厚熜三十五年、三十八年，即1556年、1559年。

⑦庶常：《尚书·立政》："太史、尹伯，庶常吉士。"周秉钧易解："庶，众也。常，祥也。吉，善也。庶常吉士，言上列各官皆祥善也。"明置庶吉士，取义于此。清因以"庶常"为庶吉士的代称。

⑧馆选：谓被选任馆职。明清以在翰林院、詹事府任职者为馆职，馆职人员在其年科举考试进士中考选，称为馆选。清方苞《翰林院检讨窦君墓表》："戊辰成进士，馆选。"

⑨御札：帝王的手诏。

⑩贷金：借贷。中贵：帝王所宠信的宦官。

⑪首揆：即首相。揆，管理、掌管。因宰相管理百官百事，后遂以指宰相或相当于宰相之职。故称居首位者为首揆。分宜：明奸相严嵩，江西分宜人，世多以"分宜"代称之。

⑫同侪(chái)：同伙。

⑬中辍：中止。

三主会试

偶见明人纪载,以人臣一典文衡者①,为遭逢之盛事②。永乐正统间③,钱侍郎习礼三为会试同考官④,两主乡试,三充廷试读卷官⑤。又刘文靖健再主两京乡试⑥,四为会试同考官,一主会试,六充廷试读卷官。李文正东阳再主两京乡试⑦,两为会试同考官,两主会试,八充廷试读卷官。杨文敏荣一典京畿乡试⑧,九为廷试读卷官。胡忠安濙十知贡举⑨。士林皆传为美谈⑩。余自通籍以来,康熙丙戌、壬辰、乙未三科⑪,为会试同考官。雍正癸卯⑫,主顺天乡试。雍正癸卯、甲辰⑬,乾隆丁巳⑭,三主会试。康熙辛丑⑮,雍正癸卯、甲辰、丁未、庚戌⑯,乾隆壬戌⑰,六充廷试读卷官。其馀廷试诸年,皆以子弟与试,引例回避⑱。惟雍正癸卯年,胞弟廷璐⑲,堂弟廷珩⑳,侄子若涵㉑,同登甲榜㉒,廷试时,余不应读卷,蒙世宗宪皇帝特降谕旨,破格简用㉓,尤异数中之罕见者㉔。

【注释】

①文衡:旧谓判定文章高下以取士的权力。评文如以秤衡物,故云。

②遭逢:犹际遇。

③永乐:明成祖朱棣年号,1403—1424年。正统:明英宗朱祁镇年号,1436—1449年。

④钱侍郎:指钱习礼。名幹,永乐进士。授检讨。英宗开经筵,为讲官,参与纂修《宣宗实录》。累擢礼部侍郎,卒谥文肃。

⑤读卷官:阅卷大臣。古代殿试进士,由皇帝钦点大臣为读卷官阅卷。

⑥刘文靖:名健,字希贤。从事伊洛之学,举天顺进士。累迁少詹事。孝宗时进文渊阁大学士,代徐溥为首辅。武宗时致仕归。嘉靖中卒,谥文靖。

⑦李文正:即李东阳(1447—1516)。明茶陵(今属湖南)人,字宾之,号西涯,天顺进士。官至吏部尚书、华盖殿大学士。受顾命,辅翼武宗,立朝五十年,卒谥文正。为文典雅流丽,工篆隶书,有《怀麓堂集》。

⑧杨文敏:即杨荣(1371—1440)。明建安(今福建建瓯)人。字勉仁,初名子荣。建文进士,授编修。后入文渊阁,更名为荣。仁宗立,累进谨身殿大学士、工部尚书,宣德中加少傅。历事四朝,卒谥文敏。有《杨文敏集》。京畿:国都及其行政官署所辖地区。

⑨胡忠安:即胡濙(yíng)。明代武进人。字源洁。建文进士。授兵科给事中,官至礼部

尚书,加少傅。历事六朝,为官六十年,年八十九卒,谥忠安。知贡举:唐宋时特派主持进士考试的大臣。清代会试的知贡举多于一二品大臣中简派,满汉各一,仅管考场事务,不负阅卷取士之责。

⑩士林:指文人士大夫阶层、知识界。

⑪康熙丙戌、壬辰、乙未:清圣祖玄烨在位的四十五年、五十一年、五十四年。即1706年、1712年、1715年。

⑫雍正癸卯:即雍正元年,1723年。

⑬雍正甲辰:即雍正二年,1724年。

⑭乾隆丁巳:即乾隆二年,1737年。

⑮康熙辛丑:即康熙六十年,1721年。

⑯雍正丁未、庚戌:即雍正五年、八年,1727年、1730年。

⑰乾隆壬戌:即乾隆七年,1742年。

⑱引例:援引惯例。

⑲廷㻞:字柯臣,号思斋,张英五子,雍正癸卯进士,授编修,迁内阁学士,兼礼部侍郎。著《示孙篇》6卷。

⑳廷珩:即张廷珩。字玱闻,雍正元年(1723)进士,殿试二甲第一名。上曰:"汝文字置二甲屈矣。"即授检讨,入直南书房,充日讲官。未几患疾而终。

㉑若涵:即张若涵,安徽桐城人,清雍正元年(1723)进士。

㉒甲榜:元明以来称进士为甲榜。

㉓简用:选拔任用。

㉔异数:特殊的礼遇。

居官释怨尤难

董华亭宗伯曰①:"结千百人之欢,不如释一人之怨。"余曰:此长厚之言也②!凡人居官理事,旌别淑慝③,乃其本职。人不能有善而无恶,则我不能有赏而无罚,即不能有感而无怨矣!乡愿之事④,势不能为。如管仲夺伯氏骈邑三百,没齿无怨言⑤;诸葛武侯废廖立为民,徙之汶山,武侯薨,立泣曰:"吾终为左衽矣⑥。"如伯氏、廖立者,皆公平居心之贤人也。彼世俗之人,小不如己意,则衔之终身矣,若欲释怨非⑦,枉道废法⑧,其何以哉?

【注释】

①董华亭:即董其昌(1555—1636),字玄宰,号思白、思翁,别号香光居士,华亭(今上海市松江区)人,万历十六年(1588)进士,选庶吉士授编修,官至礼部尚书。工书画,卒谥文敏。

②长厚:厚道。

③旌别淑慝:甄别善恶。旌别,甄别。淑慝(tè),犹善恶。

④乡愿:指乡中貌似谨厚而实与流俗合污的伪善者。

⑤"管仲夺伯氏"句:管仲,春秋时杰出的政治家。颍上(今安徽颍上)人。又名管夷吾、管敬仲。相齐桓公,在齐国进行改革,使齐桓公成就霸业。现存《管子》76篇,是一部稷下黄老道家学派的文集汇编。其"夺伯氏骈邑"事,出自《论语·宪问》:"问管仲。曰:'人也。夺伯氏骈邑三百,饭疏食,没齿无怨言'。"意思是:(管仲)是个人才。他剥夺了伯氏骈邑三百户的采地,使伯氏只能吃粗粮,而伯氏终身都没说怨恨的话。伯氏,齐大夫。骈邑,地名。在今山东临朐县东南。没齿,终身。

⑥"诸葛武侯"句:诸葛武侯即诸葛亮,三国时政治家、军事家。字孔明,琅琊阳都(今山东临沂沂南县)人。汉末避难荆州,隐居隆中。刘备三顾茅庐后,出山为刘备谋士。蜀汉建立,功拜丞相。刘备死后,刘禅继位,封亮为武乡侯,领益州牧,主持军政大事。后病死于五丈原军中。廖立,蜀汉临沅人,字公渊。先主时领荆州牧,擢其为长沙太守;先主进位汉中王,又征其为侍中。后主袭位,徙为长水校尉,因而心生怨恨。诸葛亮奏废为民,徙汶山郡,廖立躬率妻子至汶山耕植自给。闻亮卒,垂涕叹息,后终徙所。汶山,古山名。"汶"读若"岷",即岷山。左衽,本谓我国古代某些少数民族的服装衣襟向左。后因以"左衽"指少数民族。

⑦释:化解。怨非:即"怨诽",怨恨,非议。

⑧枉道废法:枉道,违背正道。废法,废弃法律。

戒贪取妄求

山东曹县吕道人,不知其年。问之,亦不以实告,大约在百龄内外。善养生修炼之术,鹤发童颜,步履矍铄①。终日不食亦不饥,顶心出香气,如麝檀硫磺然,此予亲见者。以针砭为人疗病②,辄效,赠以财物不受,曰:"天下之物,那一件是我的!"人曰:"聊以表吾心耳!"答曰:"天下之物,那一件是你的!"此二语,予最爱之,可以警觉天下之贪取妄求而不知止足者。

【注释】

①矍铄(jué shuò)：形容老人精神健旺。
②针砭：用砭石制成的石针。此谓针灸治病。

度量大乃福相

凡人度量广大，不妒忌，不猜疑，乃己身享福之相，于人无所损益也。纵生性不能如此，亦当勉强而行之。彼幸灾乐祸之人，不过自成其薄福之相耳，于人又何损乎？不可不发深省。

明馆选旧事

明嘉靖自十三年乙未馆选之后①，遇丑未则选，遇辰戌则停，终世宗之朝。三十馀年，遂为故事②。其后丙辰、己未、壬戌，连三科不选，至乙丑始复考。而穆宗御极二年为戊辰③，以龙飞首科④，特选三十人。至万历二年⑤，虽首科亦不选矣。此后庚辰亦如之⑥。至丙戌⑦，次揆王太仓建议⑧，始复每科馆选之例，盖自张永嘉丙戌摧残以来⑨，至是恰一周天⑩，亦固运会使然也⑪。此载之《万历野获编》者⑫。

【注释】

①嘉靖十三年乙未：应为"十四年乙未"即1535年。嘉靖，明世宗朱厚熜年号。馆选：参见第195页注⑧。
②故事：旧事。这里指长期以来形成的规章制度。
③穆宗：即朱载垕。明世宗第三子，嘉靖十八年(1539)封裕王，四十五年(1566)世宗崩，即帝位，年号隆庆。1573年崩于乾清宫，年仅三十六岁。在位六载，端拱寡营，躬行俭约，尚食岁省巨万。减赋息民，边陲宁谧。
④龙飞首科：新皇帝即位后第一次考试选士的科目。
⑤万历二年：1574年。万历，明神宗朱翊钧年号。
⑥庚辰：万历八年，1580年。

⑦丙戌：万历十四年，1586年。

⑧次揆：时称张居正为首揆，王锡爵次之，故称。揆，指宰相或相当于宰相之职。王太仓：即王锡爵，太仓（今属江苏）人，字元驭，嘉靖会试第一，廷对第二。授编修。万历初掌翰林院，累官礼部尚书，兼文渊阁大学士，改吏部尚书。卒谥文肃。有《王文肃集》等。

⑨张永嘉：即张璁，明永嘉（今浙江温州）人，字秉用，后赐名孚敬，字茂恭。正德进士，仕至华盖殿大学士。卒谥文忠。有《张文忠集》等。丙戌：指嘉靖五年，1526年。摧残：毁损。引申为破坏、废除。

⑩一周天：这里指一个甲子，即六十年。

⑪运会：时运际会。

⑫《万历野获编》：见本书第195页注①。

王旦与寇准

《宋史·王文正公传》①曰："旦专称寇准②，而准数短旦③。帝以语旦，旦曰：'理固当然，臣在相位久，阙失必多④。准对陛下无所隐，益见其忠直。此臣所以重准也。'帝以是愈贤旦。后准以武胜军节度使同平章事⑤，入谢曰：'非陛下知臣，安能至此。'帝具道旦所以荐准者，准始愧叹，以为不可及。"予曰：文正公之盛德固已，然古今来与此相类者，未尝无之。惟遇莱公其人⑥，斯不负文正之盛德，而成史册之美谈矣！苟非其人则湮没而不彰者⑦，岂少哉！

【注释】

①《宋史》：书名。元脱脱等撰。496卷。记载自建隆元年（960）至祥兴二年（1279）319年的历史。二十四史中《宋史》篇幅最多，列传两千多人。王文正公：即王旦。宋代人，字子明，太平兴国进士。真宗时累擢知枢密院，进太保。卒封魏国公，谥文正。有文集。

②寇准：北宋大臣。字平仲。华州下邽（今属陕西渭南市）人。太平兴国进士。为人刚直。真宗即位后，先后在工、刑、兵部任职，又为三司使。1004年辽军南犯，初任宰相，极力主战。澶渊之盟后，因遭王钦若等攻击，罢相，出知陕州。后再度复相，封莱国公。后被贬雷州，病死。著《寇莱公集》。

③短：谓指摘缺点。

④阙失：失误。

⑤节度使同平章事：节度使，官名。唐始设此官，掌总军旅，专诛杀，一揽民政财用。宋初曾免节度使的兵权，节度使便成了虚衔。同平章事，官名。唐宋皆置，实为宰相。唐代中书令和侍中是宰相，别的官员参掌，必加"同中书门下平章事"，简称"同平章事"，意思是与中书门下一样，同平章奏，共议国政。宋初沿用此制，后时设时废。节度使加"同平章事"者，为虚衔，不任职。

⑥莱公：即寇准。因密奏真宗皇帝，建议由正直大臣辅佐太子监国，此议泄密，寇准被罢相，改为太子太傅，封莱国公，后称寇莱公。

⑦湮没：埋没。

阅历之言当识之

偶因奏事，小憩内监直房①。见壁间有祝枝山墨刻曰②："喜传语者，不可与语；好议事者，不可图事。"余叹曰："此阅历之言也③。"归，语儿辈识之。

【注释】

①内监直房：太监当值办事之处。

②祝枝山：即祝允明。明书法家。字希哲，号枝山，长洲（今江苏吴县）人。历任广东兴宁知县、应天府通判，后人因称"祝京兆"。与唐寅、文征明、徐祯卿并称"吴中四才子"。墨刻：谓对书画进行摹刻及用墨硾（zhuì）拓。

③阅历之言：经验之言。

明朝秕政

明朝名器之滥①，始于武宗、世宗②。武宗宠用伶人臧贤③，至赐一品服。世宗加恩道士，如邵元节、陶仲文、徐可成、蒋守约等④，皆赐至礼部尚书衔。又先宗时⑤，有人常卿顾玒者⑥，白陈显灵宫奉祀香火年久，今妻王氏病故，乞赐祭葬，竟许之。是道士之横，成化时已然矣⑦。世宗末年，土木繁兴而期限迫急⑧，不逾时刻。木匠徐杲以一人筹算经营⑨，操斤指示⑩，俄顷即出，而斫材长短大小，不爽锱铢⑪，大工两三月告竣。世宗眷注优异⑫,加尚书衔,并赐金吾世荫⑬,亦往事之罕见者。至唐庄宗入梁⑭,以伶人陈俊为景州刺史⑮;王衍在蜀⑯,以乐工严旭为蓬州刺史⑰,尤为秕政矣⑱。

【注释】

①名器:名号与车服仪制。奴隶社会与封建社会用以别尊卑贵贱的等级。

②武宗:即朱厚照。1506—1521年在位。世宗:即朱厚熜,1522—1566年在位。

③宠用:因宠爱而重用。伶人:旧指戏曲演员或歌舞艺人。

④邵元节:明贵溪(今属江西)人。龙虎山上清宫道士。世宗征至京,建府城西,封真人尊号,拜礼部尚书。卒谥文康荣靖。陶仲文:明黄冈人。尝受符水诀于罗田万玉山,与邵元节善。元节荐之于武宗,封真人。初授少保礼部尚书,久之加少傅,仍兼少保,加少师。封恭诚伯。卒,谥荣康惠肃。徐可成、蒋守约:皆世宗时道士而获授官者。

⑤宪宗:指明宪宗朱见深。明英宗长子。1465—1487年在位。

⑥太常卿:官名。秦置奉常,汉景帝六年(前151)更名太常,历代因之。为专掌祭祀礼乐之官。

⑦成化:明宪宗朱见深年号。

⑧土木:土木工程,建筑工程。繁兴:盛兴,大兴。

⑨徐杲:明世宗时人。木匠出身。因再建永寿宫,深受世宗器重,官至尚书,后得正卿。

⑩操斤:挥斧。《说文·斤部》:"斤,斫木斧也。"

⑪不爽锱铢:犹不差毫厘。锱、铢均为古代重量单位。六铢为锱,铢为一两的二十分之一。因以锱铢比喻极少。

⑫眷注:垂爱关注。优异:特别优厚。

⑬金吾:古官名。负责皇帝大臣警卫、仪仗以及徼循京师、掌管治安的武职官员。其名称、体制、权限历代多有不同。世荫:子孙因先世官爵而得官。

⑭庄宗:指后唐庄宗李存勖(xù),李克用长子,初袭父封为晋王,923年灭梁后,即帝位,国号唐。史称"后唐"。

⑮景州:唐贞元二年(786)置,治所在弓高县(今河北东光县西北),五代梁移治东光县(今河北东光县)。周显德二年(955)废。

⑯王衍(?—926):五代前蜀王建之子。本名宗衍,后去"宗"字,字化源。衍继建位,唯声色为事,后唐庄宗同光三年(925)命将入蜀,衍迎降,寻被杀,前蜀亡。

⑰乐工:歌舞演奏艺人。蓬州:北周置。治安固,隋废。唐复置,在今四川营山县东北,寻移理莲池,在今四川仪陇县东南六十里。宋末徙治营山县界云山上。

⑱秕政:指不良的政治措施。

行事俭即做官清

　　吾乡左忠毅公举乡试①，谒本房陈公大绶②。陈勉以树立③，却红柬不受④。谓曰："今日行事俭，即异日做官清。不就此跕定脚跟⑤，后难措手⑥。"呜呼，不矜细行，终累大德⑦。前辈之谨小慎微如此，彼后生小子，生富贵之家，染纨袴之习⑧，何足以知之？

【注释】

　　①左忠毅公：即左光斗（1557—1625）。字遗直，号浮丘。桐城人，万历三十五年（1607）进士，官至都察院左佥都御史，办屯田，兴水利，倡种水稻，捕治奸吏，清直敢言，颇有政声。与忠良官员杨涟等契合，力持正义，共谋国事。因奏劾权奸魏忠贤，为阉党矫诏逮治，被杖死于狱。崇祯初追赠太子少保，谥忠毅。有《左忠毅公文集》。

　　②本房：科举时代乡、会试考官分房批阅考卷，故称考官所在的那一房为本房。

　　③树立：建立，建树。

　　④红柬：红色的帖子。用以介绍自己的身份。左的帖子精制，陈批评不节俭并拒绝之。

　　⑤跕定脚跟：即站定脚跟。比喻打好做官的基础。跕（zhàn），站立。

　　⑥措手：应付。

　　⑦"不矜"句：语出《尚书·旅獒》。谓不注重小事小节，最终必会损累大德。

　　⑧纨袴：也作"纨绔"。细绢制的裤子，古代贵族子弟所服。这里借指富家子弟。

悉心理会《论语》

　　姚端恪公曰①："夫子云：'至于犬马，皆能有养；不敬，何以别乎？'②圣人不轻下此等语。"予曰："老而不死，是为贼。"③亦《论语》中所仅见者，学者当悉心理会之④。

【注释】

　　①姚端恪公：即姚文然。见本书第22页注①。

　　②"至于犬马"句：语出《论语·为政》。言人畜犬马，皆能有以养之；若能养其亲而敬不

至,则与养犬马者何异?朱注:甚言不敬之罪,所以深警之也。

③"老而不死"句:语出《论语·宪问》。贼,祸害。

④悉心理会:尽心领会。

忍之时义大

朱子曰:"《口铭》云①:'病从口入,祸从口出。'②"此语人人知之,且病与祸,人人之所恶也!而能致谨于入口、出口之际者,盖寡。则能忍之难也!《书》曰:"必有忍,其乃有济③。"武王《书铭》④曰:"忍之须臾,乃全汝躯。"昔人诗曰:"忍过事堪喜。"忍之时义大矣哉⑤!

【注释】

①朱子:指朱熹。《口铭》:晋傅玄著。

②"病从口入,祸从口出":见《太平御览》卷三六七引晋傅玄《口铭》。意谓:饮食不慎,便会致病;说话不慎,便会致祸。

③"《书》曰"句:《书》指《尚书》。语出《尚书·君陈》。忍,含忍。乃,就。济,成功。

④武王《书铭》:武王是指周武王姬发。《书铭》又称《武王十七铭》《武王戒书十七铭》。周武王为了时时刻刻处处提醒自己,书就《戒书》若干,形成十七条座右铭,"忍之须臾"句是书在矛上的,但意义有出入。

⑤时义:合时之义。

购求古玩者须深思

"匹夫无罪,怀璧其罪。①"吾愿购求古玩者,深思此语。

【注释】

①"匹夫"句:语见《左传·桓公十年》。谓百姓本没有罪,因身藏璧玉而获罪。原指财宝能致祸。后亦比喻有才能、有理想而受害。亦省作"匹夫怀璧"。匹夫,平民。怀,怀藏。璧,美玉。

幸得《古今图书集成》

自有书契以来①，以一书贯串古今，包罗万有，未有如我朝《古今图书集成》者②。是书也，康熙年间，圣祖仁皇帝广命儒臣③，宏开书局④，搜罗经史、诸子百家，别类分门，自天象地舆⑤，明伦博物⑥，理学经济⑦，以至昆虫草木之微，无不备具⑧。诚册府之钜观⑨，为群书之渊海，历十有馀年而未就。世宗宪皇帝复诏虞山蒋文肃⑩，督率在馆诸臣，重加编校，正其伪讹，补其阙略，经三载而始厘定成书⑪。图绘精详，考定切当。御制序文弁其首⑫，以内府铜字联缀成版⑬。计印六十馀部，未有刻本也。比时玉蒙恩颁赐一部⑭。雍正十年⑮，给假南归，又赐一部。令织造送至桐城⑯，收藏于家。其书为编有六；为典三十有二；为部六千一百有九；为卷一万。装钉为五千本，汇为五百一十套，外目录二套计二十本。实古今未有之奇书！宇内读书人求一见不可得，而玉竟得两部以贻子孙，亦古今未有之幸事也！自明时有《永乐大典》一书⑰，乃姚广孝⑱、解缙⑲、王景⑳等，督率一时博洽渊雅之儒㉑，殚力编摩㉒。书成，凡二万二千九百馀卷，共一万一千九十五本，藏之秘阁㉓。此书体例，按《洪武正韵》排比成帙㉔，以多为尚，非有剪裁厘正之功㉕，当时即有讥其冗滥者。以《古今图书集成》较之，有霄壤之别矣㉖！此书原贮皇史宬㉗，雍正年间，移置翰林院。予掌院事，因得寓目焉㉘。书乃写本，字画端楷，装饰工致㉙，纸墨皆发古香。明世宗当日酷嗜之㉚，旂厦乙览㉛，必有数十帙在案头。一日大内火灾，世宗夜三四传旨移出，始得无恙。后命重录一部，以备不虞㉜。此见之明人纪载者。

【注释】

①书契：指文字。

②《古今图书集成》：我国现存最大的一部类书。清陈梦雷等奉圣祖敕编。初稿成于康熙四十五年（1706）。后梦雷获罪遭贬谪，世宗敕蒋廷锡重编，于雍正三年（1725）定稿，改初

名《汇编》为今名,并削去原编者之名。约16000万字。分历象、方舆、明伦、博物、理学、经济6汇编,32典,6109部。集古今图书之大成,国外称之为"康熙百科全书"。

③儒臣:汉称博士官为儒臣。后泛指读书人出身的或有学问的大臣。这里谓文臣。

④书局:古代官方的编书机构。

⑤天象地舆:指天文地理。天象:指天空的景象,如日月星辰的运行等。地舆:地理学的旧名。

⑥明伦博物:人情物理。明伦:明人伦。人伦即指五常,为封建社会中所规定的人与人相处的关系。博物:旧时对动物、植物、矿物、生理等学科的统称。

⑦理学经济:哲学思想和治国才干。理学:宋明儒家周敦颐、邵雍、张载、程颢、程颐、朱熹、陆九渊、王守仁等的哲学思想,宋儒致力于阐释义理,兼谈性命,认定"理"先天地而存在。明儒则断言"心"是宇宙万物的根源。经济:治国的才干。

⑧备具:一应齐备。

⑨册府:帝王藏书的地方。钜观:大观,宏伟的景象。钜:通"巨"。

⑩蒋文肃:名廷锡,字扬孙,号西谷,一号南沙。康熙举人,赐进士。官至文华殿大学士。少工诗,善画花卉,卒谥文肃。

⑪厘定:整理制定。

⑫"御制"句:皇帝亲自写作序文加在书前。弁(biàn):加在前面。

⑬内府:官署名,清代内务府的简称。掌管宫廷内的政务。凡宫内的典礼、仓储、财务、工程、刑狱等事,皆归其管。铜字:即"铜活字"。铜制的印刷活字。清雍正四年(1726)武英殿曾用铜活字印行《古今图书集成》。

⑭比时:当时。

⑮雍正十年:即1732年。

⑯织造:官名。明清两代于南京、杭州、苏州各地设立专局,掌管织造各项丝织品,供皇室之用。明于三处各置提督织造太监一人,清沿用此制,但不用宦官,改用内务府人员,称织造。

⑰《永乐大典》:我国最大的一部百科全书式类书。明解缙等奉成祖敕编。永乐元年(1403)始,次年告成,赐名《文献大成》。成祖以为过略,于永乐三年(1405)再命姚广孝、解缙等重修,至六年完成,改今名。22877卷,约37000万字。

⑱姚广孝:明长洲人,名道衍,字斯道。工诗画,得阴阳术数之学。燕王请至北平,住持庆寿寺。燕王立,拜太子少师,复其姓,赐名广孝。尝监修《太祖实录》,又纂修《永乐大典》,年八十四卒。赠荣国公,谥恭靖。

⑲解缙(1369—1415):明江西吉水人,字大绅,一字缙绅。洪武进士,授中书庶吉士。因直言得罪,被免官家居八年。其间杜门纂述,建文初(1399)回朝,永乐元年(1403)任总裁官

监修《永乐大典》《太祖实录》及《古今列女传》等书，极受信用。后为汉王高煦所忌，被诬陷下狱死。

⑳王景：字景彰，松阳人，洪武初，为怀远教谕。以博学应诏，累官山西参政，与董伦先后谪云南。建文初，召入翰林，修《太祖实录》。成祖即位，擢学士。永乐六年（1408）卒于官。

㉑博洽淹雅：学识广博、高雅。

㉒殚（dān）力编摩：竭尽全力地编纂。殚力：竭力。编摩：犹编集。

㉓秘阁：古代禁中藏书之所。也称秘馆、秘府。

㉔《洪武正韵》：韵书名。简称《正韵》。明洪武时乐韶凤、宋濂等奉诏编撰。共16卷。

㉕厘正：订正。

㉖霄壤之别：霄，云霄。壤，土壤，土地。形容差别极大。

㉗皇史宬：宬（chéng），古代藏书的屋子。明代宫中收藏历代典籍、实录的地方，称"皇史宬"。

㉘寓目：过目，看到。

㉙工致：工巧精密。

㉚明世宗：即明嘉靖皇帝朱厚熜，1522—1566年在位。

㉛旃厦（zhān—）：语出《汉书·王吉传》："夫广厦之下，细旃之上，明师居前，劝诵在后，上论唐虞之际，下及殷周之盛，考仁圣之风，习治国之道……其乐岂徒衔橛之间哉！"后因以"旃厦"指帝王读书学习之所。乙览：相传唐文宗对左右说："若不见甲夜视事，乙夜观书，何以为人君耶？"见《杜阳杂编》中。后因称皇帝阅览文书为乙览。

㉜不虞：意料不到。

巧除作奸胥吏

胥吏作奸①，自古有之，然除之亦殊不易。予初为吏部侍郎时②，访知有巨蠹张姓者③，舞文弄法④，人受其毒，呼为张老虎。其人却有为恶之才，僚属皆信用而庇护之⑤。予出其不意，宣言于众⑥，令所司重责递还原籍⑦。比时颇有营救者，予不听。及归寓，则知交中致书为之解免者⑧，接踵至矣。予答曰："既已出示，难于中止。"次日入朝，有相契数人⑨，向予称快。曰："君竟有伏虎力耶！"又一日，在部披阅文书，司官持一文来，曰："此文内，元氏县误写先民县，当驳问该抚⑩。"予笑曰："不必问该抚，但问汝司书吏便知之⑪。"司官请问故，予曰："若先民写元氏，则系外省之错。今元氏写先民,不过书吏一举笔之劳,略添笔画,为需索钱财计耳!汝何不悟耶?"司官恍然⑫,将书吏责而逐之。

【注释】

①胥吏:官府中办理文书的小官吏。作奸:做不法之事。

②吏部:旧官制六部之一。主管官吏任免、考课、升降、调动等事。班列次序在其他各部之上。清末废,并其职掌于内阁。侍郎:官名。秦汉时郎中令的属官有侍郎,掌侍从,为宫廷近侍。其后各朝相沿,略有变化。明代侍郎分左右。清沿明制。张廷玉于康熙五十九年(1720)六月调任吏部右侍郎。

③巨蠹(dù):大蛀虫。比喻大奸或大害。

④舞文弄法:玩弄文字,曲解法律。

⑤庇护:袒护。

⑥宣言:宣告。

⑦递还原籍:押送其回到原籍。所司:有司,主管的官吏。

⑧解免:解劝。此指为其人说情。

⑨相契:相交深厚。

⑩该抚:该部巡抚。抚,明清巡抚的省称。

⑪司书吏:掌管文书的小吏。

⑫恍然:猛然领悟貌。

孙丕扬抽签选官

明神宗时①,孙公丕扬为太宰②。患内廷要人请托③,难于从违④。于大选外官⑤,立为掣签之法⑥,一时舆论以为公。而讥之者则以为铨衡重地⑦,一吏人为之足矣,何必太宰。余曰:"进退人才,果能至公至当,自无暗中摸索之理。苟不其然,则掣签亦救时之策,未可以为非。"故至今相沿不改也。

【注释】

①明神宗:即朱翊钧,1573—1619年在位。

②孙公丕扬:字叔孝,嘉靖进士。万历初以右佥都御史,巡抚保定,后累拜吏部尚书。年迈乞休,拜疏径归。天启初追谥恭介。太宰:明清时一般称吏部尚书为太宰。

③内廷:指宫禁之内。请托:私相嘱托。

④从违:依从和违背。此偏指违背。

⑤外官:明代地方官的总称。包括各承宣布政使司、提刑按察使司,以及府、州、县的官员。

⑥掣签之法:掣签,抽签。削竹为签,配以标志或词语,抽取其中一根或若干根,用以决定先后次序或占吉凶。孙丕扬任吏部尚书,选外官采用抽签决定取舍的办法。《明史》:"[万历]二十二年拜吏部尚书。丕扬挺劲不挠,百僚无私干者,独患中贵请谒,乃创为掣签法,大选急选,悉听其人自掣,一时选人盛称无私。"

⑦铨(quán)衡重地:主管考核、选拔官吏的重要部门,此指吏部。

六不可

偶读明人《谷山于文定笔麈》①,有曰:"求治不可太速;疾恶不可太严;革弊不可太尽;用人不可太骤②;听言不可太轻,处己不可太峻③。"予持此论久矣。不意前人已先我言之④,为之一快。

【注释】

①《谷山于文定笔麈》:书名。明于慎行撰。18卷。为慎行退居谷城山中时所撰。凡分35类,多记明代朝政及名物掌故。麈,音 zhǔ。于文定:即于慎行。东阿(今山东平阴西南东阿镇,古称谷城)人。字可远,更字无垢。隆庆进士。历充日讲官、礼部尚书。后诏加太子少保,东阁大学士。以疾归。卒谥文定。

②骤(zhòu):突然。

③处己:对待自己。峻:苛刻。

④不意:不料。

害人名节身家者有恶报

《周礼·大司徒》①:"以乡八刑纠万民②。"造言之刑③,次于不孝不弟④。古圣人之立法如此其严,而《青蝇》、"贝锦"之诗⑤,又何如之痛恨切骨也。后世风俗日漓⑥,人心益薄,造言之人,比比皆是。诛之不可胜诛,漏网者既多,而此辈益无忌惮矣!然余五十年来,留心默识⑦,彼语言不实之辈,一时可以欺世,而究竟飘荡终身。风鉴书所谓"到老终无结果也"⑧。若怀私挟怨⑨,捏造蜚语⑩,害人名节身家者⑪,厥后必有恶报⑫。以予所见,可以屈指而数,未可以为天道渺茫⑬,在可知不可知之间也。

【注释】

①《周礼》:书名。原名《周官》,也称《周官经》。西汉末列为经而属于礼,故有《周礼》之名。分天官、地官、春官、夏官、秋官、冬官6篇。

②八刑:周代对8种犯罪行为所施加的刑罚。《周礼·地官·大司徒》:"以乡八刑纠万民。一曰不孝之刑,二曰不睦之刑,三曰不姻之刑,四曰不弟之刑,五曰不任之刑,六曰不恤之刑,七曰造言之刑,八曰乱民之刑。"后来总称刑政为八刑。

③造言:制造谣言。

④不孝不弟:不孝,不孝敬父母。不弟,即不悌,对兄长或长辈不恭顺。

⑤《青蝇》:《诗经》篇名。《诗经·小雅·青蝇》:"营营青蝇,止于樊。岂弟君子,无信谗言。营营青蝇,止于棘。谗人罔极,交乱四国。"《青蝇》一诗痛斥谗人的害人乱国,劝谏统治者不要听信谗言。贝锦:指像贝的文采一样美丽的织锦。比喻诬陷他人、罗织成罪的谗言。语出《诗经·小雅·巷伯》:"萋兮斐兮,成是贝锦。彼谮人者,亦已大甚!"这首诗是因遭人谗毁而发泄怨愤的。

⑥漓:浇薄。

⑦默识(—zhì):暗中记住。

⑧风鉴书:指介绍相面术的书。风鉴,相面术。

⑨怀私挟怨:心存私念和怨恨。

⑩捏造蜚语:编造无根据的话。捏造,编造。蜚语,无根据的话,诽谤。

⑪害人名节身家:败坏他人名誉和节操,损坏他人身份和地位。身家,指身份地位。

⑫厥后:以后。

⑬天道渺茫:意谓天意虚妄无凭,不足信。天道,天意。

古人虚怀

伊川先生晚年作《易传》成①,门人请授梓②。先生曰:"更俟学有所进。"③呜呼!古人之虚怀若此④。今之学者,偶有著作甫脱稿⑤,而即付剞劂⑥,亦知古贤人之用心否耶?

【注释】

①伊川先生：程颐（1033—1107），宋代理学创始人。字正叔，因居临伊川，世称伊川先生。洛阳（今属河南）人。程颢之弟。《易传》：这里指的是程颐作、门人杨时校正的《易传》，共4卷，只解上下经及彖、象、文言，用三国魏王弼注本，大旨重义理而轻象数，主张"因象以明理"。对后世影响巨大。

②门人：弟子。授梓：交付雕板。即付印。

③俟（sì）：等待。

④虚怀：谦逊虚心。

⑤甫：才。

⑥剞劂（jī jué）：指雕板、刻书。

志士栖山恐不深

放翁诗曰①："志士栖山恐不深，人知先已负初心。不须更说严光辈②，直自巢由错到今③。"此诗虽云翻案，却是确论。至今思之，许由之洗耳④，子陵之共卧⑤，未免蛇足⑥。三复兹篇⑦，想见此老胸中，天空海阔，气象高人数百等⑧。若巢、许、子陵有知，未必不莞尔而笑，以为实获我心也。

【注释】

①放翁：即陆游。见本书第5页注⑬。所引诗题为《杂感》，原文为"志士栖山恐不深，人知已是负初心。不须先说严光辈，直自巢由错到今"。见《剑南诗稿》卷三十六。

②严光：字子陵。会稽馀姚（今浙江余姚）人，少与光武帝（刘秀）同学，有高名。刘秀称帝，严光变姓名隐遁。秀派人觅访，征召到京，授谏议大夫，不受，退隐于富春山。

③巢由：巢父和许由的并称。相传皆为尧时隐士，尧让位于二人，皆不受。

④许由之洗耳：晋皇甫谧《高士传》："尧让天下与许由……由不欲闻之，洗耳于颍水之滨。"

⑤子陵之共卧：《后汉书·严光传》：光武帝刘秀即位后，召严光论道旧故，相对累日，因共偃卧。夜中光以足加帝腹上。明日，太史奏："客星犯御座甚急。"帝笑曰："朕与故人严子陵共卧耳。"

⑥蛇足:画蛇添足的略语。意谓许由洗耳、子陵共卧皆画蛇添足,多此一举。
⑦三复:谓反复诵读。兹篇:指前引陆游诗篇。
⑧气象:气度,气局。

彭士望忠厚之至

魏叔子曰①:"予少禀憨直②,多效忠于人而颇自好其文。凡书牍必录于稿③。吾友彭躬庵曰④:'人有听言而过已改者,子文幸传于世,则其过与之俱传。子不忍没一篇好文字,而忍令朋友已改之过千载常新乎?'予愧服汗下⑤,此语与古人焚谏草更自不同⑥。"叔子集中载此一则,余展读再过,叹服躬庵之箴规⑦,可谓忠厚之至矣!以此施于朋友之间且不可,何况君父之前?有所敷陈⑧,辄宣播于外,以博骨鲠之誉⑨,是何异几谏父母而私以语人⑩?自诩为直⑪,自诩为孝,此何等肺肠耶⑫?

【注释】

①魏叔子:魏禧(1624—1681),清代著名文学家。字冰叔,一字叔子,号裕斋,宁都(今属江西)人。入清后绝意仕进,与兄际瑞、弟礼躬耕自食,切劘读书,时称"宁都三魏",尤以他才学最高。以其室号勺庭,人称"勺庭先生"。有《魏叔子文集》等传世。

②禀:禀性。憨直:憨厚耿直。

③书牍:书信。

④彭躬庵:彭士望,清代南昌人。本姓危,字躬庵,一字树庐。少究心经世之学。师事黄道周,道周下诏狱,士望倾身营救,寻参扬州幕,未久辞归。明亡,徙宁都,与魏禧兄弟隐居翠微峰。为易堂九子之一。有《耻躬堂诗文集》。

⑤愧服:谓对人佩服,自愧不如。

⑥焚谏草:指烧掉奏谏的底稿,以示谨密。谏草:谏书的草稿。《宋书·谢弘微传》:"[弘微]每有献替及论时事,必手书焚草,人莫之知。"

⑦箴规:犹规谏。

⑧敷陈:论列。

⑨骨鲠:比喻刚直。

⑩几谏:婉言劝谏。

⑪自诩:自吹。

⑫肺肠:心思。

文人墨士通禅学

余藏有恽香山山水一幅①,墨笔淡远,非近今人所及。香山自题曰:"画,贵曲、贵深、贵着笔于人所不见处;而又有于直中见曲者,于浅处见深者,于人所最见为人之所不能见者。石脾入水即干,出水即湿②。独活有风不动③,无风自摇。天下事不可以理求,上智乃能知道。"此数语,大有禅意④。尝观古来文人墨士,未有不兼通禅学者⑤。

【注释】

①恽香山:即恽本初。清武进(今属江苏)人。字道生,后改名向,号香山。明崇祯间举贤良方正,授中书舍人不就。善画山水。

②石脾:含有大量矿物质的咸水蒸发后凝结成的石状物质。晋王羲之《杂帖五》:"石脾入水即乾,出水便湿。"

③独活:草名。茎叶皆有毛。羽状复叶,花五瓣、白色。根可以入药。古代羌族地区出产者为最佳,故又名羌活。传说此草得风不摇,无风自动,故又名独摇草。

④禅意:犹禅心。佛教用语。谓清静寂定的心境。

⑤禅学:谓佛教禅宗的教理。

名人善读书

孙退谷宗伯《益志录》有曰①:孔明读书,略得大意②。陶渊明读书,不求甚解③。皆其善读书处,非经生佔毕所能知④。孔明自比管乐⑤,谦词耳!杜少陵曰:"伯仲之间见伊吕,指挥若定失萧曹"⑥,乃千古定论。予向来管见如此,不意与退谷先生吻合⑦。

【注释】

①孙退谷:孙承泽,清益都人,字耳北,号北海,又号退谷。明崇祯进士。官给事中。入清仕至吏部左侍郎。有《庚子销夏记》《春明梦馀录》《益志录》《山居随笔》等。

②"孔明读书"句:孔明,即诸葛亮。《魏略》:"亮在荆州,以建安初与颍州石广元、徐元直、汝南孟公威等俱游学,三人务于精熟,而亮独观其大略。"

③"陶渊明读书"句：见《五柳先生传》："好读书，不求甚解；每有会意，便欣然忘食。"指陶渊明读书只求领会要旨，不刻意在字句上花工夫。

④经生：汉代指博士。后泛指研治经学的书生。佔(chān)毕：语出《礼记·学记》："今之教者，呻其佔毕。"谓经师不解经义，但视简上文字诵读以教人。后亦泛称诵读。

⑤"孔明"句：《三国志·诸葛亮传》载："亮躬耕陇亩，好为《梁父吟》。身长八尺，每自比于管仲、乐毅，时人莫之许也。"管乐，即管仲和乐毅。管仲为春秋时齐国名相。乐毅为战国时燕国名相。

⑥"伯仲"二句：见杜甫《咏怀古迹》其五。伊尹是商代开国君主汤的大臣，吕尚辅佐周文王、武王灭商有功，萧何和曹参都是汉高祖刘邦的谋臣，汉初名相。杜甫盛赞诸葛亮的人品和伊尹、吕尚不相上下，而胸有成竹、从容镇定的指挥才能却使萧何、曹参黯然失色。伯仲之间，比喻人或事物不相上下，难分优劣高低。

⑦吻合：比喻两相符合，一致。

以"静"训子弟

武侯《戒子书》曰①："君子之行，静以修身②，俭以养德。非澹泊无以明志，非宁静无以致远。③夫学须静也，才须学也。非学无以广才④，非静无以成学。慆慢则不能研精⑤，险躁则不能理性⑥。"予尝以"静"字训子弟，今再益以"静以修身，学须静也"二语。其中义蕴精微⑦，非大有识见人不能领会⑧。

【注释】

①武侯：三国蜀国丞相诸葛亮曾封武乡侯，世称"武侯"。《戒子书》：诸葛亮作，共两则。其中部分言语成为千古传诵的警句。

②修身：提高自身的情操、修养。

③"非澹泊"两句：不能恬淡寡欲就无法确立自己的志向，不能安定宁静就无法达到高远的境界。

④广才：增长知识，提高才干。

⑤慆慢(tāo—)：怠慢。这里谓心地迷乱轻慢。研精：穷究精义。

⑥险躁：轻薄浮躁。理性：涵养性情，调理性气。

⑦义蕴：精深的含义。精微：精深微妙。

⑧识见：见识。

柳公权不好奏乐

柳诚悬性晓音律①,不好奏乐。人问之,答曰:"闻乐令人骄怠②。"此一语耐人千日思。

【注释】

①柳诚悬:即柳公权。柳公权,字诚悬。唐元和初进士,官至太子少师。擅长楷书,结体劲媚,法度谨严。世称"颜筋柳骨"。音律:指音乐上的律吕、宫调等。泛指乐曲、音乐。

②骄怠:傲慢懈怠。

苏轼精于禅理

东坡精于禅理①,为古今文人之所罕见。即如《赤壁赋》有云②:"逝者如斯,而未尝往也③;盈虚者如彼,而卒莫消长也④。"此二句,释迦牟尼佛见之⑤,亦应莞尔而笑。下文云:"自其变者而观之""自其不变者而观之",⑥此则文人语气,佛家所不道。

【注释】

①东坡:即苏轼。见本书第4页注⑮。禅理:佛学之义理。

②《赤壁赋》:宋神宗元丰三年(1080),苏轼被贬为黄州(今湖北黄冈市)团练副使,元丰五年(1082)七月和十月曾两次游黄州城外的赤壁(俗称赤鼻矶),写下两篇脍炙人口的名文——《前赤壁赋》《后赤壁赋》。

③"逝者"两句:江水总是这样不停奔流,可是它始终没有消失掉。逝者如斯:语出《论语·子罕》:"子在川上,曰:'逝者如斯夫!不舍昼夜。'"斯:此指水。

④"盈虚者"两句:意思是天上的月亮盈满或虚空,但始终没有消失或增长。

⑤释迦牟尼:佛教始祖。姓乔达摩,名悉达多。年十九入雪山苦行六年,出山后,在迦耶山菩提树下,得悟世间无常和缘起诸理。"释迦牟尼"是佛教徒对他的尊称,意即释迦族的圣人。

⑥"自其"二句:原文为:"自其变者而观之,则天地曾不能以一瞬;自其不变者而观之,则物与我皆无尽也。"意谓:如从变化的一面看,那么天地间事物不能以一眨眼的时间静止不动;如从不变的一面看,那么整体上万物与人类是永远长存的。一瞬,一眨眼的时间。物与我,指万物与人类。

评贾谊

贾长沙一生学问经济①,具载《治安策》中②。而太史公作传③,只载其《吊屈原》《伤鹏鸟》二赋④,古人用意当细思之,不可忽过。至于贾生之为人,则东坡所谓"志大而量小,才有馀而识不足"⑤数语尽之矣。

【注释】

①贾长沙:即贾谊。西汉文学家、政治家。少以文名,时称"贾生"。二十余岁为文帝博士,深得宠信,议以公卿之位,为周勃、灌婴所阻,乃出为长沙王太傅。后忧郁而死,年仅33岁。有《贾谊集》。

②《治安策》:一名《陈政事疏》。西汉初文帝时文士贾谊的代表作之一。文中高瞻远瞩,提出汉家长治久安的大计,表现出卓越的战略眼光。

③太史公:指司马迁。

④《吊屈原》《伤鹏鸟》二赋:意指贾谊所作的两篇骚体赋《吊屈原赋》和《鹏鸟赋》。贾谊因力倡改革,遭到权贵排挤,出为长沙王太傅,途经湘水,想到屈原沉处,感愤伤激,遂作《吊屈原赋》,既追怀屈原,亦以自喻。《鹏鸟赋》作于三年后,因久遭贬谪,心怀郁结,见鹏鸟入舍而触发,写下了这篇自伤自悼的赋,聊以宽解自己。

⑤"志大"二句:苏轼《贾谊论》语。从字面上看,是责备贾谊之语,实则暗透"惋惜"之情。量,器度。识,见识。

多闻阙疑

今人于旧人著作①,往往好为指摘②,以自夸其学问,其意盖欲求名也!不知指摘不当,转贻后人指摘之柄。似此者甚多,是求名而适以败名矣③!又如注解古人之书,往往于不能解者强解之,究非古人之本意。夫子云"多闻阙疑"④,奈何不以为法哉⑤!

【注释】

①旧人:故人。这里指古人。

②指摘:即"指谪"。挑出错误,加以批评。

③适:正好,恰巧。
④多闻阙疑:语出《论语·为政》:"多闻阙疑,慎言其馀,则寡尤。"意思是:多听,有怀疑的地方,加以保留,其馀足以自信的部分,谨慎地说出,就能减少错误。
⑤奈何:怎么,为何。法:法则。

与友笑谈命运

友人云:"君相造命①,此战国游说之士欺人语耳②!富贵穷通③,升沉得失,皆天为之,君相何能为哉!"予笑曰:"天又何能为哉!"

【注释】

①君相造命:国君和国相掌握命运。
②游说(-shuì):指战国时代策士们周游列国、劝说君主采纳其政治主张的一种活动。
③富贵穷通:富裕和显贵,困厄与显达。

刻薄人和聪明人不可为刑官

偶与僚友闲谈①,佥曰②:"刻薄人不可为刑官③。"余曰:"固也。聪明人亦不可为刑官。"众徐思之以为然。

【注释】

①僚友:同官的人。
②佥:都,皆。
③刻薄:待人说话冷酷无情。刑官:掌刑法的官吏。

孟子不得已而好辩

孟子曰:"予岂好辩哉!予不得已也。"①吾人必深知孟子不得已之苦衷,方可以读《孟子》。不然,则书中可疑、可议者,不可胜数矣②。

【注释】

①"予岂"句：语出《孟子·滕文公下》。不得已：无可奈何，不能不如此。
②不可胜数：不计其数。极言其多。

省事有至乐

坡公《与滕达道书》曰①："近得筠州舍弟书②，教以省事。若能省之又省，使终日无一语一事，则其中自有至乐，殆不可名。"坡公此意，予深知之，而无如所处之境不能行耳③，言之惘然④。

【注释】

①坡公：指苏东坡（苏轼）。
②筠州：州名。唐武德七年(624)改米州置，以地产筠篁得名。治所在今江西高安。北宋时缩小，仅相当于今高安、上高、宜丰三县地。舍弟：谦称自己的弟弟。
③无如：无奈。
④惘然：失意貌、忧思貌。

张九龄守正罢相

坡公《迩英进读故事八说》①，其一则"张九龄不肯用张守珪、牛仙客"事②，古今来有执政之责者③，不可不深思之。

【注释】

①迩英："迩英阁"的省称。宋代禁苑宫殿名。义取亲近英才，故名。
②张九龄：唐玄宗时大臣、诗人。字子寿。韶州曲江（今属广东）人。景龙初擢进士。历官同平章事中书令。后以尚书右丞相罢政事。卒谥文献。有《曲江集》。"不肯用张守珪、牛仙客"事：林甫为相，引牛仙客为尚书，张守珪为瓜州刺史，参与政事，张九龄持不可。帝不悦，以尚书右丞相罢政事。张守珪：唐开元中为瓜州刺史。后累官辅国大将军，坐事贬括州刺史。疽发背卒。牛仙客：初为县小吏，迁洮州司马。后迁工部尚书，同中书门下三品，加左相。卒谥贞简。
③执政：掌握国家大权的人。

馀姚孙氏三世得谥

明王弇州纪父子得谥者①,以为盛事,而三世得之,尤为仅见。惟馀姚孙氏②,第一世副都御史,赠礼部尚书,谥忠烈(燧)③。第二世南京礼部尚书,赠太子少保,谥文恪(升)④。第三世吏部尚书,赠太子少保,谥恭简(鑨)⑤。有明三百年,仅此一家耳!

【注释】

①王弇州:即王世贞。明代文学家。字元美,号凤洲,又号弇州山人。太仓(今属江苏)人。嘉靖进士。官至南京刑部尚书。与李攀龙同为"后七子"领袖,时称"王李"。著有《弇山堂别集》《觚不觚录》等。

②馀姚:今浙江余姚。

③孙燧:明代余姚人。字德成,弘治进士。授刑部主事。历河四名布政,擢右副都御史。

④孙升:燧季子。字志高。嘉靖进士。授编修。累官礼部侍郎。

⑤孙鑨:孙升子。字文中。嘉靖进士,历武选郎中,万历初累迁大理卿。进吏部尚书。

爱古诗之逸致

明弘治时①,庶吉士薛格阁试《中秋不见月》诗②,考居第一。中一联云"关山有恨空闻笛,乌鹊无声倦倚楼",一时传诵之,予亦爱其有逸致也③。

【注释】

①明弘治:明孝宗朱祐樘年号。1488—1505年。

②庶吉士:官名。明清皆置。阁试:明代翰林院对庶吉士的考试。

③逸致:超逸的兴致。

唐人工于为诗而陋于闻道

苏子由曰①:"唐人工于为诗,而陋于闻道②。孟郊耿介之士③,虽天地之大，无以容其身，卒穷以死④。李翱、韩退之皆极称之⑤，甚矣，唐人之不闻道也！"朱考亭曰⑥："李长吉诗巧⑦。"二公之论若此，世之善学诗者，不可不知。

【注释】

①苏子由：即苏辙。宋代散文家，字子由，一字同叔。眉山（今四川眉山县）人，苏轼之弟。嘉祐二年（1057）进士。曾任右司谏、尚书右丞、门下侍郎等职。工文，与父洵、兄轼并称"三苏"。为唐宋古文八大家之一。有《栾城集》。

②陋于闻道：唐人以性情为诗，宋人诗中重议论，重学问，甚至以道学为诗，所以宋人批评唐人"不闻道"。闻道，领会某种道理。

③孟郊：唐代诗人。字东野。中年三次赴考，46 岁才中进士。工诗，与韩愈齐名。时称"孟诗韩笔"。写作以苦吟闻名，尤长五古和乐府。有《孟东野诗集》。耿介：正直不阿，廉洁自持。

④卒：副词。终于。穷：没有出路。

⑤李翱：唐代散文家。字习之。陕西成纪（今甘肃秦安县东）人。一说赵郡（今河北赵县）人。德宗贞元十四年（798）进士。卒谥文，世称"李文公"。工文，为唐代古文运动健将。韩退之：韩愈，字退之。详见本书第 10 页注①。

⑥朱考亭：即朱熹。宋徽州婺源人。字元晦，一字仲晦，号晦庵，别号紫阳。晚年定居建阳考亭，又主讲紫阳书院，故亦别称"考亭""紫阳"。曾任秘阁修撰等职，是继孔子之后又一位影响巨大的思想家、哲学家、教育家。集宋代理学之大成，创立朱子学。其思想学说成为元、明、清三代封建统治的思想理论。

⑦李长吉：即李贺。唐代诗人。字长吉。河南福昌（今河南宜阳县）人。唐代宗室郑王后裔。早负诗名，其诗充满怀才不遇的怨愤和对统治阶级的嘲讽。在唐代诗坛独树一帜。有《李长吉歌诗》。

读李商隐《马嵬诗》

李义山《马嵬驿》诗①，古今来脍炙人口②，余亦极爱之。但记二十馀岁时，读结句："如何四纪为天子，不及卢家有莫愁③。"微有不慊于心④，以为未免强弩之末⑤，然未敢轻以语人也！及老年见胡苕溪《诗话》以二语为浅近⑥。不觉掩卷而笑，命儿辈识之。

【注释】

①李义山：即李商隐。字义山，号玉溪生。唐代诗人。怀州河内（今河南沁阳县）人。文宗开成二年（837）进士。累官东川节度使判官、检校工部员外郎。工诗，时与温庭筠齐名，人称"温李"。有《李义山集》和《樊南文集》。《马嵬驿》又名《马嵬》。唐玄宗和杨贵妃的故事，是唐诗中常见的题材，一般多归罪贵妃，斥之为祸首。而商隐这首诗却别出新意，把讽刺矛头直指玄宗。马嵬：即马嵬坡，是杨贵妃被缢杀之地。

②脍炙人口：美味人人喜爱。比喻好的诗文或事物为众人赞美或传颂。

③"如何"两句：指玄宗在位时间虽长，和杨贵妃却不能像民间夫妇，长相厮守。四纪，岁星十二年行天一周，称为一纪。四纪为48年。玄宗在位共45年，将近四纪。卢家莫愁，古乐府中相传有洛阳女子莫愁，嫁于豪富的卢氏夫家。

④不慊（qiè）：不满意。

⑤强弩之末：比喻衰微之势。

⑥胡苕溪：即胡仔。字元任。宋代人。官至奉议郎，知常州晋陵县。后卜居湖州。自号苕溪渔隐。著有《苕溪渔隐丛话》。他认为李商隐诗，人皆喜之，"然浅近者亦多，'如何四纪为天子，不及卢家有莫愁'，似此等语，庸然浅近者乎？"

后辈作诗须有据

沈佺期诗①："海外无寒食，春来不见饧。"②刘梦得云③：为诗用僻字须有来处，"春来不见饧"，尝疑"饧"字。因读《毛诗》郑《笺》说吹箫云，"即今卖饧人家物"。《六经》惟此注中有"饧"字。后辈业诗，即须有据，不可学常人率尔而道也。④

【注释】

①沈佺期：唐代诗人。相州内黄（今河南内黄县）人，字云卿。高宗上元二年（675）进士。神龙中为修文馆学士，曾任通事舍人、给事中、考工员外郎等职。与宋之问齐名。有《沈佺期集》。

②"海外"二句：引自沈佺期《驩州不作寒食》诗。海外：四海之外，泛指边远之地。寒食：节日名。在清明前一日或二日。相传为春秋时晋文公功臣介之推忌日，民间禁火冷食。因称。饧（táng）："糖"的古字。

③刘梦得：唐代诗人刘禹锡。字梦得。洛阳（今河南洛阳）人。德宗贞元九年（793）进

士。开成元年(836)迁太子宾客,故世称"刘宾客"。工诗善文,与白居易齐名,世称"刘白"。有《刘梦得文集》。

④这段话出自刘梦得《嘉话》。业诗:从事作诗。率尔:轻率貌。

读《桐江诗话》

《桐江诗话》①:秦少游《咏牵牛花》诗曰②:"银汉初移漏欲残,步虚人倚玉栏干。仙衣染得天边碧,乞与人间向晓看。"③此少游汝南作教官时④,于程文通会间席上所赋,真佳作也。咏物诗有澹永之味,不即不离,所以为佳。⑤

【注释】

①《桐江诗话》:卷数及撰人均不详。根据有关资料推断,成书在绍兴十八年(1148)之前,又必在《西清诗话》之后。今有《说郛》本一卷,仅五则。

②秦少游:即宋词人秦观。字少游,又字太虚,号淮海居士。扬州高邮(今江苏高邮县)人。神宗元丰八年(1085)进士。工诗善词,为"苏门四学士"之一。有《淮海集》《淮海词》。《咏牵牛花》本为《牵牛花》。

③银汉:天河,银河。步虚人:指道士。

④汝南:郡名。汉高帝四年(前203)置。治所在上蔡(今河南上蔡西南)。

⑤此段诗及评语均引自宋人蔡正孙撰的《诗林广记》。

读《诗林广记》

曹松诗曰①:"泽国江山入战图,生民何计落樵渔。凭君莫话封侯事,一将功成万骨枯。"②刘贡父诗曰③:"自古边功缘底事,多因嬖倖欲封侯。不如直与黄金印,惜取沙场万髑髅④。"曹刘二诗,相为表里⑤,读之而不动心者,非人情也。刘诗所云,古多有之,当以为儆戒⑥。

黄山谷《题李伯时画〈严子陵钓滩〉诗》曰⑦:"平生久要刘文叔,不肯为渠作三公。能令汉家重九鼎,桐江波上一丝风。"⑧任天社云:"'能令汉家重九鼎',本汲黯曰'夫以大将军有揖客,反不重耶'⑨,此句盖用此意也。东汉多名节之士⑩,赖以久存。迹其本原,政在子陵钓竿上来耳。"

【注释】

①曹松:唐诗人。字梦征,舒州(今安徽桐城市)人。早年曾避乱居洪州西山,后依建州刺史李频,李卒后又流落江湖。昭宗光化四年(901)与王希羽等4人同登进士,年已七十有余,号为"五老榜"。工五律。有《曹松诗集》。

②此诗题作《己亥岁》。据《全唐诗》,该诗第二句应为"生民何计乐樵苏",所引有误。樵苏,古称打柴为樵,割草为苏。樵苏生计本来艰辛,无乐可言。诗人这里言战乱之苦,打柴割草之乐都不可得了。凭,意在"请"与"求"之间,语调比言"请"更软。"凭君莫话封侯事"句意谓:行行好吧,可别提封侯的话啦。

③刘贡父:刘攽。字贡父,宋人。与兄敞同登进士。熙宁初同知太常礼院,出知曹州,元祐中召拜中书舍人卒。攽邃于史学,与司马光同修《资治通鉴》,专职汉史。有《彭城集》《中山诗话》等。

④该诗题作《咏史》。缘底:因何,为什么。嬖倖:即"嬖幸"。被帝王宠爱的人。髑髅(dú—):头骨。此指战死者的头骨。

⑤"曹刘"二句:曹松《己亥岁》和刘攽《咏史》二诗,都暗指当时的王韶、李宪一类人贪功生事、轻视人命的做法。故张廷玉说二诗相为表里。

⑥儆戒(jǐng—):警戒。

⑦这段话均引自《诗林广记》卷五。黄山谷:见本书第122页注⑤。李伯时:即李公麟。见本书第184页注②。严子陵:即严光。见本书第211页注②。

⑧久要:旧交。刘文叔:即刘光武帝刘秀。东汉开国皇帝,字文叔。建武元年(25)夏称帝。定都洛阳,建立东汉。渠:他。此指汉光武帝刘秀。三公:古代中央三种最高官衔的合称。东汉以太尉、司徒、司空为三公。九鼎:相传夏禹铸九鼎,象征九州,夏商周三代奉为象征国家政权的传国之宝。后亦以九鼎借指国柄。桐江:富春江流经浙江桐庐县境的一段,江滨有严光钓台,传为严光隐居垂钓处。一丝:指鱼竿上的钓线。诗意为:平生和刘文叔虽是旧交,也不肯为了他就去作三公。能使汉家天下有九鼎之重,全凭桐江垂钓的高风亮节。

⑨汲黯:汉濮阳(今河南濮阳)人。字长孺。景帝时为太子洗马,武帝时出为东海太守。引语见《史记·汲黯传》。揖客:长揖不拜之客。

⑩东汉:刘秀建立的东汉王朝(25—220)。因都城洛阳在长安之东而得名。共历14帝,196年。名节:名誉与节操。

闲处胜静处

邵康节诗曰①:"静处乾坤大,闲中日月长。"夫"闲中日月长"人所知也;"静处乾坤大"则人或未知也。予一生好静,于此中颇有领会。奈此身牵于职守②,日在红尘扰攘中③,常为设想曰:若能改静处为闲处,则有进步矣!惜乎其不能也。

【注释】

①邵康节:即邵雍。见本书第186页注①。本诗《何处是仙乡》为:"何处是仙乡,仙乡不离房。眼前无冗长,心下有清凉。静处乾坤大,闲中日月长。若能安得分,都胜别思量。"

②牵:牵制。职守:指工作岗位。

③红尘:闹市的飞尘,借指繁华的社会。扰攘:繁忙纷乱。

俞行之以能诗名

明永乐时①,清江俞行之有能诗名②,其题"清慎勤"③句有曰:"夜门无客敢怀金,秋屋有情甘饮水。"④一时传诵之,惜其不多见。

【注释】

①永乐:明成祖朱棣年号(1403—1424)。

②清江:明清江县,治所在今江西清江县西南临江镇。俞行之:字文辅。江西清江人。明代著名书法家。著有《皇明书画史》。

③清慎勤:清廉、谨慎、勤勉。后用以为官箴。

④怀金:怀带金宝。秋屋:指陋室。

古人化七言诗为五言诗

韦苏州《滁州西涧》诗曰①:"春潮带雨晚来急,野渡无人舟自横。"寇莱公《春日登楼怀归》诗曰②:"野水无人渡,孤舟尽日横。"是化七言一句为五言两句也。当捉笔时③,或有意耶,抑或无意耶! 不能起古人而问之矣。

【注释】

①韦苏州:即韦应物。唐代诗人,京兆长安(今陕西西安市)人。曾任江州刺史、苏州刺史等职,世称"韦江州""韦苏州"。为唐代田园山水诗派代表者之一。有《韦苏州集》10卷。

②寇莱公:即寇准(961—1023)。参见本书第200页注②。

③捉笔:执笔,指写作此诗。

受人恩而不忍负者必忠孝

司马温公曰①:"受人恩而不忍负者,其为子必孝,为臣必忠。"又曰:"言不可不重也。夫钟鼓叩之而后鸣,铿訇镗鞳②,人不以为异;若不叩自鸣,人孰不谓之妖耶? 可以言而不言,犹之叩而不鸣也,亦为废钟鼓矣!"又《无为赞》曰:"治心以正,保躬以静③;进退有义,得失有命;守道在己,功成在天。夫复何为? 莫非自然。"此数则皆格言中之浅近可行者④,当书之座右。惟是"受人恩而不忍负"一语,其中正自有道⑤。当受恩之时,必审视其人,可受而后受之;若不可受而亦受,而时存不忍负之心,必至牵缠局蹐⑥,身败名裂⑦,载胥及溺⑧,不可不慎也。

温公曰:"人情苦厌其所有,羡其所不可得。未得则羡,已得则厌。厌而求新,则为恶无不至矣。"涑水此训⑨,何切中人情至于此耶!

【注释】

①司马温公:即司马光(1019—1086)。北宋著名史学家、政治家。字君实。陕州夏县(今属山西)涑水乡人,世称"涑水先生"。宝元初20岁时中进士。其历时19年撰修的《资治通鉴》,为我国第一部编年体通史。政治上保守,反对王安石变法。哲宗继位,诏为相,卒封温国公。

②铿訇镗鞳:铿訇,形容声音洪亮。镗鞳,钟鼓声。这段引语,出自司马光《迂书·言戒》。

③躬：身，身体。
④格言：含有教育意义可作为行动准则的话。
⑤正自：正是。
⑥牵缠局蹐：谓心中纠缠不安。
⑦身败名裂：地位丧失，名声败坏。谓遭到彻底失败。
⑧载胥及溺：意为相继沉没。语出《诗经·大雅·桑柔》："其何能淑，载胥及溺。"载、及，均为连词。"胥，相也。"
⑨涑水：指司马光。

汤云山再阅古稀

乾隆十一年四月①，楚抚题报②：江夏县民汤云山③，现享年一百四十岁。圣心嘉悦④，于定例赏赐外，加赏帑金、文绮⑤。又特赐"再阅古稀"四字，命尚书汪由敦书匾额⑥，以旌人瑞⑦。诚史册罕闻之盛事也！

【注释】

①乾隆十一年：即1746年。
②楚抚：此指湖北巡抚。康熙三年(1664)置湖北省，设湖北巡抚，治武昌府。湖北，战国楚地，故称。
③江夏县：旧县名。元至清曾先后为武昌路、武昌府及湖广省、湖北省治所。1912年改武昌县。
④嘉悦：高兴并赞许。
⑤帑金(tǎng—)：钱币。多指国库所藏。文绮：华丽的丝织物。
⑥汪由敦：清安徽休宁人。字师苕，号瑾堂。雍正进士，乾隆间官至吏部尚书。卒谥文端。有《松泉诗文集》。由敦书法秀润，卒后帝命词臣摩勒上石，曰《时晴斋帖》。
⑦人瑞：人事方面的吉祥征兆。此指年寿特高者。

评方正学之忠

明人言方正学之忠至矣①！独惜其不死于金川不守之初，宫中自焚之际，与周是修为伍，斯忠成而不累其族也②。余曰：此论固在情理中。

然十族之祸③,乃劫数使然④,岂正学所能计及、人力所能趋避哉!

【注释】

①方正学:即方孝孺(1375—1402),明初文学家。字希直,一字希古,号正学。天台(今浙江宁海)人。建文帝时,召为翰林侍讲,次年迁侍讲学士,参与机务。清乾隆四十一年(1776)赐谥忠文。著有《逊志斋集》。

②这段话是指建文四年(1402)乙丑日,金川门大开,燕军入城,惠帝情急之下自焚。周是修自缢,方孝孺在这一天被捕入狱。明人惜其未在城陷之日自杀,认为这样,既保持了忠节,又不至于连累族门。周是修:明泰和人。名德,以字行。洪武末举明经。建文间为衡府纪善。留京师,预翰林纂修。燕兵陷京城,是修留书别友人,付以后事,具衣冠,自尽于尊经阁。

③十族之祸:明燕王朱棣夺取建文帝政权后,命方孝孺起草即位诏书。方坚不从命,被灭十族。十族,九族之外,并及朋友门生。《明史纪事本末·壬午殉难》:"文皇大声曰:'汝安能遽死。即死,独不顾九族乎?'孝孺曰:'便十族奈我何!'文皇大怒……大收其朋友门生。"

④劫数:原为佛教语。后指非人力所能趋避的厄运、灾难。

经济失偏,为患甚大

有客问予曰:"士大夫好言学问、经济①,而往往失之偏,其为患孰甚?"予曰:学问失之偏,不过一胶柱鼓瑟之人耳②,其患在一己;若经济失之偏,苟得志,则民生吏治皆受其病③,为患甚大,不可同日语也④。然经济之偏,亦自学问之失来。

【注释】

①学问:知识,学识。经济:经世济民。含有"治国平天下"的意思。

②胶柱鼓瑟:瑟为古乐器,上有架弦的柱,可以游移而调音,若以胶粘定其柱,则无法调音。比喻固执拘泥而不知变通。

③民生吏治:民生,民众的生计、生活。吏治,官吏的作风和治绩。

④不可同日语:谓两者相差很大,不能相提并论。

君相异禀

明人纪载有曰:宪宗皇帝玉音微吃①,而临朝宣旨②,则琅琅然如贯珠③。后来许文穆国头岑岑摇④,遇进讲承旨⑤,则屹然不动⑥,出即复然。君相皆有异禀⑦,非常理可测也!

【注释】

①宪宗皇帝:即明皇帝朱见深。年号成化。玉音:对人话语声音的尊称。吃:口吃。
②宣旨:宣布旨令、诏书。
③琅琅:象声词。形容清朗、响亮的声音。贯珠:成串的珍珠。形容说话连贯成一气。
④许国:明徽州歙县(今属安徽)人。字维桢,号颍阳。嘉靖进士。神宗时累官礼部尚书兼东阁大学士。致仕归,卒谥文穆。岑岑(cén cén):颤巍巍的样子。
⑤进讲承旨:进讲,谓为帝王讲解诗书文史等。承旨,接受圣旨。
⑥屹然:稳固挺立的样子。
⑦异禀:非凡的天资。

方孝孺《题严子陵》诗

方正学《题严子陵》诗曰:"敬贤当远色,治国须齐家①。如何废郭后②,宠此阴丽华③。糟糠之妻尚如此④,贫贱之交奚足倚⑤?羊裘老子早见机⑥,独向桐江钓烟水⑦。"此诗思致绵邈⑧,音节浏亮⑨,乃吊古篇中之最佳者。

【注释】

①齐家:治理家庭。
②郭后:名圣通。汉光武帝刘秀击王郎至镇定,纳郭氏。建武初郭氏生太子强,被立为皇后。后宠衰,废为中山王太后。
③阴丽华:南阳新野人。光武帝适新野,闻丽华美,悦之,尝叹曰:"仕宦当作执金吾,娶妻当得阴丽华。"更始元年(23)纳阴丽华,生明帝。郭后被废,乃立阴丽华为后。卒谥光烈。
④糟糠之妻:《后汉书·宋弘传》:"贫贱之知不可忘,糟糠之妻不下堂。"意谓贫困时与之共食糟糠的妻子不可遗弃。后用"糟糠"称曾共患难的妻子。

⑤贫贱之交:贫贱时的知交好友。贫贱,贫苦微贱。奚(xī),疑问词。犹何。

⑥羊裘:汉严光少有高名,与刘秀同游学,刘秀即帝位,光变名隐身,披羊裘钓泽中。此以"羊裘"指隐士。老子:自称。犹老夫。

⑦桐江:见本书第223页注⑧。

⑧思致绵邈:指诗的意境深远、情意缠绵。

⑨音节浏亮:指诗歌中的语音节奏清楚明朗。

闲谈明朝廷杖言官

明时廷杖言官①,实属秕政②,至有毙于阙下者③,尤为残虐④。其时直言敢谏之士,冒死陈词,三木囊头⑤,填尸牢户⑥,亦所不恤,何有于杖?然其中矫伪立名者⑦,忠爱本不出于至诚。或极论细故⑧,或纷争门户⑨,以致激怒受杖,而末流遂有以此为荣者⑩。只以好名一念动于中,一二人倡之,因相习为固⑪,然此最人心风俗之害。夫朝有直臣,奋扬风采⑫,遇事敢言,至于亏体受辱,原非盛朝美事。若卖直沽名⑬,戕父母之遗体⑭,成国家之虐政⑮,忠孝大节⑯,两有所损。圣人所称"杀身成仁者"⑰,固如是乎?

【注释】

①廷杖:帝王在朝廷上杖责臣子。这里指杖责朝臣于殿阶下的一种酷刑。言官:谏官。掌谏诤的官员。

②秕政:不良的政治措施。

③阙下:宫阙之下。借指帝王所居的宫廷。

④残虐:残暴狠毒。

⑤三木囊头:古代酷刑。三木,古时加在犯人颈、手、足上的刑具。囊头,以物蒙盖头部。

⑥填尸牢户,谓死在牢中。

⑦矫伪:作伪。立名:树立名声。

⑧极论细故:畅谈不值得计较的小事。

⑨纷争门户:多所争执于朋党、门派。

⑩末流:后辈,后人。

⑪相习:互相沿袭。

⑫奋扬风采:发扬刚正的风格。

⑬卖直沽名:故意表示公正忠直以获取名声。沽名,猎取名誉。

⑭戕(qiāng):残害。遗(yí):留下,留给。

⑮虐政:残暴的政策法令。

⑯忠孝:忠于君国,孝于父母。

⑰杀身成仁:为成就仁政而献身。语出《论语·卫灵公》:"志士仁人,无求生以害仁,有杀身以成仁。"

【卷四】

张居正旧事

　　明万历朝，张江陵当国时①，迎其母赵太夫人入京。将渡黄河，先忧之，私谓奴婢曰："如此洪流，得无艰于涉乎？"②语传于外，其诇察者已报守土官③。复禀曰："过河尚未有期，临时当再报。"既而寂然。渐近都下④，太夫人问："何不渡河？"其下对曰："赐问不数日⑤，即过黄河矣！"盖预于河之南北⑥，以舟相钩连，填土于上，插柳于两旁，舟行其间如陂塘⑦，然太夫人不知也。其声势赫赫类如此。又相传江陵教子甚严，不特督抚及边帅不许通书问⑧，即京师要津⑨，亦不敢往还者。其家人子尤楚滨最用事⑩。有一都给事李选⑪，云南人，江陵所取士也。娶楚滨之妾妹为侧室⑫，因而修僚婿之礼⑬。一日江陵知之，呼楚滨，挞之数十⑭，斥给事不许再见，告冢宰出之外为江西参政⑮。江陵当震主时⑯，而顾惜名义乃尔。予故并录之，使知瑕瑜不相掩也。

【注释】

　　①张江陵：即张居正（1523—1582）。明朝大臣，字叔大，号太岳。江陵（今湖北江陵）人。初为进士，授编修。不久领国子司业，后任礼部尚书兼武英殿大学士。神宗时为首辅。在任时从政治、经济、军事、思想方面推进改革，力图革除弊政，挽回危局。死后新政被废，为中官张成诬告，家遭削籍抄没，子弟戍边。当国：主持国事。

　　②得无：犹岂不。

　　③诇察（xiòng—）：侦察。守土官：指地方官。

　　④都下：京城。

⑤赐问：称人询问的敬辞，犹言承蒙询问。
⑥预：事先准备。
⑦陂塘：池塘。
⑧不特：不仅，不但。督抚：总督和巡抚的并称。明清两代最高地方官，兼理军政、刑狱。边帅：边防部队的统帅。
⑨要津：本指重要的津渡。这里指要害之地。
⑩以下这段话均引自《万历野获编·江陵家法》。家人子：汉代对无官职名号宫人的称呼。这里指张居正家的管家。尤楚滨：据《万历野获编》原文，应为游楚滨，张居正家佣人，即世人所称的游七者，与一些官吏关系密切，如同兄弟。用事：当权。
⑪都事：这里应为"给事"，后文有"斥给事不许再见"。给事，为"给事中"的省称。明代给事中分吏、户、礼、兵、刑、工六科，掌侍从、规谏、补阙、拾遗、稽查六部百司之事。李选：云南人，张居正门人，官至给事。
⑫侧室：旧指偏房。这里指作为妾。
⑬僚婿：姊妹的丈夫互称或合称。
⑭挞（tà）：用鞭子或棍子打。
⑮冢宰：周官名。为六卿之首。亦称"太宰"。后来亦称吏部尚书为"冢宰"，这里即是此意。参政：元朝在中书省、行中书省设参政，位在令下，为副贰长官。明朝在各布政司设左右参政，位在布政使下。
⑯震主：语出《史记·淮阴侯列传》："夫势在人臣之位而有震主之威，名高天下。"本谓使君主畏忌。这里指张居正任宰相，居首辅之位。

萧琛与梁武帝逸事

萧琛与梁武帝有旧①，仕梁为尚书侍中②。一日，预御筵③，醉伏几上。帝以枣投琛，琛取栗掷上，正中面。御史在坐④，帝动色曰："此中有人，不得如此，不得如此，岂有说耶？"琛曰："陛下投臣以赤心，臣报陛下以战栗。"⑤此事见之《梁书》⑥。语虽诙谐，然识之亦可为清谈之助。

【注释】

①萧琛：字彦瑜。少明悟，有才辩。梁武帝在西邸时，琛与之有旧。后官平西长史、江夏太守、特进金紫光禄大夫。卒谥平。梁武帝：南朝梁建立者萧衍，字叔达，小字练儿。南兰陵（今江苏常州西北）人。齐建武五年（498）任雍州刺史。齐中兴二年（502）夺取南齐皇权，自

立为帝,建梁朝。后因接纳东魏叛将侯景,造成大乱,被困饿而死。

②侍中:官名。南朝宋文帝时为掌机要官,齐、梁、陈相沿,北魏称"小宰相"。南宋废。

③预:参与。通"与"。御筵:皇帝命设的酒席。

④御史:官名。汉以后,御史的职责专司纠弹,文书记事则归太史掌管。

⑤赤心、战栗:皆双关语,以赤枣喻赤心,以栗子喻战栗。战栗,同"战慄"。

⑥《梁书》:书名。唐姚思廉撰,56卷,计本纪6卷,列传50卷。

唐明皇与姚崇

《开元遗事》载唐明皇在便殿①,甚思姚崇论时务②。七月十五日,苦雨不止,泥泞盈尺。上令待制者抬步辇召学士来③。时姚崇为翰长④,中外荣之⑤。

【注释】

①《开元遗事》:全称《开元天宝遗事》,五代王仁裕撰。上下两卷。内容记载唐玄宗时逸闻轶事。唐明皇:即唐玄宗李隆基。便殿:皇帝休息宴饮的宫殿。

②姚崇(650—721):唐开元时名相,本名元崇,曾改名元之。陕州硖石(今河南三门峡东南)人。早年受到武则天赏识,任宰相。睿宗时遭外贬。玄宗时,召其议政,任以为相。时务:当世大事。

③待制:等候帝王的诏令。步辇:古时一种由人抬着走的代步工具,像轿子。学士:官名。唐代学士本以文学言语被顾问,出入侍从,参谋议、纳谏诤,其礼尤崇。玄宗开元二十六年(738),改翰林供奉为学士,置学士院,专掌内命;其后礼遇益亲,号为"内相"。

④翰长:对翰林前辈的敬称。

⑤中外:朝廷内外,中央和地方。

守心之道

元主语王恂以守心之道①。恂曰:"尝闻许衡言人心犹印版②。然版本不差,虽摹千万纸,皆不差;本既差矣,摹之于纸,无不差。"元主曰:"善!"

【注释】

①元主:这里指元世祖忽必烈。王恂(1235—1281):字敬甫。元中山唐县(今属河北)人。精历算之学,世祖命为太子赞善。尝与许衡、郭守敬等定《授时历》。官至太史令。卒谥文肃。守心:坚守节操之心,指守志不移。

②许衡:元河内(今河南沁阳)人。字仲平。世祖时召为国子祭酒,议事中书省,拜中书左丞。卒谥文正。学者称"鲁斋先生"。印版:用以印刷的底板,有木板、金属板等。

柳公权逸事

柳公权有数十银杯①,贮之笥中②,为奴海鸥儿所窃。柳问之,海鸥云:"不测其所亡。"③柳笑曰:"银杯羽化耳!"④

【注释】

①柳公权(778—865):见本书第215页注①。

②笥(sì):古时盛饭或衣物的方形竹器。

③不测:不知。

④羽化:道教指飞升成仙。这里作不翼而飞的戏语。

荀子谈事君

荀子曰①:"下臣事君以货;中臣事君以身;上臣事君以人。"②

【注释】

①荀子(约前313—前238):战国后期儒家大师。名况,字卿,又称孙卿,赵国人。曾游学齐,三为稷下学宫祭酒。后至楚,春申君用为兰陵令,春申君死,废居兰陵,著书终生。著有《荀子》。

②"下臣"三句:语出《荀子·大略》。下臣:品行卑劣的臣子。货:财物。中臣:德行中等的臣子。上臣:贤臣。这三句话大意:下等臣子用财物来侍奉君主,中等臣子用生命来侍奉君主,上等臣子推荐人才来侍奉君主。

唐中宗戏问臣子

唐中宗尝召宰相苏瓌、李峤子进见①。二子皆童年,上近抚摩之,语二子曰:尔自忆所读书可奏者,为吾言之。瓌子应曰:"木从绳则正,后从谏则圣。"②峤子曰:"斫朝涉之胫,剖贤人之心。"③上曰:"苏瓌有子,李峤无儿。"此见之《松窗杂录》者④。由今观之,二子之优劣,相去霄壤矣。

【注释】

①唐中宗:唐高宗第七子。名显。既嗣位,太后废之为庐陵王,迁于房州。长安末张柬之举兵讨乱,始复帝位,并复唐国号。前后在位七年,庙号中宗。苏瓌(guī):字昌容,擢进士第。历朗、歙、同三州刺史。神龙初入为尚书左丞。累拜尚书右仆射,同中书门下三品。封许国公。睿宗即位,进左仆射,为宰相,卒谥文贞。李峤(644—713):唐赵州赞皇人。字巨山,麟德元年(664)进士,历仕高宗、武后、中宗、玄宗四朝,官至中书令。善诗文,与同乡苏味道齐名,合称"苏李"。

②"木从绳"二句:语出《尚书·说命上》。从,根据。绳,绳墨,整木的直线。后,指帝王。谏,良言劝导。圣,圣君,有道之君。

③"斫朝涉"二句:语出《尚书·秦誓下》。孔颖达疏:"冬月见朝涉水者,谓其胫耐寒,斩而视之。比干忠谏,谓其心异于人,剖而视之。"皆为商纣王酷虐暴行。朝涉,早晨涉水。此指早晨涉水之人。

④《松窗杂录》:书名。唐李濬(一作韦叡)撰,1卷。多记玄宗遗事。

赌博之害不可悉数

《万历野获编》曰①:今天下赌博盛行,其始失货财,甚则鬻田宅②,又甚则为穿窬③浸成大夥劫贼④。盖因本朝法轻,愚民易犯。宋时淳化二年闰二月⑤,太宗下令开封府⑥凡坊市有赌博者,俱处斩;邻比匿不闻者⑦,同罪。此法至善。盖人情畏死,自然止息。洪武二十二年奉旨⑧:学唱的割舌;下棋、打双陆的断手⑨;蹴圆的卸脚⑩,犯者必如法施行。今赌博者,亦当加以肉刑,如太祖初制,解其腕可也。赌博之为害,不可悉数,故前人恨之切骨,非好为此过激之论也。先公于赌具中最恶马吊⑪,谓其有巧思,聪明之人一入其中,即迷惑而不知返也。曾刻一印章,曰:"马吊淫巧,众恶之门;纸牌入手,非吾子孙。"时先公官京师⑫,玉居里门⑬,命于写家禀时⑭,用此印章于楮尾⑮,触目警心⑯。玉谨受教,终身未尝习此。今年七十有五矣,吾知免,夫愿吾子孙共守之也。

【注释】

①《万历野获编》:见《澄怀园语》卷三,本书第195页注①。

②鬻(yù):卖。

③穿窬:指小偷。

④浸:逐渐。大夥劫贼:指人数较多、聚众成伙的强盗。

⑤淳化二年:即991年。淳化,宋太宗赵光义年号之一。

⑥开封府:五代梁开平元年(907)升汴州置。宋代辖境相当于今河南原阳、鄢陵以东,延津、长垣以南,兰考、民权以西,太康、扶沟以北之地。

⑦邻比:比邻,近邻。这里指近邻之人。

⑧洪武二十二年:即(1389)年。洪武为明太祖朱元璋年号。

⑨双陆:亦称"双鹿"。古代一种博戏。

⑩蹴圆:古代类似足球的运动。

⑪马吊:纸牌名。共四十张,分四类:万贯、十万贯、索子、文钱。始于明万历中,至崇祯时而大盛。

⑫先公:亡父。这里指张英。

⑬里门:闾里的门。古代同里的人家聚居一处,设有里门。这里指乡里。

⑭家禀:晚辈写给长辈的书信。禀(bǐng),旧时指下对上报告。

⑮楮(chǔ):指纸。

⑯触目警心:看到某种情况,心中引起警觉。

明代科场旧事

前明典史、驿丞等俱准与乡、会试①。宣德八年癸丑②,曹鼐以太和典史登状元③。正统四年己未五十九名李郁④,则系江西丰城县承差⑤。成化十四年戊戌一百五十三名谭襄⑥,则山东东阿县驿丞。正统壬戌一百二十一名郑温⑦,则直隶松陵驿驿丞。皆见《野获编》。

【注释】

①前明:清代人对明代的称呼。典史:官名,始于元代,明清沿置。为知县的属官,职掌公文出纳。驿丞:掌握驿站的官。主邮传迎送之事。

②宣德八年癸丑:即1433年。宣德,明宣宗朱瞻基年号。

③曹鼐:字万钟。宣德时举进士第一。授翰林院修撰。累升吏部左侍郎,兼文渊阁大学士。谥文襄。太和:旧县名。治所在今云南大理。

④正统四年:即1439年。正统:明英宗朱祁镇年号。

⑤承差:旧指差役。

⑥成化十四年:即1478年。成化,明宪宗朱见深年号。

⑦正统壬戌:即明英宗朱祁镇七年,1442年。

家中乐事

东坡《与兄子明书》①曰:"老兄嫂团坐垆头③,环列儿女。坟墓咫尺③,亲眷满目④,便是人间第一等好事,更何所羡?"又曰:"吾兄弟俱老,当以时自娱⑤。世事万端⑥,皆不足介意。所谓自娱,亦非世俗之乐,但胸中廓然无一物⑦,即天壤之间⑧,山川、草木、虫鱼之类,皆足供吾家乐事也。"读苏公此数语,觉家庭友爱至情⑨,溢于笔墨间。然非至诚质朴⑩,浑然天理⑪,不能知此乐,亦不能为此言也!

【注释】

①《与兄子明书》:应为《与族兄子明书》。

②垆头:酒垆旁。

③坟墓:这里指祖坟。

④亲眷满目:亲戚眷属充满视野。形容亲戚眷属很多。

⑤以时自娱:谓及时寻找欢乐。以时,及时。

⑥世事万端:世上的事极多而纷繁。

⑦廓然:空旷貌。

⑧天壤之间:即天地之间。

⑨至情:极其真实的思想感情;真情。

⑩至诚质朴:至诚,极真诚。质朴,朴实淳厚。

⑪浑然天理:浑然,质朴纯真貌。天理,天性。先天具有的品质或性情。

左光先卜问兄左光斗凶吉

吾乡左忠毅公①，以忠直遭魏阉之祸②，被逮入都。路过山东峄县，县有隐士米季子，相传有前知之学③。左公弟潜往访之④。米季子望见怃然曰⑤："汝兄可怜，杨二哥谓大洪也可怜。"⑥徐屏人语曰："汝兄忠孝，不宜死非命⑦。然得罪权臣，死不救矣！"又问："同难数人，有一免否？"曰："个个不免！"后果不爽⑧。

【注释】

①左忠毅公：见本书第 203 页注①。

②忠直：忠诚正直。魏阉之祸：指明朝宦官魏忠贤擅权以后，取精壮太监练兵，配备火器，结交朝臣 80 余人成阉党。对群臣实行高压，正直官员如汪文言等或被杀或被削籍遣戍。左光斗也遭此祸。

③前知：预知。

④左公弟：即左光先。字述之，一字罗生，号三山。天启四年(1624)举人，官至监察御史，入清隐居，顺治十六年(1659)卒。潜：暗地里，秘密地。

⑤怃然(wǔ—)：怅然失意的样子。

⑥杨二哥(大洪)：杨涟(1572—1625)，明应山人。字文孺，号大洪。万历三十五年(1607)进士。天启四年(1624)官至左副都御史，上疏劾宦官魏忠贤二十四大罪。次年，被诬受辽东督师熊延弼赃，下诏狱，拷掠至死。著有《杨大洪集》。《明史》有传。

⑦死非命：死于意外的(人为)灾祸。

⑧不爽：没有差错。

功名有定数

明万历甲辰科①，山阴朱大学士赓主会试②，首题"不知命"一章。入闱时③，朱与同人约，此题必三段，平做不失题貌，方可抡元④。若违式⑤，即佳卷亦难前列。同人皆以为然。既揭晓，则元卷殊不然⑥。有人乘间问之："公遴选榜首⑦，何以竟违初意。"朱惊起取卷读之，叹曰："我缮阅时⑧,竟不觉也。"由此观之,可知功名有定数⑨。体物而不可遗者,鬼神也⑩。为主司者⑪,欲定一文章体式而不能自主,况取舍高下之间乎⑫?予屡司衡文之柄⑬,闱中情事往往如此,益信朱公之事不谬也⑭。

【注释】

①万历甲辰:即明神宗朱翊钧三十二年,即1604年。
②朱赓:浙江山阴(今绍兴市)人,字少钦。隆庆进士。万历后期,以礼部尚书入阁。万历三十四年(1606)独当国政,朝政日弛。
③入闱:科举时代指监考的人或应考的人进入考场。
④抡元:夺魁。
⑤违式:违反规定或程式。
⑥元卷:考试名列第一的试卷称"元卷"。
⑦遴选榜首:审慎选拔第一名。榜首,指科举考试榜上的第一名。
⑧缮阅:翻阅。
⑨定数:命运。旧谓人世的祸福皆由天命或某种不可知的力量所决定,因称为"定数"。
⑩"体物"句:语出《礼记·中庸》。孔颖达疏:"言鬼神之道生养万物无不周遍,而不有所遗;言万物无不以鬼神之气生也。"体物,生成万物。
⑪主司:主考官。
⑫取舍高下:指评卷中判定录取、舍弃和名次前后。
⑬衡文:品评文章。特指主持科举考试。
⑭不谬:不是假的。谬,诈伪。

任大学士二十二年

我朝自世祖章皇帝甲申定鼎燕京①,迄于今一百有三年矣。汉人之为大学士者,几四十人。其间居官之久暂不一,或数年,或十数年。如先文端公则三年耳②。其中最久者,无如高阳李公③,在任二十七年。其次则廷玉,于雍正三年乙巳七月④,蒙恩入政府⑤,屈指今岁内寅,二十二年矣。自知才识短浅,不能有所建树,而承乏最久⑥,竟居高阳之次⑦。今年七十有五,衰颓日甚,益不能支,屡次陈情⑧,未蒙俞允⑨。其为惭惶愧悚⑩,岂笔墨所能宣述万一耶⑪!

【注释】

①世祖章皇帝：指清朝开国皇帝福临，年号顺治。死后，庙号世祖，谥章皇帝。甲申定鼎：指顺治皇帝1644年建立清朝。燕京：北京市的别称。因市区在春秋战国时是燕国的国都所在地而得名。

②先文端公：指其父张英，卒谥文端。

③高阳李公：李霨，清高阳（今河北高阳县）人。字台书，号坦园，顺治进士。累官太子太师，户部尚书，保和殿大学士，居相位27年。卒谥文勤。有《心远堂集》。

④雍正三年：即1725年。雍正，清世宗胤禛年号。

⑤政府：古时候称宰相处理政务的处所。

⑥承乏：谦辞。谓所任职位因一时没有适当人选而暂时由自己充任。

⑦高阳：指李霨。因其是高阳人，故称。

⑧陈情：述说（致仕）理由、意见等。

⑨俞允：许可。

⑩惭惶愧悚：惭愧惶恐。

⑪宣述：表述。万一：万分之一，表示极少的一部分。

明朝三宰相堂联

张江陵在位时①，有人赠对联曰："上相太师②，一德辅三朝③，功光日月；状元榜眼④，二难登两第⑤，学冠天人⑥。"江陵欣然悬之厅事⑦。先是徐华亭罢相归⑧，其堂联云："庭训尚存，老去敢忘佩服⑨；国恩未报，归来犹抱惭惶⑩。"又叶福清堂联曰⑪："但将药裹供衰病⑫，未有涓埃答圣朝⑬。"此皆二公自题，觉谦抑之风可想也⑭。

【注释】

①张江陵：即张居正。见本书第231页注①。

②上相太师：上相，古时对宰相的尊称。太师，古三公之最尊者。周置，为辅弼国君之官。秦废，汉复置。后代相沿，多为重臣加衔，作为最高荣典以示恩宠，并无实职。《明史·张居正传》："六年满，加少傅，吏部尚书。建极殿大学士。以辽东战功，加太子太师。"

③一德辅三朝：一德，谓始终如一，永恒其德。三朝，指明代穆宗、神宗和光宗三朝。

④状元榜眼：科举时代称殿试第一名为"状元"，称第二名为"榜眼"。

⑤二难登两第：指张居正长子、次子、三子分别及第。二难，即"难兄难弟"，谓兄弟皆佳，难分高低。其实居正有三个儿子先后及第，当时在社会上引起不少责难，对宰辅儿子的"文荫""武荫"表示不满。

⑥天人：指才能杰出的人。

⑦欣然：喜悦貌。厅事：厅堂，指官署办公的地方。

⑧徐华亭罢相：徐华亭，即徐阶（1503—1583），明松江华亭人，字子升，嘉靖二年（1523）进士，历官礼部尚书、建极殿大学士等职。曾代严嵩任首辅，德高望重，谦恭下士。因受排挤而罢相离阁。卒谥文贞。著有《经世堂集》。

⑨庭训：《论语·季氏》载：孔子在庭，其子伯鱼趋而过之，孔子教以学《诗》、学《礼》。后因称父教为"庭训"。佩服：犹遵循。

⑩惭惶：羞愧惶恐。

⑪叶福清：叶向高（1559—1627），明福建福清人，字进卿。万历十一年（1583）进士，累官礼部尚书、东阁大学士。万历末东林与非东林结党互争，向高尝欲调停其间，不满者反指为东林党魁，四十二年罢归，熹宗时复为首辅，其时权归魏忠贤，向高知时不可为，疏三十三上得请致仕。

⑫药裹：药包。

⑬"未有涓埃"句：谓没有为国家做一点事。涓，细流。埃，微尘，比喻微小。见杜甫《野望》诗："惟将迟暮供多病，未有涓埃答圣朝。"

⑭觉：感到。谦抑：谦逊。本则摘自《万历野获编·内阁二·宰相对联》。

刘进士晚达

荆州公安县人刘珠①，故与张江陵封翁同为诸生②，相友善。江陵主会试，刘始登第③，则年已古稀矣。江陵庆五旬④，刘祝以诗，中一联曰："欲知座主山齐寿⑤，但看门生雪满头⑥。"江陵为一解颐⑦。

【注释】

①荆州：明清府名，治在江陵县（今属湖北）。公安：县名，三国吴治。明崇祯元年（1628）迁治今公安县。

②封翁：封建时代因子孙显贵而受封典的人。这里指张居正（江陵）之父。诸生：明清两代称已入学的生员。

③登第：登科，特指考取进士。

④庆五旬:指做五十岁生日。
⑤座主:唐宋时进士称主试官为"座主"。至明清,举人、进士亦称其本科主考官或总裁官为"座主",或称"师座"。
⑥门生:科举考试及第者对主考官自称"门生"。
⑦解颐:谓开颜一笑。

明朝内监侵冒国帑

明万历时,京师正阳门楼毁于火①,内监与工部议重建②。内监屈指云:"当用银十三万。"营缮司郎中张嘉言怒曰③:"此楼在民间当费三千金,今天家举事④,不可同众,不过加倍为六千金耳。"诸大珰忿极⑤,欲奋拳殴之,时监督科道在列⑥,无一字剖析⑦。次年大计⑧,张竟以不谨被斥⑨。后箭楼成⑩,报销银三万两。盖明时工程之浮冒⑪,动辄数十倍,尽归貂珰之私橐⑫,而朝臣无有敢言者。今观近京诸处,前明内监平日不著名者,亦造一坟建一寺,穷极壮丽⑬。或费数万金,或十数万金,过于公侯家。自非侵冒国帑⑭,剥削民膏⑮,何以饶于赀财若此哉⑯?

【注释】

①正阳门:今北京前门。元大都之丽正门,明正统年间改称"正阳门",为北京内城之正南门。
②内监:宦官,太监。唐代置内侍监,明代有内官监,均由宦官主之,故云内监。工部:古代官署名。隋唐因北周工部旧名,设工部,为六部之一,掌握各项工程、工匠、屯田、水利、交通等政令,长官为工部尚书,历代相沿不改。清末改为农工商部。
③营缮司:官署名。明、清属工部,掌营缮事宜。郎中:官名。始于战国,秦汉沿置。隋唐迄清,各部皆设郎中,分掌各司事务,为尚书、侍郎之下的高级官员,清末始废。
④天家:对天子的称谓。汉蔡邕《独断》:"天家,百官小吏之所称。天子无外,以天下为家,故称天家。"
⑤大珰(—dāng):指当权的宦官。珰,汉代宦官充武职者的冠饰。后即以之作为宦官的代称。
⑥科道:指科道官。明清六科给事中与都察院各道监察御史,统称"科道官"。在列:这里指在场。
⑦剖析:辩解。

⑧大计:旧时官吏三年一次的考绩。
⑨不谨:旧时考核官吏的条款之一,谓所做之事不合为官体统。
⑩箭楼:古代城门上的楼,辟有洞户,供瞭望和射箭之用。
⑪浮冒:虚报冒充。
⑫貂珰:貂尾和金、银珰,古代侍中、常侍的冠饰。后指宦官。私橐(—tuó):私人的钱袋。
⑬穷极壮丽:谓极尽壮丽。
⑭自非:倘若不是。侵冒国帑:非法占有国家的公款。
⑮民膏:比喻人民用血汗创造的财富。膏,油脂。
⑯饶于赀(zī)财:资财丰足。赀,通"资"。

崇祯滥用官员

明怀宗在位十七年①,所用大学士至五十人之多②。诚所谓"昔者所进,今日不知"③。其亡国事,尚可问哉?

【注释】

①明怀宗:即朱由检(1611—1644),明代最后一个皇帝,年号崇祯。崇祯十七年(甲申,1644),李自成起义军攻克北京时自缢死。在位17年。清人入关,谥为怀宗。

②崇祯在位17年,所用的大学士计49人。《池北偶谈》:"本朝宰相,自建隆元年至嘉祐四年,一百四十余年,凡五十人,明崇祯十七年间,宰相亦五十人,此可以观治乱。"

③"昔者"句:语出《孟子·梁惠王章句下》:孟子见齐宣王曰:"王无亲臣矣。昔者所进,今日不知,其亡也!"意思为:过去使用提拔的人,现在不知哪里去了。

魏象枢格言

魏环溪先生曰①:"有不可知之天道②,无不可知之人事。"吾人能体会此二语,为圣为贤不难矣!

【注释】

①魏环溪:即魏象枢(1616—1686)。清代大臣、学者,字环溪。因康熙帝赐匾额"寒松

堂",遂自号寒松老人,山西蔚州(今河北蔚县)人。顺治三年(1646)进士,官至刑部尚书。以病乞休,卒谥敏果。有《寒松堂集》等。

②天道:指大自然运行的法则。此语出自《庸斋闲话》。

朱熹评陆游诗

朱文公《与徐赓载书》曰①:"放翁诗,读之爽然②,近代惟见此人为有诗人风致③。如此篇,初不见其着意用力处④,而语意超然,自是不凡。近报又已去国⑤,不知所坐何事⑥?恐只是不合做此好诗,罚令不得做好官也!"放翁诗为考亭所推重如此⑦,予尝读考亭诗,大雅从容⑧,温柔敦厚,不事雕饰⑨,蕴藉天然⑩,字字从性情中来⑪。是以与放翁有水乳之合⑫。世人但知陆诗之妙,而不知朱诗之妙,岂非所谓"逸少文章字掩将"耶⑬!

【注释】

①朱文公:即朱熹。见本书第220页注⑥。此段文字见《池北偶谈》。原文在"自是不凡"后,尚有"令人三叹不能已"。

②爽然:开朗舒畅的样子。

③风致:情趣。

④着意:用心。

⑤去国:离开京都或朝廷。

⑥坐:因为。

⑦考亭:指朱熹。推重(—zhòng):推许尊重。

⑧大雅从容:大雅,谓高尚雅正。从容,谓悠闲舒缓,不慌不忙。

⑨不事雕饰:不过分地刻画修饰。

⑩蕴藉天然:自然含蓄而不显露。

⑪性情:谓思想感情。

⑫水乳之合:像水和乳一样融合在一起。比喻情意融洽无间。

⑬逸少:晋书法家王羲之,字逸少。"逸少文章字掩将"是说王羲之的文章虽然好却被其字掩盖了,众人只注意其书法之美而忽略了其文章之美。作者以此为喻,说明人们没有注意到朱子诗美的原因。

张居正故宅诗

荆州张江陵故宅①,有人题诗云:"恩怨尽时方论定,封疆危日见才难。"②此语论江陵最为切当,惜不传其姓氏。

【注释】

①荆州张江陵:即张居正(1523—1582)。见本书第231页注①。
②"恩怨"二句:张居正死后,家产籍没,老母幽囚,弱子自经,整个万历一朝,没有人敢称道张居正。但明以后人,极口称许张居正是"明相第一""救时之相""封疆之材""理财之手"。真是"恩怨尽时方论定"。张居正为相期间,任用李成梁镇守辽东,任用戚继光镇守蓟门。于是边境太平。张居正死后,边防隳废,一天不如一天,乃"封疆危日见才难"。

政贵有恒

《书》曰:"政贵有恒。"①昔人云:"利不什不变法;害不什不易制。"②此有恒之说也。予幼时读张君曾裕《居之无倦制艺》有曰③:"古今无甚全之利,持之数十年而不变,即为苍生之福矣④!古今亦无甚速之害,行之不数年而即变,即为黎庶之忧矣⑤。"此数语可为"有恒"注解。尝读《李文靖传》⑥,公尝言:"某居重位,实无补万一。独中外所陈利害,一切报罢之⑦,惟此少以报国耳。朝廷防制纤悉备具⑧,或徇所请施行一事⑨,即所伤多矣。"文靖此言乃名臣不磨之论⑩。予蒙恩备员政府二十三年矣⑪,不敢轻议更张一事⑫。盖国家立一政,凡几经区画而后定为章程⑬。若再行之一二十年,则人情已便⑭,但觉其相安,不见其烦苦矣!此"不愆不忘,率由旧章",所以垂训于千古也⑮。彼才高意广者⑯,往往矜奇立异⑰,以为建白⑱。万一见诸施行,其中种种阂碍⑲,不可枚举。或数年而报罢,或十数年而报罢。其未罢之先,闾阎之受其累不少矣⑳,可不慎哉!

【注释】

①《书》:指《尚书》,见《聪训斋语》卷二,本书第49页注④。政贵有恒:语出《尚书·毕

命》："政贵有恒,辞尚体要,不惟好异。"恒,长久不变。

②"利不什"二句:意思是利与害不达到极限都不变更法律制度。什,通"十"。

③制艺:八股文。科举各级考试,专用四书五经出题。文体略仿宋经义,但要用圣贤语气行文,根据注疏发挥,不许有自己见解。格式排偶,叫"制义",也作"制艺"。

④苍生:指百姓。

⑤黎庶:黎民,民众。

⑥李文靖:即宋名臣李沆。肥乡人,字太初,太平兴国进士,咸平初累迁平章政事。时称"圣相"。卒谥文靖。《宋史》有传。

⑦报罢:臣民上书,朝廷不采纳,宣令作罢。

⑧防制:防备和控制。纤悉备具:细致、详尽而完备。指控制严密。

⑨徇:顺从,依从。所请:指前述朝廷内外陈述利害奏请之事。

⑩不磨之论:不可磨灭的论点。

⑪备员:充数。这里实为张廷玉之谦词。

⑫更张:比喻变更或改革。

⑬区画:亦作"区划"。筹划,安排。

⑭已便:已经习惯,已经适应。

⑮"不愆"二句:语出《诗经·大雅》。郑玄笺:"成王之令德,不过误,不遗失。"愆(qiān),违背,违失。垂训,垂示教训。

⑯才高意广:文才很高且志向远大。

⑰矜奇立异:犹言标新立异。矜奇,炫耀新奇。立异,持与众不同的看法或态度。

⑱建白:谓对国事有所建议及陈述。

⑲阂碍:障碍。

⑳闾阎(lú yán):此借指平民。

君臣一体之谊

明孝宗时①,刘忠宣公大夏为兵部尚书②,戴恭简公珊为左都御史③。一日奏对毕,上令中使出白金二笏以赐④,且面谕曰:"卿等将去买茶果用。朕闻朝觐日⑤,文官避嫌,有闭户不与人接者。如卿等虽开门延客,谁复有以贿赂通也。朕知卿等,故有是赐。"且命不必朝谢,恐公卿知之,未免各怀愧耻也⑥。玉蒙世宗皇帝擢用正卿⑦,旋登政府⑧。十数年间,六赐帑金,每赐辄以万计。历稽史册⑨,大臣拜赐未有如此之优渥者⑩。玉惶恐恳辞⑪,上谕云:"汝父清白传家,中外所知。汝遵守家训,屏绝馈遗⑫。今侍朕左右,夙夜在公⑬,何暇计及家事,朕不忍令汝以珠桂萦心也⑭。此一辞大非君臣一体之谊矣!"玉遂不敢再渎⑮。

【注释】

①明孝宗:即朱祐樘。年号弘治。在位18年。

②刘忠宣公:刘大夏,字时雍。明华容(今属湖南)人。天顺进士。官职方郎中,明习兵事。弘治间起为兵部尚书,历孝宗、武宗二朝。卒谥忠宣。兵部尚书:官名。为兵部最高长官,负责全国军事。

③戴恭简公:戴珊,明代浮梁(今江西景德镇市北浮梁)人。字廷珍。天顺进士。擢御史。历浙江按察使、福建布政使,弘治中为左都御史。正德中卒于位。谥恭简。左都御史:官名。明置,为都察院长官,正二品。掌纠劾百司,辨明冤枉,提督各道,为天子耳目。

④中使:宫中派出的使者。多指宦官。笏:量词。条、块。用于金、银、墨等。

⑤朝觐:朝见。

⑥愧耻:羞耻。

⑦擢用(zhuó—):提拔任用。正卿:上卿。春秋时诸侯国的最高执政大臣,权力仅次于国君。这里指宰相。

⑧政府:古时候称宰相处理政务的处所。

⑨稽:查考。

⑩优渥:优裕,丰厚。

⑪惶恐:惊慌恐惧。

⑫屏绝馈遗:拒绝收受馈赠。

⑬夙夜在公:日夜都在办理公事。语出《诗经·召南·小星》:"夙夜在公,寔命不同。"

⑭珠桂萦心:珠桂,谓米如珠,薪如桂,极言物价昂贵,生活困难。萦心,牵挂心间。

⑮渎:轻慢。

读陶渊明《责子》诗

渊明《责子》诗曰①:"白发被两鬓,肌肤不复实②。虽有五男儿③,总不好纸笔。阿舒已二八,懒惰固无匹④。阿宣行志学⑤,而不爱文术⑥。

雍端年十三,不识六与七。通子垂九龄,但觅梨与栗。天运苟如此⑦,且尽杯中物。"杜子美《遣兴》诗曰⑧:"陶潜避俗翁,未必能达道⑨。观其著诗篇⑩,颇亦恨枯槁⑪。达士岂自足⑫,默识盖不早⑬。有子贤与愚,何其挂怀抱。"子美之贬渊明,盖正论也。独山谷云⑭:"观渊明此诗,想见其人慈祥戏谑可观也⑮。俗人便谓渊明诸子皆不肖⑯,而渊明以愁叹见于诗耳。"余谓山谷此言得乎情理之正。渊明襟怀旷达⑰,高出尘壒之表⑱。大抵诸郎皆中人之资⑲,期望甚切,稍不满意,遂作贬词耳。况雍端年甫十三,通子方九龄,过庭之训尚浅⑳,未可遽以不肖目之也㉑。

【注释】

①以下这段话及诗,张廷玉均引自宋人蔡正孙撰的《诗林广记》。渊明:见第147页注①。

②实:指结实、充实。不复实:指(肌肤)已松弛。

③五男儿:陶渊明有舒俨、宣俟、雍份、端佚、通佟五个儿子。诗中所提及的舒、宣、雍、端、通即指其名。

④无匹:无可匹比。谓没有能与之相比的。

⑤行志学:行年十五。《论语·为政》:"吾十有五而志于学。"指到十五岁立志求学,后来用"志学"作为十五岁的代称。

⑥文术:文章作法。这里指做文章。

⑦天运:天命,上天所定的命运。苟:如果。

⑧杜子美(712—770):唐代诗人杜甫,字子美,曾在剑南节度使严武幕中任参谋,严武表荐为检校工部员外郎,故世称"杜工部"。有《杜工部集》。

⑨达道:明白、彻悟道理。

⑩"观其"句:杜诗原文为"观其著诗集"。

⑪枯槁:谓穷困潦倒。

⑫"达士"句:杜诗原文为"达生岂是足"。达生:《庄子·达生》:"达生之情者,不务生之所无以为。"郭象注:"生之所无以为者,分外物也。"后因以"达生"指参透人生、不受世事牵累的处世态度。

⑬默识(—zhì):暗中记住。此指记住达生的道理。

⑭山谷:见本书第122页注⑤。

⑮慈祥戏谑:慈祥,慈爱和善。戏谑,以诙谐的话取笑,开玩笑。

⑯不肖(—xiào):不成材。

⑰襟怀旷达：谓心胸开朗豁达。
⑱尘壒(ài)：尘埃。
⑲中人之资：一般人的禀赋。资，禀赋，才质。
⑳过庭之训：父亲的训导。《论语·季氏》载：孔子之子孔鲤趋而过庭，孔子问"学《诗》乎？""学《礼》乎？"孔鲤因退而学《诗》《礼》。后因以"过庭"指承受父训。
㉑遽(jù)：就。

世外桃源事考

东坡云："世传桃源事，多过其实。[考]渊明所记，止言先世避秦乱来此，则渔人所见，[似是其子孙]，非秦人不死者也。①"坡公此论甚确。余观古今来，前人偶为新奇之说，后人往往乐为附会如身亲见之者②，正复不少。尔坡着眼全在"先世"二字，子细味《记》曰："先世避秦时乱，率妻子邑人来此绝境，不复出焉。"③所谓"邑人者"皆石隐者流④。或十数家，或数十家，同心肥遁⑤，长子孙于其中⑥。日渐蕃衍⑦，遂为世业⑧。若谓同避乱之人皆不死，一时安得许多神仙耶？

【注释】
①这段文字出自苏轼《和桃源诗序》，[ ]中字句，补自原文。
②附会：勉强地把没有关系或关系很远的事物硬拉在一起。
③《记》：指《桃花源记》。陶渊明在文中以丰富的想象，构想出一幅理想社会的生活图景，它也因而成为脍炙人口的名篇。秦时乱：指秦末的战乱。绝境：与外界隔绝的地方。
④石隐者：心志坚如磐石的隐者。
⑤肥遁：隐居避世。
⑥长子孙：抚养子孙使之长大。
⑦蕃衍：繁衍。
⑧世业：世代相传的家业。

清景贵在领会

王荆公《钟山官床与客夜坐》诗曰①："残生伤性老耽书②，年少东来复起予③。各据槁梧同不寐④,偶然闻雨落阶除⑤。"苏东坡《宿馀杭山寺》诗曰⑥:"暮鼓朝钟自击撞,闭门欹枕对残釭⑦。白灰旋拨通红火,卧对萧萧雪打窗⑧。"《冷斋夜话》云⑨:山谷尝言:天下清景,初不择贵贱贤愚而与之。[然]吾特疑端为我辈设。观荆公《钟山夜坐》诗与东坡《宿馀杭山寺》诗,则山谷之言为确论也。余谓天下清景,无在不有,但能领会,则似专为我辈设矣!此从道义中来,不可强也。

【注释】

①此段文字摘自宋人蔡正孙的《诗林广记》。王荆公:即王安石(1021—1086)。北宋大臣,著名政治家、改革家。字介甫,号半山。抚州临川(今江西抚州)人。庆历进士。曾任知县、参知政事、宰相等职。主持变法。后遭司马光等人反对,罢相,退居江宁。封荆国公,故亦称王荆公。其为"唐宋八大家"之一。有《临川先生文集》等传世。

②耽:沉溺。

③起予:《论语·八佾》:"子曰:'起予者,商也,始可与言《诗》已矣。'"《何晏集解》引包咸曰:"孔子言子夏能发明我意,可与共言《诗》。"后因用为启发自己之意。

④槁梧:《庄子·德充符》:"倚树而吟,据槁梧而瞑。"陆德明释文引崔譔曰:"据琴而睡也。"成玄英疏:"夹膝几也。"后人诗文中或以指几,或以指琴。这里指矮几。

⑤阶除:台阶。

⑥苏东坡:即苏轼。见《聪训斋语》卷一,本书第4页注⑮。《宿馀杭山寺》应为《书双竹湛师房》之二。

⑦欹:通"倚"。欹枕,原诗作"孤枕"。釭,通"钢"(gāng)。

⑧"卧对",原诗为"卧听";"雪打窗",原诗为"雨打窗"。萧萧:象声词。形容风声。

⑨《冷斋夜话》:宋释惠洪撰,10卷。此书为杂记见闻,以论诗者为多。有《稗海》《津逮秘书》等丛书刻本。

赴大机者速断,成大功者善藏

明朱忠毅公之冯①,字乐三,大兴人。平日以理学自砺②,官至宣府巡抚③。李自成陷大同,以身殉国。其所著《在疚记》一卷,语多精义④。新城王公⑤,采数条载《池北偶谈》中⑥,余见而服膺⑦,因手录于左:"鸢飞戾天,鱼跃于渊⑧,即是仕止久速⑨。""古之人修身见于世,非诚不能,诚则贯微⑩,显通天人⑪。一世不尽见,百世必有见者。""圣人之死,还之太虚⑫,贤人即不能无物,而况众人乎?""实变气质,方是修身。""士憎兹多口⑬,则何以故?曰:持介行者不周世缘⑭,务独立者不协众志。小人相仇,同类相忌。一人扇谤,百人吠声⑮。予尝身试其苦者,数矣!故君子观人,则众恶必察。自修,惟正己而不求于人。""待小人尤宜宽,乃君子之有容⑯。不然,反欲小人容我哉?""中者不落一物,庸者不遗一物。""随事无私⑰,皆可尽性至命⑱,而忠孝其大者。""平日操持,非实试之当境,决难自信。""隐恶扬善,圣人也;好善恶恶,贤人也;分别善恶无当者,庸人也;颠倒善恶,以快其诪谤者⑲,小人也。""赴大机者速断⑳,成大功者善藏。""同是中庸,而有君子小人之别,微矣哉!"

【注释】

①朱忠毅公:朱之冯,明大兴人。字乐三,天启进士。崇祯时巡抚宣府,李自成陷大同,城破,自缢死。谥忠毅。

②理学:宋明儒家周敦颐、邵雍、张载、程颢、程颐、朱熹、陆九渊、王守仁等的哲学思想。自砺:勉励自己。

③宣府:军镇名。明九边之一。镇守地区相当今河北省西北部内外长城一带。总兵官驻宣府(今河北宣化)。

④精义:精辟的义理。

⑤新城王公:即王士禛(1634—1711)。清代文学家。号阮亭,又号渔阳山人。新城(今江西桓台)人。顺治十五年(1658)进士,官至刑部尚书。康熙四十三年(1704)罢官归里。为清初诗坛正宗,与朱彝尊齐名,有"南朱北王"之称。著述宏富。有《带经堂全集》《渔洋诗话》等。

⑥《池北偶谈》:书名。清王士禛作。26卷。以类相从,分为"谈故""谈献""谈艺""谈异"4门。有中华书局点校本。

⑦服膺:衷心信服。

⑧鸢飞戾天,鱼跃于渊:语出《诗经·大雅·旱麓》。后来用"鸢飞鱼跃"形容万物各得其所。

⑨仕止:指出仕或隐退。

⑩贯微:罪恶很少。贯,罪恶。

⑪显:明。天人:指神仙。

⑫太虚:古代哲学概念。谓想象的空幻虚无的境界。

⑬多口:多言,不该说而说。《孟子·尽心下》:"无伤也,士憎兹多口。"

⑭介行(xíng)：孤高耿直的操守。世缘：世俗人缘。
⑮"一人扇谤"二句：指一人扇动毁谤，其他人不辨是非盲目附和，对似是而非的迹象加以渲染。
⑯有容：有所包容，谓宽宏大量。
⑰随事：随时随地。
⑱尽性：儒家谓人物之性均包含天理，唯至诚之人，才能发挥人和物的本性，使各得其所。
⑲谗谤：谗毁诽谤。
⑳大机：事物变化的枢要、关键。

张廷瓒引睡之法

予少时，夜卧难于成寐，既寐之后，一闻声息即醒。先兄宫詹公授以引睡之法①：背读上《论语》数页，或十数页，使心有所寄，予试之果然。后推广其意，诵渊明诗"采菊东篱下，悠然见南山"②；或钱考工诗"曲终人不见，江上数峰青"③；或陆放翁诗"小楼一夜听春雨，深巷明朝卖杏花"④，皆古人潇洒闲适之句，神游其境往往睡去⑤。盖心不可有着，又不可一无所着也，理固如此！

【注释】

①宫詹公：即张廷瓒。字卣臣，号随斋，张英长子。康熙十八年(1679)进士，由编修累官至少詹事。先张英卒。引睡：催眠。
②"采菊"二句：出自晋陶渊明《饮酒二十首》之五。
③钱考工：应为"钱考功"，即钱起。字仲文，吴兴(今属浙江)人，天宝进士，曾任蓝田尉，官终考功郎中。"大历十才子"之一。"曲终"二句：见钱起《省试湘灵鼓瑟》诗。
④"小楼"二句：出自宋陆游《临安春雨初霁》诗。
⑤神游：谓形体不动而心神向往，如亲游其境。

知县巧语断案

明华亭县有民某①，其母再醮②，生一子。及母死，二子争葬，质之官③。知县某判其状曰:"生前再醮,终无恋子之心。死后归坟,难见先夫之面。"令后子收葬。此邑令判事固当,而判语亦复修饰可诵④。

【注释】

①华亭县:旧县名。治所即今上海市松江县。
②再醮:旧指寡妇再婚。醮(jiào),古代用于冠礼、婚礼的仪式。
③质之官:(请)县官对此事评判。质,评判,对质。
④修饰:谓修改润饰,使文字生动。

孙奇逢治家持身格言

苏门孙征君奇逢《孝友堂家规》曰①:"迩来士大夫绝不讲家规身范②,故子孙鲜克由礼③,不旋踵而辱身丧家者④,多矣!祖父不能对子孙,子孙不能对祖父,皆其身多惭德者也⑤,家中之老老幼幼,夫夫妇妇,各无惭德,此便是羲皇世界⑥。孝友为政,政孰有大焉者乎?"征君遭患难时⑦,语门人曰:"忧患恐惧⑧,最怕有所⑨,一有所,则我心无主。古来忠臣、孝子、义士、悌弟⑩,只是能自作主张。学者正在此处着力。"此二则皆治家持身格言⑪。

【注释】

①苏门:山名。在河南省辉县西北。孙奇逢(1585—1675):明清之际著名学者、教育家。字启泰,一字钟元,直隶容城(今河北)人。屡荐为官,俱辞不就。入清后,携全家隐居易州五峰山。顺治七年(1650),举家南徙河南辉县苏门。与黄宗羲、李颙并称"三儒"。著有《理学宗传》等书。《孝友堂家规》:系孙奇逢撰著的治家教子之书,内容丰富,理学气浓,封建说教颇多,亦不乏真知灼见。孝友,事父母孝顺,对兄弟友爱。

②迩来:犹近来。士大夫:旧指官吏或较有声望、地位的知识分子。身范:自身行为的规范。

③鲜克由礼:《尚书·毕命》:"世禄之家,鲜克由礼。"鲜,少。克,能。由,顺。

④不旋踵:来不及转身。喻时间极短。

⑤惭德:因言行有缺失而内愧于心。

⑥羲皇世界:羲皇,指伏羲氏。古人想象羲皇之世其民皆恬静闲适,因以"羲皇世界"称指恬静闲适的环境。

⑦征君:对不接受朝廷征聘的隐士的尊称。此指孙奇逢。

⑧忧患:困苦患难。

⑨有所:犹有此、有这些。

⑩悌弟:敬爱兄长之弟。

⑪持身:修身。

兄弟连任江苏学政

各省督学之官①,最难称职。而在人文繁盛之省,则难之又难。盖胥吏弊窦孔多②，人情爱憎不一，而又历三年之久。偶或检点不到③，则谤议随之④，而众口传播矣。予二弟廷璐为翰林时⑤，奉命督学河南，以生员阻挠公事，约束不严罢斥⑥。后蒙世宗皇帝鉴其诚朴⑦，宥过特用⑧，且畀以江苏最繁剧之任，三年报满，有公明之誉。蒙恩嘉奖，再留三年⑨。又在任称职，屡迁至少宗伯⑩。今上即位，又留三年，前后三任，共九年矣，乃向来所无之事。阅二年，江苏又缺员，上仍欲命廷璐往。玉再四恳辞，遂命三弟廷瑑往⑪。是兄弟二人，四任此官，诚异数也⑫。

【注释】

①督学：学政的别名。明清派驻各省督导教育行政及考试的专职官员。

②胥吏：官府中的小吏。弊窦孔多：漏洞很多。弊窦，破绽，漏洞。孔，很。

③检点：查点。

④谤议：非议。

⑤廷璐：字宝臣，号药斋，英三子。康熙五十七年（1718）一甲二名进士，官至礼部侍郎。工诗文。翰林：官名。这里指张廷璐为翰林院庶吉士。清朝凡进士考得庶吉士者，皆称翰林。

⑥奉命督学河南：这段话是说雍正元年（1723）张廷璐出任河南学政，河南封邱士子因县令以修筑河堤擅自奴役诸生之事而控告县令，上官置之不理，诸生相约罢考，要求将此事说清才入闱应试。张廷璐因为约束不严而被免职。但很快皇上知晓内情，重新起用。罢斥：罢免斥退。

⑦诚朴：诚恳朴实。

⑧宥过：谓恕（其）过错。

⑨张廷璐出任河南学政被革职后，皇上予以宽宥并起用，再派他到江苏任学政，由于公正廉明，而连任三届，共9年，离开江苏时，生员们皆哭泣不忍其离去。畀（bì）：委派。繁剧：极其繁重。

⑩少宗伯：官名。旧称礼部尚书为大宗伯或宗伯，礼部侍郎为少宗伯。

⑪廷瑑：字恒臣，号思斋，文端公五子。雍正元年（1723）进士。由编修累迁工部侍郎。充日讲起居注官。曾视学江苏，改补内阁学士，兼礼部侍郎。

⑫异数：特殊的礼遇。

名人状闲适之趣

王荆公诗云:"细数落花因坐久,缓寻芳草得归迟。"①欧阳公诗云:"静爱竹时来野寺,独寻春偶过溪桥。"②昔人曰:"二公皆状闲适之趣,荆公之句为工③。"信然。

【注释】

①王荆公:即王安石。见本书第250页注①。"细数落花"二句:出自王安石七绝《北山》。

②欧阳公:见《聪训斋语》卷一,本书第10页注⑤。

③以上文字见宋胡舜陟《三山老人语录》。

为盖世豪杰易,为慊心圣贤难

明刁蒙吉包祁州人①,隐居讲学。有格言曰:"为盖世豪杰易,为慊心圣贤难。"②又曰:"《易》言'趋吉避凶'③,盖言趋正避邪也,若认作趋福避祸便误。"此二语,当终身诵之。

【注释】

①刁包:清祁州人。字蒙吉,晚号用六居士。明天启举人,家居教授,入清不仕。年六十七卒,学者私谥文孝先生。祁州:古州名。今属河北安国。

②语见刁包《潜室札记》卷下。盖世:谓才能、功绩高出当代之上。慊心(qiè-):快意。

③趋吉避凶:谋求安吉,避开灾难。

张廷璆不欺暗室

明夏忠靖原吉与蹇忠定义同饮于所契家①,归,值雪。过禁门②,有不欲下马者,曰:"雪寒甚!"公曰:"君子不以冥冥惰行。"③公之盛德,虽缘事纳忠④,而其本则在此敬慎耳⑤!《说郛》所载如此⑥。犹记吾弟廷璆,昔年往祭陵寝⑦,先期数日,途次风雪大作⑧。同人欲沽酒以御寒,弟以未曾行礼,力持不可,同人颇以为迂。然弟生平之不欺暗室⑨,大率类此⑩,可为子孙法也。

【注释】

①夏原吉:明代人。字惟喆。洪武时擢户部主事。累官户部尚书。宣宗时入阁预机务。卒谥忠靖。蹇义:明巴县人。字宜之,初名瑢。洪武进士,授中书舍人,朱元璋为更名义。成祖朝辅皇太子监国。历事五朝,并见委重,累迁少师。卒谥忠定。契家:通好之家。

②禁门:宫门。

③公:指夏忠靖。"君子"句:语出《列女传·卫灵夫人》:"夫忠臣与孝子,不为昭昭信节,不为冥冥堕行。"冥冥,私下,暗中。惰行(—xíng),在行为上有所怠忽。堕,通"惰"。

④缘事:犹公务。纳忠:效忠。

⑤敬慎:恭敬谨慎。

⑥《说郛》:明陶宗仪辑。100卷。取扬雄《法言》"五经众说郛也"之语以名其书。体例仿宋曾慥《类说》,摘录成编,非书之原本。

⑦陵寝:帝王陵墓及墓地的宫殿建筑。

⑧途次:半路上。

⑨不欺暗室:谓虽在别人看不见的地方,也不做昧心事。谓光明磊落。

⑩大率:大抵。

诗不可强作

黄山谷曰①:"诗不可凿空强作②,待境而生,便自工耳③。"此至言也!

【注释】

①黄山谷:见本书第122页注⑤。

②凿空:凭空无据。强作:勉强而作。

③工:精巧。

陈抟警语

陈抟曰①:"优游之所②,勿久恋;得志之地,勿再往。"此二语愈思愈有味。

【注释】

①陈抟：宋代人。字图南，后唐末举进士不第，隐居武当山。周世宗召为谏议大夫，不受。太平兴国中来朝，太宗甚重之，赐号希夷先生。好读《易》，自号扶摇子。著有《指玄篇》《高阳集》等。

②优游之所：悠闲自得的地方。

圣人贵未然之防

邵子曰①："复次剥明②，治生于乱乎？姤次夬明③，乱生于治乎？时哉！时哉！未有剥而不复，未有夬而不姤者。防乎其防④，邦家其长⑤，子孙其昌，是以圣人贵未然之防⑥。"

【注释】

①邵子：即邵雍（1011—1077），见本书第186页注①。此段文字出自邵子的《观物外篇》。

②复：《易》卦名。震下坤上。《易·复》："复。亨。出入无疾。"剥：《易》卦象。坤下艮上。孔颖达疏："剥者剥落也。今阴长变刚，刚阳剥落，故称剥。"

③姤：《易》卦名。巽下乾上。《易·姤》："姤，女壮，勿用取女。"孔颖达疏："此卦一柔而遇五刚，故名为姤。"夬（guài）：《易》卦名。乾下兑上。《易·夬》："夬，扬于王庭。"孔颖达疏："此阴消阳息之卦也。阳长至五，五阳共决一阴，故名为夬也。"

④防乎其防：谓防护严密。

⑤邦家：国家。

⑥未然之防：谓在事故或灾害发生之前就加以防备。

富弼过人处

富弼字彦国①，少有骂者如不闻。人曰："骂汝！"彦国曰："恐骂他人。"又曰："呼姓名而骂，岂骂他人？"彦国曰："天下岂无同姓名者乎？"告者大惭②。

【注释】

①富弼(1004—1083)：北宋大臣。河南洛阳人，字彦国。仁宗时授将作监丞。庆历中使契丹，力拒割地，还拜枢密副使，至和中与文彦博并相。英宗立，为枢密使，封郑国公，卒谥文忠。此段文字见明陈继儒撰的《笔记》。

②大惭：十分羞愧。惭，羞愧。

陆九渊警语

陆象山曰①："名利如锦覆陷阱，使人贪而入其中，安有出头日子？"

【注释】

①陆象山：即陆九渊(1139—1193)，抚州金溪(今属江西)人。宋代思想家。心学创始人。字子静，号象山。有《象山先生全集》

罗洪先不以功名喜

魏柏乡相国《希贤录》曰①："罗洪先作鼎元时②，外舅韩太仆趋告曰③：'喜吾婿干此大事！'罗面发赤，徐对曰：'丈夫事业更有许大在④，此等三年一人，奚足为大事也！'"

【注释】

①魏柏乡：即魏裔介(1616—1686)，清直隶柏乡人。字石生，号贞庵，顺治三年(1646)进士。累官至保和殿大学士。治程朱理学，与魏象枢时称"二魏"。著有《兼济堂文集》等。《希贤录》：清魏裔介撰。内容综述"学宗朱子"，提倡"千古圣学之极则格物致知"的思想。

②罗洪先：明代人，字达夫，号念庵。好王守仁学，举嘉靖进士第一，授修撰。即请告归。后召拜春坊左赞善。卒谥文庄。有《念庵集》等。鼎元：科举中状元、榜眼、探花之总称。罗洪先中的是状元。

③外舅：岳父。

④许大：许多。

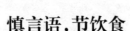

慎言语，节饮食

薛文清曰[1]:"多言最使人心志流荡[2]，而气亦损；少言不惟养得德深，又养得气完。"

陈眉公曰[3]:"颐卦'慎言语，节饮食'[4]。然口之所入其祸小，口之所出其罪多。故鬼谷子云[5]:'口可以饮，不可以言。'"又曰:"圣人之言简，贤人之言明，众人之言多，小人之言妄。"

【注释】

[1]薛文清：即薛瑄(1392—1464)，明山西河津人，字德温，号敬轩。永乐十九年(1421)进士。英宗时，拜礼部右侍郎兼翰林院学士，入阁参与机要。后致仕。学宗程朱，著有《读书录》20卷。卒谥文清。

[2]心志流荡：谓意志放荡(无约束)。

[3]陈眉公：即陈继儒(1558—1639)。明松江华亭(今上海松江)人。字仲醇，号眉公，又号麋公。绝意仕途，隐居昆山，专心著述。工诗善文。又工书，法苏、米，间作山水梅竹。著有《眉公全集》《晚香堂小品》等。

[4]颐：《易》卦名。六十四卦之一。《易·颐》:"象曰：山下有雷。颐。君子以慎言语，节饮食。"

[5]鬼谷子：战国楚人。因隐于鬼谷，故自号鬼谷子。长于养性持身和纵横捭阖之术。世传《鬼谷子》一书。今人认为伪托。

慎议古人之短失

伊川先生曰[1]:"只观发言之平易躁妄[2]，便见德之厚薄，所养之深浅[3]。"见人论前辈之短，曰:"汝辈且取他长处。"

薛文清公曰:"在古人之后，议古人之失则易；处古人之位，为古人之事则难。"此处不可不深省。

【注释】

[1]伊川先生：即程颐(1033—1107)。见本书第211页注[1]。

[2]平易躁妄：谓浅近易懂和急躁轻率。

[3]养：修养。

三部书不可习

《四本堂座右编》曰①:"《太乙》《六壬》《奇门》此三部书②,原本于《易》,但我辈知之,不可习。习之,损安静心。儿辈见之,尤不可习,习之,生务末心。"

【注释】

①《四本堂座右编》:清人朱潮远编撰。24卷。此书分《起家》《治家》《齐家》《保家》四门,每门又各分六个子目,皆杂采前言往行,并稍加删润。

②三部书:《太乙》《六壬》《奇门》,均为古代占卜之书。太乙:即道家所称的"道"。古指宇宙万物的本原、本体。古人以此为名,著有《太乙经》(不著撰者姓名)、《太乙金镜式经》(唐王希明撰)等。六壬:运用阴阳五行进行占卜凶吉的方法之一。与遁甲、太乙合称"三式"。六十甲子中,壬有六个(壬申、壬午、壬辰、壬寅、壬子、壬戌)故名"六壬"。有宋祝泌《六壬大占》、宋杨维德《六壬神定经》以及不著撰者姓名的《六壬大全》等。奇门:术数的一种。以十干中的"乙、丙、丁"为"三奇";以八卦的变相"休、生、伤、杜、景、死、惊、开"为"八门"。故名"奇门"。有明甘霖《奇门遁甲秘要》、清丁恺《奇门占验》等。

身其金乎,世其冶乎

祝石林曰:"身其金乎?世其冶乎?或得、或丧、或顺、或逆、或称①、或讥②、或憾③、或怿④。无非锻炼我者。能受锻炼者益,不能受锻炼者损。"

【注释】

①称:赞扬。

②讥:指责。

③憾:怨恨。

④怿(yì):欢喜。

富贵之通病

陆士衡《豪士赋》云①:"身危由于势过②,而不知去势以求安;祸积由于宠盛③,而不知辞宠以招福。"此富贵之通病也④。

【注释】

①陆士衡:即陆机(261—303),西晋吴郡人。字士衡。吴灭,闭门读书十年。太康末年与弟云入洛阳,以文才名重一时。

②势过:权势太甚。过,过分。

③宠盛:恩宠兴盛。

④通病:常见的弊病。

苏轼《撷菜》诗引

东坡云:"吾借王参军地种菜①,不及半亩,而吾与子过终年饱菜。夜半解酒,辄撷菜煮之。味含土膏,气饱霜露,虽粱肉不能过也②。人生须底物,而乃更贪耶③!"乃题其庐曰"安蔬"。坡公此言,浅近可味,读之令人增长道心④。

【注释】

①借王参军地:宋绍圣初,苏轼谪居惠州(今属广东)时,卜居白鹤峰下,曾借王参军地种菜自给。见苏轼《撷菜》诗引。与原文有些微出入。

②粱肉:泛指美食佳肴。

③底物:此物。

④道心:指道家清静寡欲之心。

李之彦评"钱"与"贱"

李之彦曰①:"尝玩'钱'字,旁上著一戈字,下著一戈字②,真杀人之物也。然则两戈争贝,岂非贱乎?③"

【注释】

①李之彦:宋永嘉(今属浙江温州)人。号东谷,咸淳中曾游湖海五十年,为老塾师。著《东谷所见》,皆愤世嫉俗语。此段文字见明陈继儒的《岩幽栖事》。

②"钱"的繁体字为"錢",故曰"旁上著一戈字,下著一戈字"。
③两戈争贝:"贱"的繁体字为"賤"。故曰:"两戈争贝,岂非贱乎?"

教人所短,用人所长

魏柏乡相国《希贤录》曰①:"《嗜退庵语存》云②:'教人与用人正相反,用人当用其所长,教人当教其所短。'"

【注释】

①魏柏乡:见本书第259页注①。
②《嗜退庵语存》:清归安(今浙江吴兴)人严有谷撰著。

唐介勉子语

唐介语诸子曰①:"吾备位政府②,知无不言,桃李固未尝为汝等栽培,而荆棘则甚多矣!然汝等穷达莫不有命③,惟自勉而已。"唐公此语乃深于阅历、看透人情而发,非一时愤懑之言也④。可与陆氏《荒庄语》对照。

【注释】

①唐介:宋江陵(今属湖北)人,字子方。擢第,历迁殿中侍御史,劾张尧佐,并及宰相文彦博、谏官吴奎。贬荆州别驾。熙宁初拜参知政事,卒谥质肃。此段语出宋人文莹《湘山野录》。
②备位:居官的自谦之词。谓愧居其位,不过聊以充数。
③穷达:困顿与显达。
④愤懑:抑郁不平。

吕坤五不争

吕叔简先生曰①:"余行年五十,悟得五不争之味。"人问之,曰:"不与居积人争富②;不与进取人争贵;不与矜节人争名③;不与简傲人争礼节④;不与盛气人争是非⑤。"

【注释】

①吕叔简:即吕坤(1536—1618)。明学者、教育家。字叔简,号新吾(一作心吾),宁陵(今河南)人。万历二年(1574)进士,授襄垣知县,有政绩。调任大同知府,历任户部主事、山东参政、山西按察使、陕西右布政使、山西巡抚、刑部左右侍郎等职。此段语出自《呻吟语》卷三之"应务"。

②居积:囤积。

③矜节:坚守节操。

④简傲:傲慢。

⑤盛气:这里指怒气。

陈眉公警语

陈眉公曰①:"醉人胆大,与酒融洽故也。人能与义命融洽②,浩然之气自然充塞③,何惧之有?"

【注释】

①陈眉公:见本书第 260 页注③。

②义命:天命。

③浩然之气:正大刚直之气。充塞:充满。

药性犹人

明正统时①,徐太医彪曰②:"药性犹人也,为善千日不足,为恶一日有馀。"正德末③,吴太医杰曰④:"调药性易,调自性难⑤。"

【注释】

①明正统:明英宗朱祁镇的年号。1436—1449 年。

②徐彪:明浦城人,字叔杰,以孝闻。正统中为太医。

③正德:明武宗朱厚照的年号。1506—1521 年。

④吴杰:明武进人。字士奇,以善医征至京师。

⑤自性:这里谓人的本性。

刘玄明为官奇术

刘元明甚有吏能①,历建康、山阴令②,政为天下第一。傅翔代为山阴③,问元明曰:"愿以旧政告新令尹。"答曰:"我有奇术,卿家谱所不载。作令唯日食一升饭而不饮酒,此第一策。"此语见之魏柏乡相国《希贤录》中④,其义蕴亦在可解不可解之间⑤。虽居官之善,不止此一事,然此事未尝非居官之要领。服官久而阅历深者自知之。

【注释】

①刘元明:即刘玄明。南齐临淮人。避康熙讳改"玄"为"元"。为山阴令,大著名绩。吏能:为政的才能。

②建康:今江苏南京。山阴:今浙江绍兴。

③傅翔:南朝梁傅琰子。天监中历山阴、建康令。官至骠骑谘议。

④魏柏乡《希贤录》:见本书第259页注①。

⑤义蕴:精深的含义。

读古人格言

薛文清曰:"静能制动①,沉能制浮,缓能制急,宽能制褊②,察其偏而矫之,则气质变。"

昔人云:"富贵原如传舍③,惟谦退谨慎之人得以久居。"身在富贵中者,当时诵此语。

【注释】

①制:约束。

②褊(biǎn):狭窄。

③传舍(zhuàn—):古代供来往客人居住的旅舍。

释陶渊明不求甚解

《嗜退庵语存》云①:《晋书》曰"陶渊明读书不求甚解"。②盖以两汉以来,训诂盛行③,拘牵繁碎④,人溺于所闻⑤。故超然真见⑥,独契古初而晚废训诂⑦。其泛览流观者⑧,不过《周王传》《山海图》而已⑨。"游好在六经"⑩,岂真不求甚解者哉!渊明之不求甚解,予心疑之,览嗜退庵此语,为之一快。

【注释】

①《嗜退庵语存》:清严有谷撰。

②《晋书》:书名。记载西晋、东晋及十六国历史的断代纪传体史书。其《陶潜传》引陶《五柳先生传》有"好读书,不求甚解"语。

③训诂:对古书字句的解释。

④拘牵繁碎:谓束缚很多。拘牵,束缚,牵制。繁碎,繁杂琐碎。

⑤溺:沉溺,沉迷不悟。

⑥超然:高超出众。

⑦"独契古初"句:陶渊明反对时人拘泥于训诂,注重深入领会书中的原意,故"每有会意,便欣然忘食"。契,合。古初,古时。废,废弃,停止。

⑧泛览流观:谓广泛浏览。

⑨《周王传》《山海图》:语出陶潜《读〈山海经〉》:"泛览周王传,流观山海图。"《周王传》,指《穆天子传》。《山海图》,即《山海经》的图,这里指《山海经》。

⑩语出陶潜《饮酒二十首》之十六:"少年罕人事,游好在六经。"游好(—hào):爱好。六经:即《诗》《书》《礼》《乐》《易》《春秋》六部儒家经典。

杨一清谈为政

杨相国一清曰①:"当今为政之务,在省事不在多事;在守法不在变法;在安静不在纷扰②;在宽简不在烦苛③。"

【注释】

①杨相国:即杨一清。字应宁,明安宁人。成化进士,迁山西按察金事,以副使督学陕西。三为陕西三边总制。累升至太子太师,特进左柱国,华盖殿大学士。疽发背死。追谥文襄。

②纷扰：纷乱骚扰。
③宽简：宽大，不苛求。烦苛：繁法苛政。《后汉书·刘宠传》："宠简除烦苛，禁察非法，郡中大化。"

陆游《司马温公布被铭》

陆放翁作《司马温公布被铭》曰①："公孙丞相布被，人曰'诈'！②司马丞相亦布被，人曰'俭'！布被，能也；使人曰俭不曰诈，不能也！"此语殊耐人思。

【注释】

①陆放翁：即宋代诗人陆游。司马温公：见本书第225页注①。此段语出清陈宏谋《学仕遗规》。
②"公孙丞相布被"句：汉代名相公孙弘，字季。少时家贫，尝牧豕海上。因熟悉文法吏治，武帝召为博士，元朔中拜为丞相。据《史记·公孙弘传》："弘为布被，食不重肉。"而"汲黯庭诘弘曰：'齐人多诈而无情实，始与臣等建此议，今皆倍之，不忠。'"汉武帝知之，益厚遇之。

士以不自失为贵①

朱子①曰：宰相以得士为功②，下士为难③。而士之所守，乃以不自失为贵④。

【注释】

①朱子：即朱熹。这段文字出自《朱子学的》。
②得士：谓得士人之心，使士人投奔、归附。
③下士：屈身交接贤士。
④自失：指不失去士人的身份、节操和尊严。

罗豫章论福

罗豫章曰①：君明君之福；臣忠臣之福。君明臣忠，则朝廷治安②，得不谓之福乎③？父慈父之福；子孝子之福。父慈子孝,则家道隆盛④,得不谓之福乎？俗人以富贵为福,陋矣哉!

【注释】

①罗豫章:罗从彦(1072—1135),宋南剑(今福建省境内)人。字仲素,人称豫章先生。著有《春秋指归》《豫章学案》等。
②治安:谓政治清明,社会安定。
③得不:岂不。
④隆盛:兴盛。

安阳许励斋语

安阳许励斋曰:"吾道甚大孔孟①,单辞片语,皆足括二氏之精微而去其偏②。"

【注释】

①吾道:我的学说或主张。
②精微:精深微妙之处。

程颢哲语

明道先生曰①:"天地生物,各无不足之理。常思天下君臣、父子、兄弟、夫妇,有多少不尽分处②!"吁,人生天壤间,三复斯言③,宁不发深省哉!

【注释】

①明道先生:明道,宋程颢的私谥。颢死后,文彦博题其墓曰"明道先生之墓"。此段语出《近思录》。
②尽分:尽情。分,情分,关系或感情。
③三复:谓反复诵读。

用兵之术

陈眉公曰①:"未用兵时,全要虚心用人;既用兵时,全要实心活人②。"又曰:"医以生人,而庸工以之杀人③;兵以杀人,而圣贤以之生人。"

或问阳明先生④:"用兵有术否?"曰:"用兵何术?但能养得此心不动,乃术耳!凡胜负之决,不待临阵而卜,只在此心动与不动之间。"

【注释】

①陈眉公:见本书第260页注③。

②实心活人:真心实意地救活人。

③庸工:(医术)平庸低下的人。

④阳明先生:即王守仁(1472—1529)。明代哲学家、教育家。字伯安,徐姚(今属浙江)人。曾筑室于阳明洞中,自称阳明子,世称阳明先生。弘治十八年(1505)进士及第。历官右佥都御史,巡抚南赣。嘉靖时封为新建伯。累官南京兵部尚书、两广总督兼巡抚等职。卒谥文成。有《王文成全书》传世。

当官不接杂宾最好

薛文清公曰①:"当官不接异色人最好②。不止巫祝、尼媪宜疏绝③,至于匠艺之人④,虽不可缺,当用之以时,不宜久留于家,与之亲狎⑤,皆能变易听闻⑥,簸弄是非⑦。儒士固当礼接,亦有本非儒者,或假文辞、字画以谋进,一与之款洽,即堕其术中⑧。如房琯为相⑨,因一琴工董庭兰出入门下⑩,依倚为非⑪,遂为相业之玷⑫。若此之类,能审察疏绝,亦清心省事之一助。"薛公此语,切中富贵人之病。然此等事,习而不察者甚多,及觉悟而后悔亦已晚矣⑬!

【注释】

①薛文清:见本书第260页注①。

②异色人:各种杂人,指非仕宦一流的人。

③巫祝、尼媪:巫师、尼姑。疏绝:疏远断绝。

④匠艺之人：工匠、艺人一类的人。

⑤亲狎：亲近狎昵。

⑥变易听闻：改变所听所闻。

⑦簸弄是非：谓造谣生事，传播是非。簸弄，播弄。

⑧儒士：崇奉孔子学说的人。汉以后亦泛称读书人、学者。款洽：亲密融洽。

⑨房琯：字次律，唐朝人。少好学，隐居陆浑山中10年。召为卢氏令。玄宗幸蜀，拜吏部尚书、同平章事，奉册灵武，见肃宗，帝倾意待之，与参决机务。以琴工董庭兰事，罢为太子少师。终刑部尚书。

⑩董庭兰：唐琴工。出入房琯所，琯昵之，庭兰借势数招赇谢。为有司劾治，房琯以此而罢相。

⑪依倚：依靠。

⑫玷（diàn）：本为玉斑，引申为过失、污点。

⑬觉悟：觉醒。引申为觉察。

天下学者之通病

象山先生曰①：学者不长进，只是好己胜。出一言，做一事，便道全是，岂有此理！古人惟贵知过则改，见善则迁②。今各执己是，被人点破便愕然③，所以不如古人。先生此言，乃天下学者之通病。若能不蹈此病④，则其天资识量过人远矣⑤！倘见此而能省察悔悟，将来亦必有所成就。

【注释】

①象山先生：见本书第259页注①。

②"知过"二句：语出《易·益》："君子以见善则迁，有过则改。"意谓君子知道自己的过错能改掉它，见到别人好的方面就跟着学习。迁，归向，跟从。

③愕然：惊讶貌。

④蹈（dǎo）：患，染。

⑤天资识量：人的智力禀赋、识见与度量。

古人教子之道

古人云:教子之道有五①:尽其性②,广其志③,养其材,鼓其气,攻其病④。废一不可。

【注释】

①教子之道:教育子女的方法。
②尽其性:完全发挥他的本性。
③广:扩大。志:志向,理想。
④攻其病:批评其过失(缺点)。攻,抨击,指责。

《澄怀园语》跋 (沈树德)

《澄怀园语》四卷,皆圣贤精实切至之语,修齐治平之道,即于是乎在焉。

太保太夫子本其躬行心得,偶然流溢,可以觉世牖民①,非仅家庭义方之训已也。树德伏诵之馀②,有深入心坎,欲言而不能者;有切中学者隐微深痼之疾,身亦有之而不觉者;有为公之实事,向所未知,今闻之而足以感发兴起者。闲谈风雅,亦堪为博物之资。非公之学、公之识、公之量俱臻之极,不能有此语也。盖他人之语,语焉已耳。公之语、公之为人也,天下后世得读公此书者,岂曰小补之哉!

树德幸居阁下,平日既得亲炙③,公之格言至行,有在此书之外者,兹又得反复此书④,复广益于曩所见闻之外,抑何幸也。第自愧学、识、量三者,与公夐不相及⑤,未能效法万一。然龙门不云乎⑥:"高山仰止,景行行止。"⑦虽不能至,然心向往之。"⑧今于公亦云。

乾隆丙寅小春月⑨,归安门下晚学生沈树德拜跋。

【注释】

①觉世:启发世人觉悟。牖民:诱导人民。牖,通"诱"。

②树德:即沈树德(1698—?)。字申培,号畏堂,归安人。著有《慈寿堂集》存世。

③亲炙:谓亲受教育熏陶。

④反复:再三思考,再三研究。

⑤夐(xiòng):远。

⑥龙门:司马迁出生于龙门,故以"龙门"指汉司马迁。

⑦"高山仰止"句:语出《诗经·小雅》。后用以谓崇敬仰慕。

⑧此段引文源自司马迁《史记·孔子世家》。

⑨小春:指夏历十月。

【曾国藩谈《聪训斋语》《澄怀园语》】

颜黄门之推《颜氏家训》作于乱离之世，张文端公英《聪训斋语》作于承平之世，所以教家者极精。尔兄弟各觅一册，常常阅习，则日进矣。（《曾国藩全集·家书·谕纪泽》）

张文端英所著《聪训斋语》，皆教子之言。其中言养身、择友、观玩山水花竹，纯是一片太和生机，尔宜常常省览。鸿儿体亦单弱，亦宜常看此书。吾教尔兄弟不在多书，但以圣祖之《庭训格言》、张公之《聪训斋语》二种为教，句句皆吾肺腑所欲言。（《曾国藩全集·家书·谕纪泽纪鸿》）

张文端公《聪训斋语》兹付去二本，尔兄弟细心省览，不特于德业有益，实于养生有益。（《曾国藩全集·家书·谕纪泽》）

张文端公家训一本，寄交纪渠侄省览。渠侄恭敬谦和，德性大进，朱金权亦盛称之。将来后辈八人，每人各给一本。（《曾国藩全集·家书·致澄弟沅弟》）

《聪训斋语》，余以为可却病延年。尔兄弟与松生、慕徐常常体验否？（《曾国藩全集·家书·谕纪泽纪鸿》）

阅圣祖《庭训格言》，嗣后拟将此书及张文端公之《聪训斋语》每日细阅数则，以养此心和平笃实之意。（《曾国藩全集·日记·同治四年六月初七日》）

再,申夫新刻之《聪训斋语》与吴漕帅所刻之《庭训格言》,不特可以进德,可以居业,亦并可以惜福,可以养身却病。阁下重听之恙已全愈否?如尚未愈,除酌服补剂外,似宜常常看此二书,以资静摄。

昔年曾与阁下道及逆亿命数是一薄德,大约读书人犯此弊者最多。聪明而运蹇者,厥弊尤深。富贵志得之人,亦未尝不扰扰焉沉溺于逆亿命数之中。惟熟读《聪训斋语》,可祛此弊。(《曾国藩全集·书信·加李鸿裔片》)

读张文端公《聪训斋语》、文和公《澄怀园语》,此老父子学问,亦以知命为第一义。(《曾国藩全集·日记·咸丰九年四月十五日》)

【后记】

家训,又称"家诫""家戒",是我国古人对父母教诲的敬称。中华民族有悠久的历史文化,家训作为一种修身文化,伴随人类家庭的产生而产生,并随着人类文明的进步而不断发展,逐渐形成一种既具影响又显个性的特殊的氏族文化。其内容涉及修身养性、读书做人、理财课子、交朋结友、从政报国等许多方面。它的作用始于家族内部,推及社会,影响后人。好的家训,成为我国古代社会普遍推崇的重要读物,它在社会稳定、发展和进步方面,发挥着重要的积极作用。在人类进入高度文明和发达的现代社会,开展家庭美德、职业道德、社会公德教育,历代健康向上的家训,同样能给我们以深刻的启迪。因为它毕竟是古代名人名家教子治家、育子成才、从善择交、利人利国的成功经验的全面总结,备受人们的关注和欢迎,成为家庭教育的重要教材和生动范例。

我们生于桐城,长于桐城,对桐城悠久的历史文化稍有了解。几十年来,工作之余,将全部精力投入桐城历史文化学习之中,铭记先贤教诲,极力宣扬先贤崇高精神和道德风范,以期利己益人。通过阅读张英、张廷玉的诗文集及相关的清代史籍,我们对张英、张廷玉父子为官做人之道,有了较为全面的认识。本着宣传桐城古代历史文化,促进和谐社会建设的目的,我们先后抄录张英、张廷玉所著《聪训斋语》《澄怀园语》,并参校多种刻本,花去数年时间,查阅大量文献资料,对两本极具影响的家训,进行了标点、注释。并承因乡俗,起名为《父子宰相家训》。

标点、注释古人的著作,历来被认为是件艰苦的事。我们虽然始终以张廷玉所批评的"注解古人之书,往往于不能解者强解之"为戒,尽己所能,备尝辛苦,勉力而为,但囿于才疏学浅,错误在所难免,祈望读者指正。

  本书出版,要感谢陆勤毅教授的关心和鼓励;再版时,本书被列入安徽大学"211"课题"徽学与地域文化丛书"的成果之一,谨致谢意。杨怀志先生、徐成志教授在本书整理过程中,给予指导和帮助;第三版改版,出版社朱丽琴副总编辑筹划奔波,付出了辛勤的劳动;还有许多朋友、同学和学生,参与版本和资料搜集、打印、校对等工作。这次改版,封面重新设计,目录有所调整,并得到安徽大学徽文化传承与创新中心的支持,在此一并致谢!

江小角 陈玉莲

1998 年中秋初稿
2012 年 10 月修改
2015 年 5 月修改
2017 年 4 月修改